中国证券监督管理委员会年报

CHINA SECURITIES REGULATORY COMMISSION
ANNUAL REPORT

2011

中国证券监督管理委员会 编

中国财政经济出版社

图书在版编目（CIP）数据

中国证券监督管理委员会年报．2011：汉英对照/中国证券监督管理委员会编．—北京：中国财政经济出版社，2012.5

ISBN 978-7-5095-3631-5

Ⅰ.①中… Ⅱ.①中… Ⅲ.①证券交易-金融监管-中国-2011-年报-汉、英②证券交易-金融监管-法规-中国-汉、英 Ⅳ.①F832.51②D922.287

中国版本图书馆CIP数据核字（2012）第070759号

责任编辑：胡 懿　　责任校对：王 英

封面设计：田 晗　　版式设计：孙俪铭 董生萍

中国财政经济出版社出版

URL：http://www.cfeph.cn

E-mail：cfeph@cfeph.cn

社址：北京市海淀区阜成路甲28号 邮政编码：100142

营销中心电话：88190406 北京财经书店电话：64033436 84041336

北京联兴盛业印刷有限公司印刷 各地新华书店经销

787×1092毫米 16开 16.5印张 384 000字

2012年5月第1版 2012年5月北京第1次印刷

定价：50.00元

ISBN 978-7-5095-3631-5/F·2992

（图书出现印装问题，本社负责调换）

质量投诉电话：88190744

主席致辞

郭树清 中国证监会主席

2011 年是我国实施“十二五”规划的开局之年。面对全球经济复苏放缓、欧洲主权债务危机不断加剧、国际金融市场持续动荡，以及我国经济运行中不稳定、不确定因素增多等复杂多变的环境，中国证券监督管理委员会（中国证监会）坚持以科学发展观为指导，稳步推进改革创新和对外开放，强化监管效能，资本市场保持平稳健康发展，更好地发挥了合理配置资源、服务实体经济和社会发展的功能。

第一，继续推进股票市场改革发展。全面落实新股发行体制改革措施，完善发行审核监管工作，增强新股发行的市场约束，加强保荐机构执业行为监管；完善主板、中小企业板和创业板市场；继续推进证券公司代办股份转让系统试点。2011 年共有 282 家企业在 A 股市场首发上市，220 家企业实施股权再融资，全年融资总额超过 5 000 亿元。

第二，有序推进债券市场统一互联。优化债券审核机制与流程，启动创业板公司非公开发行公司债券，债券融资成为上市公司融资的有效渠道，全年上市公司债券融资 1 707.4 亿元，创历史最高记录。与发改委、人民银行共同推进公司信用类债券市场发展，全年全国各类公司信用类债券融资达 1.37 万亿元。积极开展上市商业银行进入交易所债券市场试点，16 家银行在交易所开立债券投资账户。

第三，积极推动期货市场改革创新。2011 年成功推出铅、焦炭和甲醇等商品期货新品种，修改完善天然橡胶、燃料油、棕榈油等已上市期货合约和交割规则，推进铅、黄金等期货品种套期保值制度改革试点，以及铜、铝期货保税交割试点，推动合格境外机构投资者（QFII）、信托公司参与股指期货市场，加强运行监测监控，遏制过度投机，期货市场平稳运行，2011 年期货交易量名列世界前茅。

第四，大力推动上市公司质量提升。督促上市公司完善公司治理和决策机制，明确回报规划和分红制度，增强红利分配透明度。开展首批 287 家上市公司内部控制规范试点工作。修改上市公司重大资产重组与配套融资规定。推动部分改制上市公司整体上市，规范并购重组行政审批制度。稳步推进上市公司退市制度改革。截至 2011 年年底，沪深上市公司 2 342 家，总市值 21.5 万亿元，居全球第三位。

第五，努力促进中介机构规范发展。加强证券公司风险监控，组织开展全行业统一压力测试。完善证券公司行政许可审核公开制度，实行基金产品分类审核。推进融资融券业务试点转向常规，成立证券金融公司。推动第三方支付机构参与基金销售业务试点。规范证券投资咨询机构投资顾问业务，组织开展对审计评估机构现场检查，促进中介机构规范健康发展。截至 2011 年年底，我国有 109 家证券公司、69 家基金管理公司、163 家期货公司，证券业总资产约 5 万亿元。

第六，加大对投资者利益的保护力度。稽查执法是保护投资者利益最直接、最有效的手段。中国证监会对内幕交易和证券期货犯罪始终坚持“零容忍”的态度。2011 年，中国证监会受理内幕交易、市场操纵、虚假披露、“老鼠仓”等市场违法违规线索 290 件，新增案件调查 209 起，作出 57 项行政处罚决定与 11 项市场禁入决定，移送公安机关涉嫌犯罪案件 25 起，罚没款 3.48 亿元。2011 年，中国证监会还成立了投资者保护局，负责统筹规划、组织指导、监督检查投资者的教育和权益保护工作。

第七，积极稳妥地推进资本市场对外开放。2011 年，中国证监会继续积极推进证券领域的对外开放。年内新批准 29 家合格境外机构资者（QFII）资格，长期资金管理机构占比超过 70%。启动人民币合格境外机构投资者（RQFII）投资境内资本市场试点工作，批准 9 家基金公司、12 家证券公司业务资格。继续支持境内企业到境外上市融资，年内 11 家公司境外筹资 113.2 亿美元。

第八，积极参与国际金融监管改革与合作。中国证监会积极参与二十国集团（G20）、金融稳定理事会（FSB）、国际证监会组织（IOSCO）的有关工作，研究提出政策建议和意见，认真落实有关行动计划，做好 G20 宏观经济相互评估工作；积极参加国际双边、多边和区域性经济金融对话磋商，在推动国际金融监管改革和标准制定中发挥建设性作用。根据 IOSCO 跨境监管合作多边备忘录和中国证监会与有关境外监管机构签署的双边监管合作备忘录，不断加强跨境证券监管合作与执法协助，共同打击证券违法犯罪，保护投资者合法利益，维护公平、透明、高效的资本市场。

2012 年是中国实施“十二五”规划承上启下的关键之年。中国资本市场既面临新的发展机遇，也将面对诸多挑战，但机遇大于挑战，发展潜力巨大，发展前景广阔。我们将继续深入贯彻落实科学发展观，牢牢抓住机遇，妥善应对挑战，坚持改革开放，加快创新发展，不断完善资本市场的结构和功能，使之更好地适应和服务于国家转变经济发展方式的要求，更好地服务于中小企业、“三农”和创新创业活动，促进我国经济持续快速健康发展。

2012 年 5 月，中国证监会将在北京承办 IOSCO 第 37 届年会。我们愿与国际同行共同努力，深入研究讨论后危机时代全球资本市场及其监管面临的新情况、新趋势和新要求，推动建立更加合理、包容的国际金融体系，加快国际金融治理改革，加强金融监管国际合作，维护国际金融市场稳定，促进全球经济稳定复苏。

我们欢迎来自世界各个监管机构的同事们来参加这一盛会，也期待这一届年会取得圆满成功！

北京欢迎您！

中国证券监督管理委员会主席

目录
CONTENTS

1. 中国证监会介绍

中国证券监督管理委员会（以下简称中国证监会）成立于1992年10月，是国务院直属正部级事业单位，依照《中华人民共和国证券法》（以下简称《证券法》）、《中华人民共和国证券投资基金法》（以下简称《证券投资基金法》）、《证券公司监督管理条例》、《期货交易管理条例》等法律法规和国务院授权，统一监督管理全国证券期货市场，维护证券期货市场秩序，保障其合法运行。

中国证监会总部设在北京，现设主席1名，副主席4名，纪委书记1名，主席助理3名；会机关内设22个职能部门①、4个直属事业单位，以及4个专门委员会。中国证监会在各省、自治区、直辖市和计划单列市设立36个证监局，以及上海、深圳证券监管专员办事处（图1-1为中国证监会组织架构）。

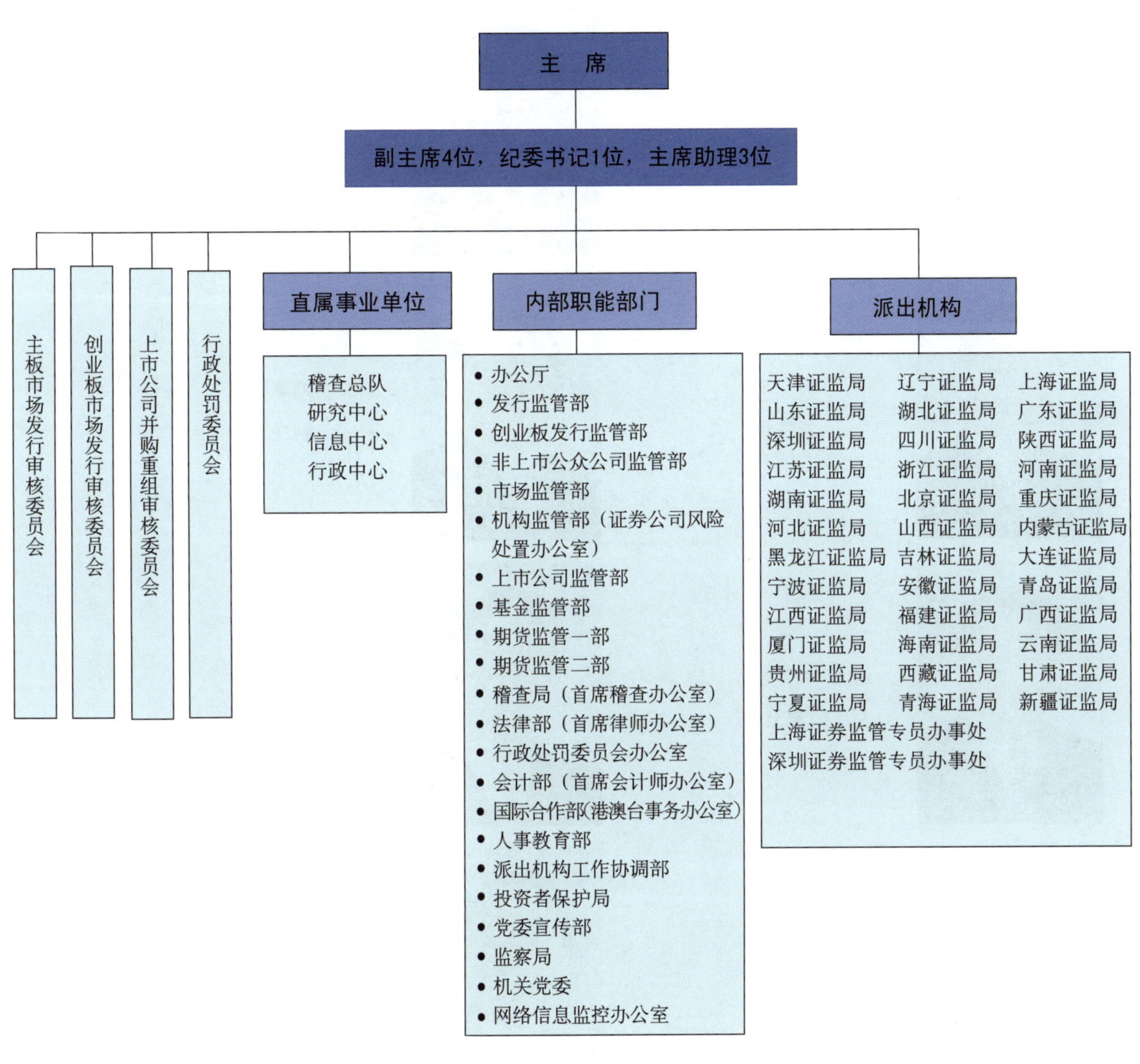

图1-1 中国证监会组织架构

① 中国证监会内设机构的工作职责请参见中国证监会网站 http://www.csrc.gov.cn。

1.1 管理层

郭树清
主　席

桂敏杰
副主席

庄心一
副主席

姚　刚
副主席

刘新华
副主席

黎晓宏
纪委书记

姜　洋
主席助理

朱从玖
主席助理

吴利军
主席助理

1.2 国际顾问委员会

2004 年 6 月，经国务院批准，中国证监会国际顾问委员会正式成立。结合中国证券市场发展的实际，国际顾问委员会向中国证监会介绍国际证券市场的发展现状、趋势等信息和经验，提供咨询意见和建议，以促进中国证券市场的对外开放和推动中国证券市场的健康发展。该委员会属非常设专家咨询机构，每年召开一次会议，中国证监会主席担任委员会主席，另设副主席 1 人。境外委员由国际主要市场的前监管人员、国际金融机构的知名人士及学术界专家教授等组成，任期 2 年，可连任。截至 2011 年年底，国际顾问委员会委员共 17 人，其中境外委员 16 人。

主席

郭树清（GUO Shuqing）
中国证监会主席

副主席

史美伦（Mrs. Laura M. CHA SBS，JP）
中国证监会前副主席、香港证监会前副主席

委员（按英文姓氏首字母排列）

白泰德（Mr. Thaddeus T. BECZAK）
乐通投资集团主席
香港证监会前咨询委员会委员

艾伦·卡梅伦（Mr. Alan CAMERON）
澳大利亚证监会前主席
国际证监会组织执行委员会前主席

戴立宁（Mr. Linin DAY）
中国台北证券管理委员会（现中国台北金融监督管理委员会）前主任委员

戴彼得（Mr. Peter J. DEY）
加拿大安大略省证监会前主席
摩根士丹利加拿大公司前主席

简·迪普洛克（Mrs. Jane DIPLOCK）
新西兰证监会前主席
国际证监会组织执行委员会前主席

威廉·唐纳德森
（Mr. William DONALDSON）
美国证监会前主席
纽约证券交易所前董事长兼 CEO

张夏成（Mr. Hasung JANG）
韩国高丽大学商学院院长、金融学教授
韩国金融监督委员会顾问

鲁本·杰弗瑞（Mr. Reuben JEFFERY）
美国商品期货交易委员会前主席
美国联邦政府前副国务卿
洛克菲勒金融公司 CEO

里奥·梅拉梅德（Mr. Leo MELAMED）
CME 交易所集团终身荣誉主席

梁定邦（Mr. Anthony F. NEOH）
中国证监会前首席顾问
香港证监会前主席

米歇尔·普拉达（Mr. Michel PRADA）
法国金融监管局前主席
国际证监会组织执行委员会和技术委员会前主席

约翰·桑顿（Mr. John L. THORNTON）
清华大学教授、汇丰控股有限公司董事
高盛集团前总裁兼联合首席运营官

约翰·威德斯沃思
（Mr. John S. WADSWORTH, Jr.）
摩根士丹利亚洲公司荣誉主席

张为国（Mr. Weiguo ZHANG）
国际会计准则委员会专职委员
中国证监会前首席会计师、会计部主任、国际合作部主任

周忠惠（Mrs. Zhonghui ZHOU）
中国证监会前首席会计师
普华永道会计师事务所资深合伙人

1.3 经费来源

目前，中国证监会经费收支全部纳入国家财政预算内管理，即证券、期货市场监管费不属于中国证监会收入，而是直接上缴国库，中国证监会的经费支出则完全进行预算内拨款。

1.4 人力资源

截至 2011 年底，中国证监会有工作人员 2 745 人，其中会机关 745 人，派出机构 2 000 人，占比分别为 27.1% 和 72.9%。会机关和派出机构人员的平均年龄 34.7 岁。在学历结构方面，中国证监会大学本科以上干部占全体人员的 65.2%，其中会机关硕士以上干部占 58.3%，博士占 18.2%。与证券期货监管工作相关的会计、法律、财经、计算机等专业人员占 67.1%，其中会机关海外归国或具有海外学习工作经历人员 94 名，占会机关人数的 12.6%。

1.5 法定监管职责

1.5.1 《证券法》第179条。该条款规定，中国证监会在对证券市场实施监督管理中依法履行下列职责：

◆ 依法制定有关证券市场监督管理的规章、规则，并依法行使审批或者核准权。

◆ 依法对证券的发行、上市、交易、登记、存管、结算进行监督管理。

◆ 依法对证券发行人、上市公司、证券公司、证券投资基金管理公司、证券服务机构、证券交易所、证券登记结算机构的证券业务活动进行监督管理。

◆ 依法制定从事证券业务人员的资格标准和行为准则，并监督实施。

◆ 依法监督检查证券发行、上市和交易的信息公开情况。

◆ 依法对证券业协会的活动进行指导和监督。

◆ 依法对违反证券市场监督管理法律、行政法规的行为进行查处。

◆ 法律、行政法规规定的其他职责。

中国证监会可以和其他国家或者地区的证券监督管理机构建立监督管理合作机制，实施跨境监督管理。

1.5.2 《证券投资基金法》第76条。该条款规定，中国证监会在对证券投资基金市场实施监督管理中依法履行下列职责：

◆ 依法制定有关证券投资基金活动监督管理的规章、规则，并依法行使审批或者核准权。

◆ 办理基金备案。

◆ 对基金管理人、基金托管人及其他机构从事证券投资基金活动进行监督管理，对违法行为进行查处，并予以公告。

◆ 制定基金从业人员的资格标准和行为准则，并监督实施。

◆ 监督检查基金信息的披露情况。

◆ 指导和监督基金同业协会的活动。

◆ 法律、行政法规规定的其他职责。

1.5.3 《期货交易管理条例》第50条。该条款规定，中国证监会在对期货市场实施监督管理中依法履行下列职责：

◆ 制定有关期货市场监督管理的规章、规则，并依法行使审批权。

◆ 对品种的上市、交易、结算、交割等期货交易及其相关活动进行监督管理。

◆ 对期货交易所、期货公司及其他期货经营机构、非期货公司结算会员、期货保证金安全存管监控机构、期货保证金存管银行、交割仓库等市场相关参与者的期货业务活动进行监督管理。

- 制定期货从业人员的资格标准和管理办法，并监督实施。
- 监督检查期货交易的信息公开情况。
- 对期货业协会的活动进行指导和监督。
- 对违反期货市场监督管理法律、行政法规的行为进行查处。
- 开展与期货市场监督管理有关的国际交流、合作活动。
- 法律、行政法规规定的其他职责。

1.6 法定监管措施

1.6.1 《证券法》第 180 条。该条款规定，中国证监会在对证券市场实施监督管理履行法定职责时，有权采取以下措施：

- 对证券发行人、上市公司、证券公司、证券投资基金管理公司、证券服务机构、证券交易所、证券登记结算机构进行现场检查。
- 进入涉嫌违法行为发生场所调查取证。
- 询问当事人和与被调查事件有关的单位和个人，要求其对与被调查事件有关的事项作出说明。
- 查阅、复制与被调查事件有关的财产权登记、通讯记录等资料。
- 查阅、复制当事人和与被调查事件有关的单位和个人的证券交易记录、登记过户记录、财务会计资料及其他相关文件和资料；对可能被转移、隐匿或者毁损的文件和资料，可以予以封存。
- 查询当事人和与被调查事件有关的单位和个人的资金账户、证券账户和银行账户；对有证据证明已经或者可能转移或者隐匿违法资金、证券等涉案财产或者隐匿、伪造、毁损重要证据的，经中国证监会主要负责人批准，可以冻结或者查封。
- 在调查操纵证券市场、内幕交易等重大证券违法行为时，经中国证监会主要负责人批准，可以限制被调查事件当事人的证券买卖，但限制的期限不得超过十五个交易日；案情复杂的，可以延长十五个交易日。

1.6.2 《证券投资基金法》第 77 条。该条款规定，中国证监会在对证券投资基金市场实施监督管理履行法定职责时，有权采取以下措施：

- 进入违法行为发生场所调查取证。
- 询问当事人和与被调查事件有关的单位和个人，要求其对与被调查事件有关的事项作出说明。
- 查阅、复制当事人和与被调查事件有关的单位和个人的证券交易记录、登记过户记录、财务会计资料及其他相关文件和资料，对可能被转移或者隐匿的文件和资料予以封存。
- 查询当事人和与被调查事件有关的单位和个人的资金账户、证券账户或者基金账户，对有证据证明有转移或者隐匿违法资金、证券迹象的，可以申请司法机关予以冻结。
- 法律、行政法规规定的其他措施。

1.6.3 《期货交易管理条例》第51条。该条款规定，中国证监会在对期货市场实施监督管理履行法定职责时，有权采取以下措施：

- 对期货交易所、期货公司及其他期货经营机构、非期货公司结算会员、期货保证金安全存管监控机构和交割仓库进行现场检查。
- 进入涉嫌违法行为发生场所调查取证。
- 询问当事人和与被调查事件有关的单位和个人，要求其对与被调查事件有关的事项作出说明。
- 查阅、复制与被调查事件有关的财产权登记等资料。
- 查阅、复制当事人和与被调查事件有关的单位和个人的期货交易记录、财务会计资料以及其他相关文件和资料；对可能被转移、隐匿或者毁损的文件和资料，可以予以封存。
- 查询与被调查事件有关的单位的保证金账户和银行账户。
- 在调查操纵期货交易价格、内幕交易等重大期货违法行为时，经中国证监会主要负责人批准，可以限制被调查事件当事人的期货交易，但限制的时间不得超过15个交易日；案情复杂的，可以延长至30个交易日。
- 法律、行政法规规定的其他措施。

1.7 证券监管架构

中国对金融业实行分业监管的模式，分别设立了中国证监会、中国银行业监督管理委员会和中国保险监督管理委员会，依法对证券业、银行业、信托业、保险业进行监督管理。

经国务院授权，中国证监会依法对全国证券期货市场进行集中统一的监管。在该体制下，中国证监会会机关负责制定、修改和完善证券期货市场规章规则、拟定市场发展规划、办理重大审核事项，指导协调风险处置，组织查处证券期货市场重大违法违规案件，指导、检查、督促和协调系统监管工作；派出机构负责辖区内的一线监管工作。派出机构的主要职责是：第一，深入了解辖区市场情况，主动揭示风险，采取有力措施处置风险；第二，采取现场检查和非现场检查相结合的方式，做好持续监管工作，推动市场主体规范运作的基础性建设；第三，根据会机关的统一布置，依法履行稽查任务，打击证券期货市场违法违规行为，保护投资者合法权益。

证券和期货交易所、中国证券登记结算公司、中国证券投资者保护基金公司、中国证券金融公司、中国期货保证金监控中心公司、中国证券业协会和中国期货业协会等自律机构对其会员（或上市公司），以及证券交易活动进行一线监管和自律监管。这些一线监管和自律监管构成证券期货监管活动的有效补充。

2. 2011年中国资本市场[①]概览

① 本年报不含中国香港、澳门和台湾地区的证券市场情况。

20世纪70年代末期以来的中国改革开放推动了中国资本市场的萌生和发展。1990年，上海、深圳证券交易所相继成立，标志着全国性资本市场的形成。在此后的20多年间，中国资本市场迅速发展，市场规模不断扩大，制度不断完善，证券中介机构和投资者也不断成熟。中国资本市场逐步成长为一个在法律制度、交易规则、监管体系等各方面与国际普遍公认原则基本相符的资本市场。

目前，中国有2家证券交易所，即上海证券交易所（上交所）和深圳证券交易所（深交所）；3家商品期货交易所，即大连商品交易所（大商所）、上海期货交易所（上期所）和郑州商品交易所（郑商所）；还有1家金融期货交易所，即中国金融期货交易所（中金所）。中国致力于建立包括主板（含中小企业板）、创业板和证券公司代办股份转让系统在内的多层次证券市场交易体系。目前，主板市场、创业板市场和代办股份转让系统运行良好。

中国证券市场的有价证券品种包括股票、债券、证券投资基金、权证、股指期货和商品期货等。其中，股票又分为人民币普通股（A股）、境内上市外资股（B股）和境外上市外资股（H股[①]）；债券又分为国债、金融债、公司债、企业债、可转换债券、资产支持证券等，债券交易方式包括现券交易和回购交易。

术语解释1

A股：又称人民币普通股票，由中国境内公司发行，供境内机构、组织或个人（不含台、港、澳投资者）以人民币认购和交易的普通股股票。

B股：又称境内上市外资股，是指在中国境内注册的股份有限公司向境内外投资者发行、募集外币资金并在中国境内证券交易所上市交易的股票。

H股：又称境外上市外资股，是指在中国境内注册的公司在境外发行上市的股票。

2.1 A股股票发行

2011年，中国境内市场共有596家公司在境内发行股票或债券，合计筹资6 780.48亿元。其中，有502家公司发行A股股票，合计筹资5 073.08亿元（见图2－1）。主板、中小板、创业板分别有39家、115家、128家首次公开发行，筹资额分别为1 014.41亿元、1 019.20亿元、791.47亿元（2011年IPO筹资情况见图2－2）；定向增发190家，筹资1 664.50亿元；公开增发14家，筹资132.05亿元；配股15家，筹资421.96亿元；权证行权1家，筹资29.49亿元。此外，有94家公司发行债券，合计筹资1 707.40亿元。其中，发行公司债84家，合计筹资1 262.20亿元；发行可转债9家，合计筹资413.20亿元；发行可分离债1家，合计筹资32.00亿元。

① H股有关情况见4.1.1。

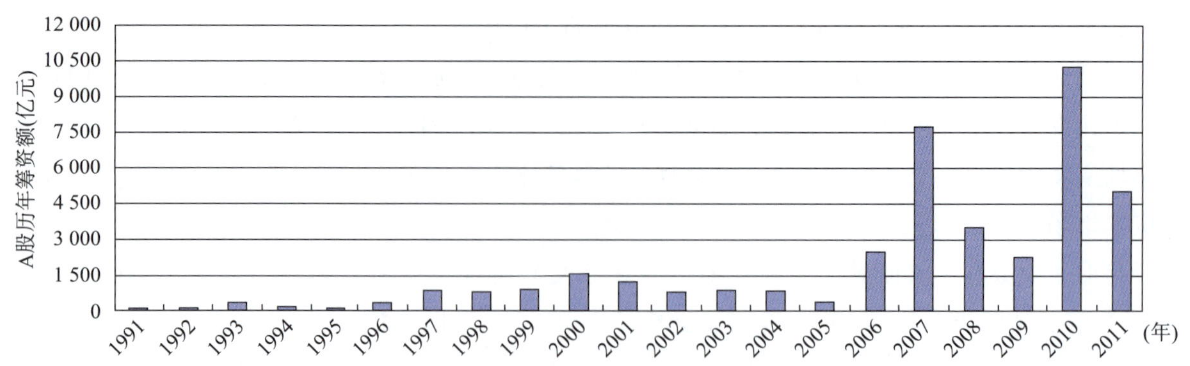

图 2－1　A 股市场历年筹资情况（1991～2011 年）

注：1. 此处 A 股筹资额指通过 IPO、增发、配股等方式发行 A 股筹资的资金。

2. 数据来源：中国证监会。

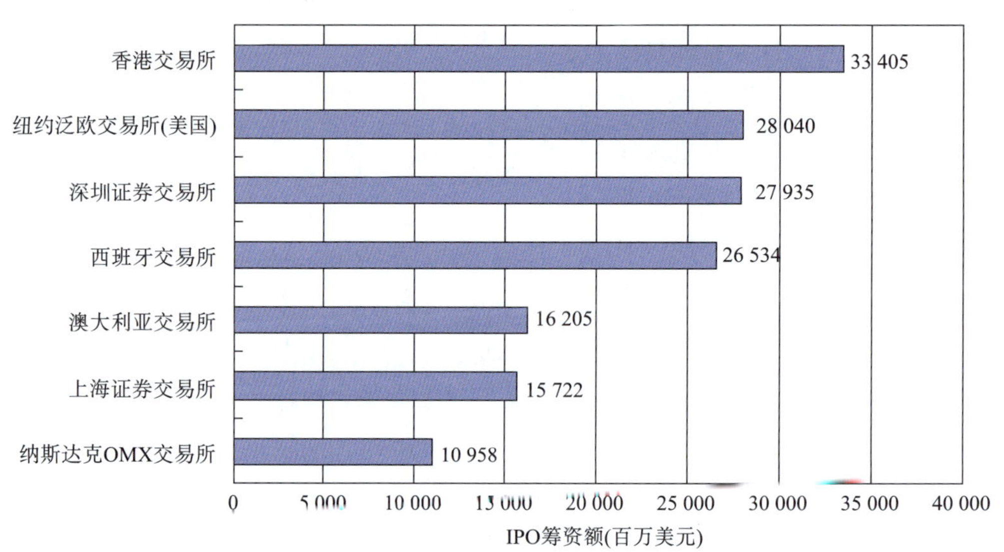

图 2－2　交易所比较：2011 年 IPO 筹资额

注：1. 此处 IPO 筹资额按上市日口径计算。

2. 数据来源：世界交易所联合会（WFE）。

2.2　股票市场交易

2011 年，沪、深股市先扬后抑，2011 年 4 月份以后总体呈现单边下跌，交易规模与 2010 年相比降幅也较大。沪深 300 指数开盘 3 155.56 点，收盘 2 345.74 点，较 2010 年底下跌 25.01%（见图 2－3）；上证综合指数开盘 2 825.33 点，收盘 2 199.42 点，较 2010 年年底下跌 21.68%；深证综合指数开盘 1 298.59 点，收盘 866.65 点，较 2010 年年底下跌 32.86%。2011 年中国境内股票总成交金额和日均成交金额分别为 42.17 万亿元和 1 728.07 亿元，分别比 2010 年减少 22.72% 和 23.36%。2011 年股票交易印花税 421.7 亿元，较 2010 年减少 22.72%。2011 年各交易所股票交易情况见图2－4。

图2－3 2011年沪深300指数走势图

数据来源：Wind资讯。

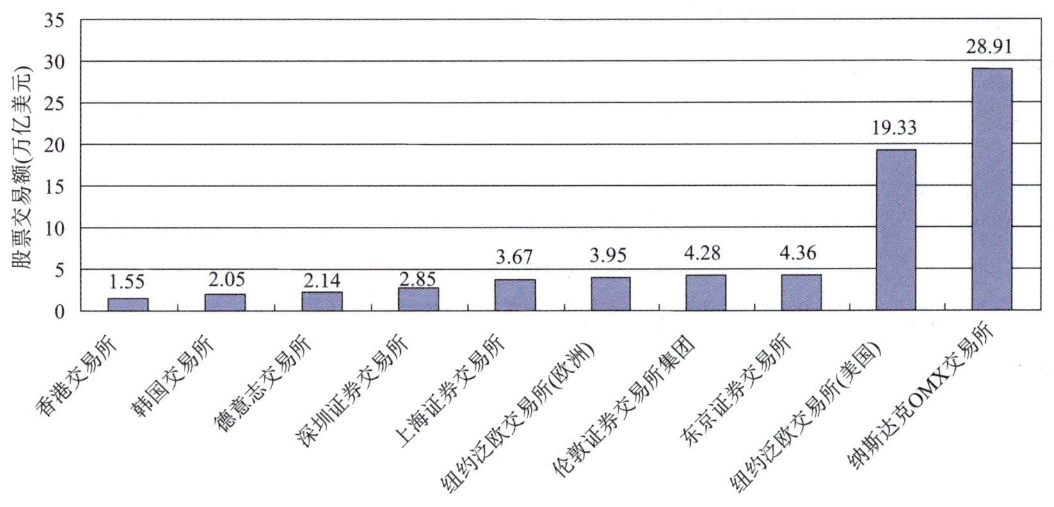

图2－4 交易所比较：2011年股票交易额

数据来源：世界交易所联合会（WFE）。

2011年，中国上市公司数量稳步增长，但市值降幅较大。截至2011年年底，沪深两市上市公司2 342家（见图2－5），比2010年底增加279家。其中，中小板646家，比2010年底增加115家；创业板281家，比2010年底增加128家。沪深两市总市值21.48万亿元，流通市值16.49万亿元，分别比2010年底减少19.09%和14.60%；总市值占当年国内生产总值（GDP）的45.55%（见图2－6和图2－7），位居全球第三，仅次于美国和日本；流通市值占总市值的76.79%，比2010年底上升了4.03个百分点。其中，中小板总市值27 429.32亿元，流通市值14 343.52亿元；创业板总市值7 433.79亿元，流通市值2 504.08亿元。

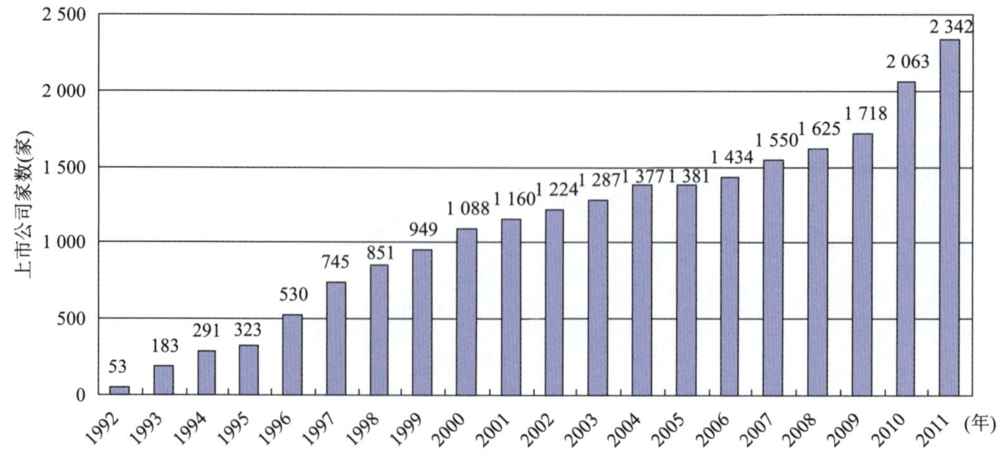

图 2－5　中国境内上市公司家数年度变化（1992～2011 年）

数据来源：中国证监会（WFE）。

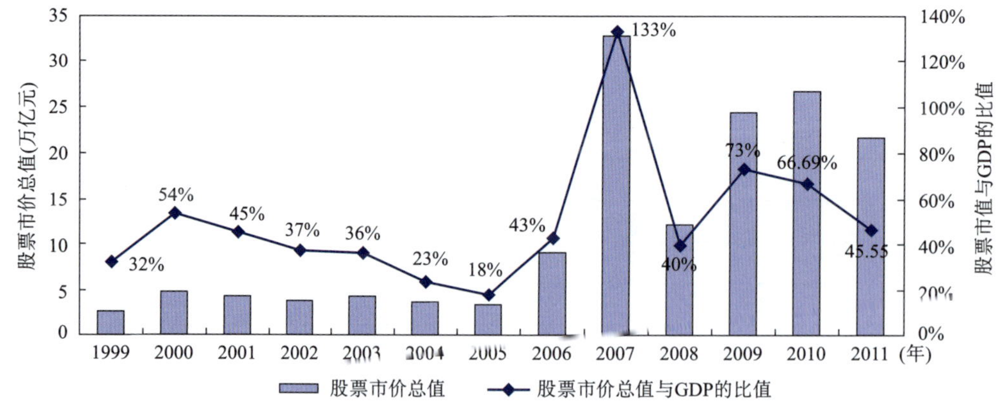

图 2－6　股票市价总值及其与 GDP 的比值变化（1999～2011 年）

数据来源：中国证监会。

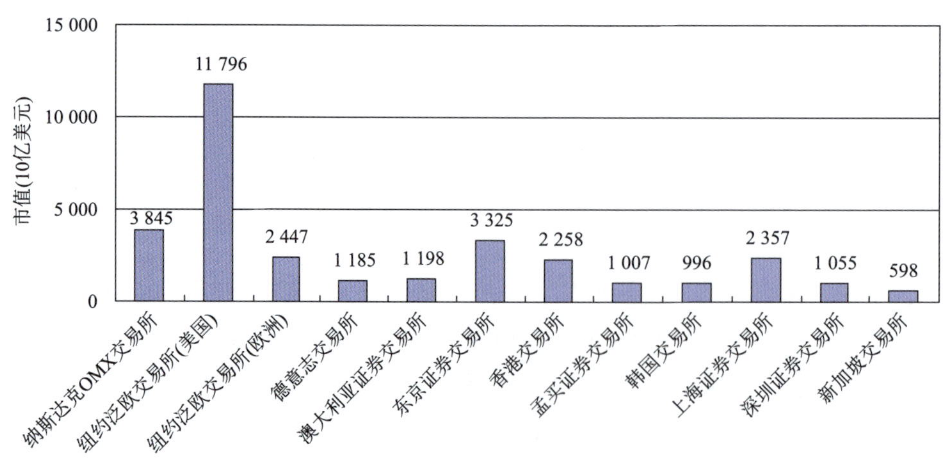

图 2－7　交易所比较：股票市价总值（2011 年年底）

数据来源：世界交易所联合会（WFE）。

2.3 交易所债券市场交易

中国债券交易市场由银行间债券交易市场、证券交易所债券市场和商业银行柜台市场组成。2011 年，交易所债券市场现货成交金额 6 839.89 亿元（各债券品种成交情况见表 2－1），同比增长 17.28%；回购成交金额 20.95 万亿元，同比增长 197.71%。

表 2－1　　2011 年交易所各债券品种现货成交情况

债券品种	现货成交金额	占债券总成交金额比重	同比变化
政府债	1 253.13 亿元	18.3%	－24.6%
企业债	1 538.71 亿元	22.5%	32.1%
公司债	1 301.81 亿元	19.0%	48.4%
可分离债	528.29 亿元	7.7%	－7.0%
可转债	2 217.95 亿元	32.5%	42.1%
合计	6 839.89 亿元	100%	17.28%

数据来源：上海证券交易所和深圳证券交易所。

截至 2011 年年底，共有债券现货交易品种 640 只，较 2010 年年底增加 177 只。其中，国债 109 只，地方政府债 4 只，企业债 322 只，公司债 166 只，可转债 20 只，可分离债 19 只。债券现货托管面值 8 428 亿元，较 2010 年年底增加 2 150 亿元；债券现货托管市值 8 253 亿元，较 2010 年年底增加 1 952 亿元。

2011 年，交易所国债指数呈现稳定缓慢上行趋势。从年初到 12 月底，上证国债指数从 126.28 点上涨至 131.39 点，较年初上涨 5.11 点，涨幅 4.05%。

2011 年，交易所信用债市场波动较大。上半年，上证企业债指数从年初的 143.45 点上涨至 146.02 点，上涨 2.57 点，涨幅 1.79%；进入第三季度，货币市场利率高企，加上地方融资平台的债务问题受到市场关注，引发对城投债偿付风险的担忧，这种担忧进一步扩散为对整个低信用等级信用债券风险的关注，造成信用债市场整体大幅下跌，至 9 月 29 日，企业债指数下跌至 143.72 点，较 6 月底下跌 1.51%；10 月份以后，信用债市场整体大幅反弹。至 12 月底，企业债指数反弹至 148.48 点，较年初上涨 5.03 点，涨幅 3.51%。

2011 年上证国债指数和上证企业债指数走势见图 2－8。

2.4 期货市场交易

截至 2011 年年底，全国期货交易所共有 27 个期货品种，其中商品期货品种 26 个，金融期货品种 1 个，期货市场品种体系日趋完善。

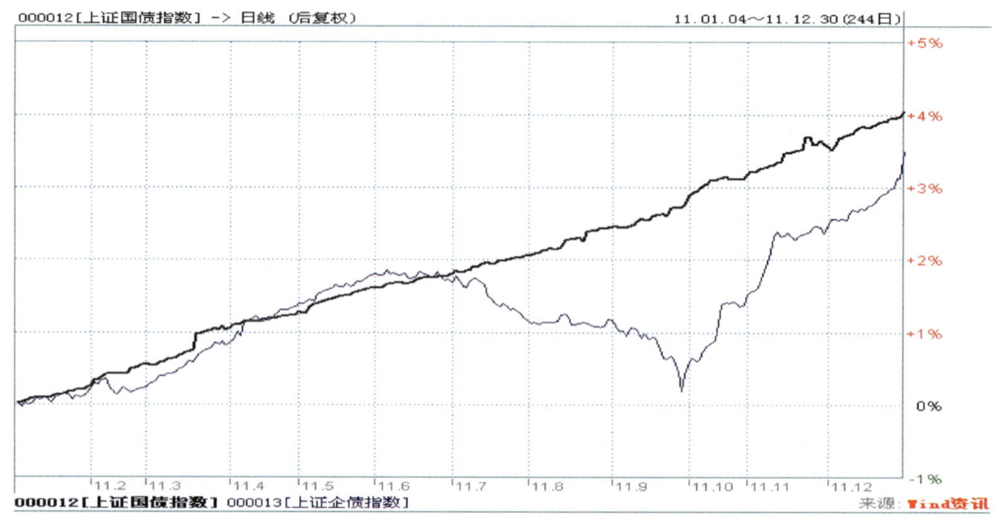

图 2－8　2011 年上证国债指数和上证企业债指数走势

数据来源：Wind 资讯。

表 2－2　各期货交易所交易品种

交易所	交易品种
上海期货交易所	铜、铝、锌、铅、黄金、天然橡胶、燃料油、螺纹钢、线材
郑州商品交易所	硬麦、强麦、棉花、白糖、菜籽油、PTA、早籼稻、甲醇
大连商品交易所	黄大豆 1 号、黄大豆 2 号、玉米、豆粕、豆油、线型低密度聚乙烯、棕榈油、聚氯乙烯、焦炭
中国金融期货交易所	沪深 300 股票指数期货

资料来源：各期货交易所。

2011 年，中国期货市场继续保持平稳健康运行的发展势头。全年共成交 10.54 亿手，成交金额 137.52 万亿元，同比分别下降 32.72% 和 11.03%（见图 2－9）。其中，商品期货成交 10.04 亿手，成交金额 93.75 万亿元，同比分别下降 34.01% 和 17.4%；股指期货成交 5 041.19 万手，成交金额 43.77 万亿元。商品期货成交量占全球商品期货成交量的 38.03%。

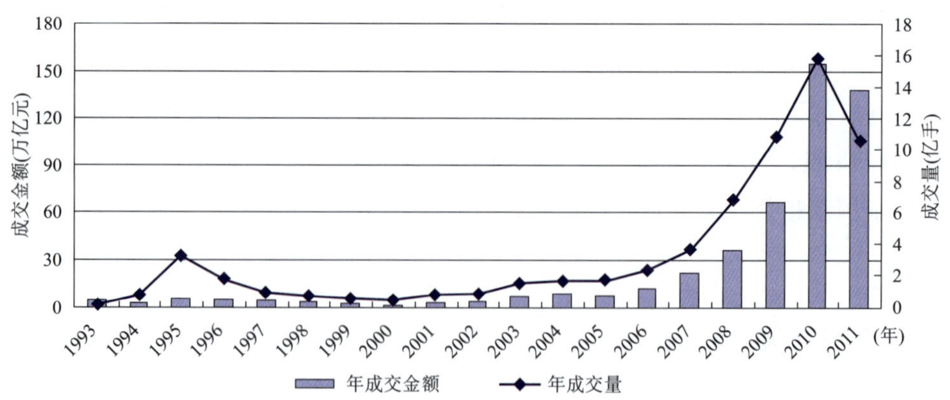

图 2－9　期货市场成交金额和成交量走势（1993～2011 年）

资料来源：中国证监会。

2.5 机构投资者

近年来，证券投资者数量快速增加，中国资本市场逐渐成为全社会重要的财富管理平台。截至 2011 年年底，股票与封闭式基金投资者开户数达 2.03 亿户，比 2010 年年底增加了 1 401.11 万户或 7.43%，其中机构开户数 68.68 万户，个人开户数 2.02 亿户；机构投资者持有 A 股流通市值比例达到 73.45%。

中国证监会把大力发展机构投资者作为改革和发展中国资本市场的重要战略内容。近年来，以证券投资基金为主导，辅以社保基金、保险资金、企业年金、合格境外机构投资者（QFII）、证券公司资金（包括证券公司自营资金以及集合理财资金）等在内的机构投资者格局已逐渐形成。

术语解释 2

证券投资基金：指通过公开发售基金份额募集资金，由基金托管人托管，由基金管理人管理和运用资金，为基金份额持有人的利益，通过资产组合进行的证券投资方式。目前，中国现有的证券投资基金均为契约型基金。按是否可赎回可分为封闭式基金和开放式基金。其中，开放式基金根据投资对象不同，又可分为股票基金、债券基金、货币市场基金、混合基金和合格境内机构投资者（QDII）基金等。此外，中国也有伞形基金、交易型开放式指数基金（Exchange Traded Fund）、上市开放式基金（Listed Open - Ended Fund）等基金品种。

2.5.1 证券投资基金

截至 2011 年年底，全国有基金管理公司 69 家，管理证券投资基金 914 只，基金资产净值总额为 2.19 万亿元，比年初减少了 3 282.21 亿元或 13.02%。其中，货币市场基金和债券型基金资产净值占全部基金资产净值总额的 18.95%。2011 年年底，证券投资基金持股市值为 1.29 万亿元，占沪深流通市值的 7.82%（见图 2 - 10）。

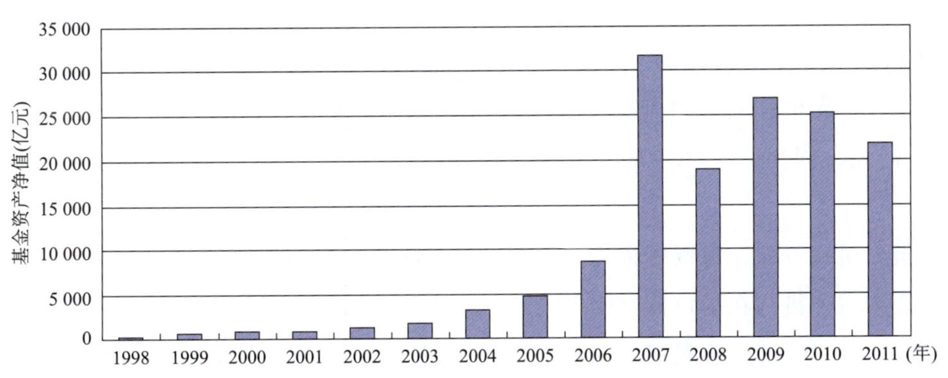

图 2 - 10 证券投资基金资产净值（2001 ~ 2011 年）

资料来源：中国证监会。

2.5.2 合格境外机构投资者（QFII）

截至2011年年底，已有135家境外机构（见图2-11）获得QFII资格，获批的投资额度为216.4亿美元，分别较年初增加29家和19.2亿美元；QFII总资产为2 530亿元，其中证券资产为2 215亿元，占总资产的87.55%，QFII持股市值约占中国A股流通市值的1.07%。

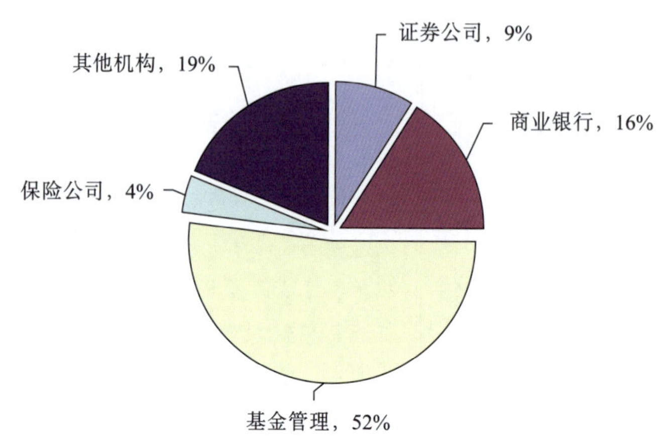

图2-11　不同性质QFII机构分类

资料来源：中国证监会。

2.6 中介服务机构

随着中国资本市场不断发展和近年来各项监管措施的推行，市场中介机构的资本实力和经营水平有了显著提高。截至2011年年底，中国境内共有证券公司109家，总资产15 728亿元，净资产6 303亿元，净资本4 634亿元；2011年全年累计营业收入1 360亿元，累计净利润394亿元。

截至2011年年底，全国有期货公司161家，总资产402.23亿元（不含客户资产），净资产358.82亿元，净资本328.81亿元，同比分别增长32.28%、32.83%、30.87%；客户保证金1 486.02亿元，同比减少8.1%。2011年期货公司利润总额25.46亿元，比2010年减少12%。

在证券服务机构方面，投资咨询机构、财务顾问机构、资信评级机构、会计师事务所、资产评估机构等证券服务机构在提供证券服务前，须从中国证监会获得从业许可。它们与律师事务所一起各司其职，为中国证券市场的顺利运转提供各种服务。截至2011年年底，中国境内共有证券投资咨询机构88家，证券评级机构6家。

2.7 投资者教育

中国证监会非常重视投资者教育工作，始终把投资者教育作为保护投资者合法权益、加强资本市场基础建设、推动资本市场稳定运行和健康发展的重要内容。

2011 年，中国证监会主要开展了以下投资者教育工作：

一是坚持把投资者教育融入日常监管工作和证券期货经营机构业务环节。加强投资者教育相关法规制度建设，将投资者教育融入相关业务规则、监管要求和自律管理。同时，加强对证券期货经营机构落实投资者教育监管要求的督促检查，积极探索建立健全投资者教育考核和激励约束机制。

二是构建多层次投资者教育工作体系，积极开展投资者教育宣传工作。通过积极引导证券期货经营机构，充分发挥交易所、协会等自律组织作用，依托媒体强化舆论引导等方式构建多层次投资者教育工作体系，引导投资者客观认识、理性参与资本市场投融资活动。

三是不断丰富投资者教育的内容和方式方法，组织开展了丰富多彩的投资者教育活动，如组建投资者教育网络学院，设立“投资者开放日”、“投资者开放周”，开展“我服务、我先知”投资者教育能手评选活动等。社会反响较好的投资者教育产品有网络游戏“财富天堂”、电视剧《舞动的 K 线》、动画宣传片《内幕交易警示录》等。

3. 2011年重大监管政策和措施

2011 年，世界经济金融形势异常复杂，国内经济运行中的不确定因素也明显增多。中国证监会坚持以科学发展观为指导，稳步推进改革创新和对外开放，加强和改进市场监管，证券期货市场保持了平稳健康运行态势。作为各种要素市场的基础，资本市场合理配置资源、服务经济转型的功能得到较好发挥。

3.1 继续发展完善股票市场

3.1.1 全面落实新股发行体制改革措施，督促市场主体归位尽责，新股发行的市场约束有所增强

为了进一步健全新股发行体制、强化市场约束机制，2011 年中国证监会增强新股发行灵活性，适时放开新股发行的时间窗口，允许发行人和承销商在领取的核准文件有效期内自主选定时间窗口启动发行。总体来看，这种方式得到市场的广泛欢迎和认可，取得了积极成效，巩固了市场基础，拓展了市场深度，推动市场走向成熟。主要表现为：一是新股申购的无风险收益得以消除；二是新股定价的市场自我调节功能开始显现；三是一级市场固有风险得以显现，并首次出现了中止发行的案例。新股发行体制改革引导全市场重视并运用市场机制，显著增强了市场内在的制衡力量，有力地推动市场各方主体归位尽责，为资本市场的健康稳定发展打下扎实的基础。

3.1.2 实施保荐项目问核制度，加强对保荐机构执业行为的监管

2011 年 5 月，中国证监会正式实施保荐项目问核制度，并将其先行适用于首发项目。保荐项目问核制度，即收到融资申请文件后，由审核人员约见保荐机构负责人及保荐代表人，对是否履行了尽职调查义务进行询问和提醒，并要求保荐代表人出具承诺。建立和实施问核制度丰富了保荐业务监管手段，促进了保荐机构与保荐代表人工作质量的提高，审核过程中对保荐机构执业质量的监管得以加强。

3.1.3 稳步发展创业板市场，支持战略性新兴产业发展

2011 年，中国证监会积极做好创业板发行监管工作，稳步扩大市场规模；发布《创业板专家咨询委员会工作规则（试行）》，充分发挥专家咨询作用，落实市场定位；研究制定创业板再融资制度，完善市场基础制度。2011 年，创业板市场共受理 246 家企业的首次公开发行申报，召开发审委会议 85 次，审核企业 134 家，通过企业 112 家（通过率 83.58%），新增上市公司 128 家，融资 791.61 亿元。截至 2011 年年底，创业板市场共有 281 家企业上市。其中，新能源、新材料、环保节能、电子信息、先进制造业、生物医药等战略性新兴产业的企业占比 88.19%，高新技术企业占比 92.17%，民营企业占比 95.73%。

3.1.4 稳步推进场外市场建设

2011 年，中国证监会继续稳步推进场外市场建设，研究明确了场外交易市场建设总体方案，进一步完善整体框架和配套制度，各项准备工作有序开展。

3.2 协调规范债券市场的发展

- **债券发行审核效率显著提高。**遵循债券市场规律和市场化原则，将债券融资审核与股权融资审核相分离，优化了债券审核机制与流程，使得审核效率明显提高。
- **推进上市公司优化融资结构，扩大公司债券市场规模。**按上市口径统计，2011 年公司债融资 1 262.20 亿元，较 2010 年增加了 659.20 亿元，成为发行公司债以来融资最多的一年。
- **启动创业板上市公司非公开发行债券工作。**多渠道破解中小企业融资难题，完善创业板投融资产品结构。截至 2011 年年底，共受理 3 家企业的非公开发行公司债申报。
- **上市商业银行进入交易所债券市场取得实质性进展。**自 2010 年 9 月 30 日起，上市商业银行可重新进入交易所债券市场进行现货交易，为逐步实现银行间市场与交易所市场的互联互通打下坚实基础。截至 2011 年年底，16 家上市商业银行已经全部在交易所开通了证券账户。
- **公司信用类债券部际协调机制初步建立。**中国证监会加强与发展改革委员会、中国人民银行的联系协调，推进公司信用类债券制度和规范的统一，初步建立起部际协调机制，相关部门之间在市场准入、信息披露、投资者适当性安排和风险防范等多个方面形成广泛共识。

3.3 期货市场改革创新焕发出勃勃生机

3.3.1 继续稳步推进期货产品创新和制度创新

- **上市铅、焦炭和甲醇期货 3 个新品种，服务实体产业的深度和广度进一步得到拓展。**在新产品合约及业务规则设计中，中国证监会按照有利于市场功能发挥和提高市场运行质量的原则，率先试点提高合约规模，严格限仓制度，优化套期保值交易。
- **完善监管机制，提升监管的规范化和科学化水平。**2011 年，中国证监会发布了 5 个期货交易所业务活动监管工作指引，强化市场监管，加大对违规行为的查处力度，全年对 592 起异常交易行为采取监管措施，共查处 59 起违规案件，推进了“期货市场监测监控系统”建设。
- **推进交割制度创新。**2011 年 8 月，铜、铝期货保税交割试点完成了第一次实物交割。铅、燃料油、黄金和天然橡胶期货试点套期保值制度改革。按照贴近实体经济、服务现货企业的原则，中国证监会组织对小麦、棕榈油、PVC 等期货品种的交割规则进行修改完善。

3.3.2 扎实推进期货市场基础制度建设

2011 年，中国证监会在推进期货市场基础制度建设方面开展了以下工作：一是全面落实开户实名制和统一开户制度，正式启动了期货市场历史账户清理和规范工作；二是鼓励、培育和引导机构投资者发展，出台了 QFII 参与股指期货交易指引，并推动中国银行业监督管理委员会出台了信托公司参与股指期货业务的管理办法；三是建立起了一套科学衡量期货品种功能发挥的评估指标体系，首次完成了期货品种功能发挥情况评估工作报告。

3.4 继续大力推动上市公司质量提升

上市公司是资本市场的基石。中国证监会始终坚持以信息披露监管为主线，提高上市公司的透明度，大力督促上市公司完善公司治理和决策机制，明确回报规划和分红政策，增强红利分配透明度。2011 年，中国证监会开展了首批 287 家上市公司内控规范试点工作，修改了上市公司重大资产重组与配套融资相关规定，加大资本市场支持并购重组的力度，深入推进“解决同业竞争、减少关联交易”专项活动，推动部分改制上市公司整体上市，136 家重点公司中有 92 家完成整改，24 家大型企业集团作出整体性规划和承诺，累计注入优质资产 3 258 亿元。

- **规范上市公司并购重组行政审批工作**。公开审核标准，向社会公示“并购重组共性问题审核意见关注要点”15 条、“常见问题解答”37 条，提高并购重组监管透明度。2011 年全年，中国证监会核准上市公司资产重组 69 项，交易金额 2 369 亿元。
- **稳步推进上市公司退市制度改革**。健全的上市公司退出制度是多层次资本市场不可或缺的组成要素，针对现行退市制度存在的问题，中国证监会联合各方力量和资源，按照远近结合、统筹兼顾的原则，深入开展上市公司退市制度研究工作，明确了退市制度总体思路、预期目标和工作步骤，提高拟退市公司重组门槛，规范借壳上市行为并在扎实做好相关准备工作的基础上公布了《关于完善创业板退市制度的方案》(征求意见稿)，稳妥启动创业板退市改革试点。
- **推动建立非上市公众公司监管制度**。近年来，中国证监会积极推动制定《非上市公众公司管理暂行办法》及其配套规章制度，明确了非上市公众公司监管的主要思路，确立了非上市公众公司监管范围、公司治理、信息披露、公开转让准入、定向发行、监督管理等各项制度安排，并拟定了关于股东超过 200 人的股份公司监管方案。

3.5 促进各类投资中介机构规范健康发展

3.5.1 督促指导证券公司提升风险防控能力，提高专业服务水平

◆ **调整优化行政许可制度。**在2010年实现审核工作全过程向社会公开的基础上，稳步向派出机构下放审批权限，推进监管重心下移，进一步提高审核效率。截至2011年年底，已授权所有派出机构负责审核变更公司章程重要条款等5项证券公司行政许可事项。

◆ **做好融资融券业务转常规工作。**2010年3月以来，中国证监会先后批准25家证券公司开展融资融券业务试点，在总结试点经验的基础上修订发布了《证券公司融资融券业务管理办法》和《证券公司融资融券业务内部控制指引》，实现融资融券业务由试点转入常规。同时，为完善融资融券配套机制，发布了《转融通业务监督管理试行办法》，明确了转融通业务的基本制度框架，转融通业务推出的准备工作正在抓紧进行中。截至2011年年底，全年累计融资融券交易金额5 871亿元，融资融券余额383亿元；已开通融资融券业务的证券营业部总数达2 156家，客户开立的信用证券账户达35万户。

◆ **改进加强证券公司风险监管。**中国证监会借鉴国际证监会组织最新风险监管理念，推动证券公司将压力测试引入风险管理体系，建立健全压力测试机制；组织开展全行业统一情景压力测试，从测试结果看，在压力情景下证券行业总体风险在可承受范围之内，不存在影响金融稳定的重大系统性风险；评估现有风险控制指标体系，研究提出建立"逆周期"调节机制和完善风险控制指标体系的总体思路；综合运用各种措施和手段，加强对证券公司各项业务，尤其是股指期货、融资融券等新业务风险的动态监测和分析，防范跨市场的风险传递。

◆ **推动证券公司深化合规管理。**中国证监会督促证券公司结合实际，有针对性地健全完善并严格执行信息隔离墙制度，切实防范公司与客户、客户与客户之间的利益冲突和内幕交易，督导证券公司改进加强合规管理有效性评估工作，通过评估自我发现问题、采取改进措施，不断健全合规管理机制，修订《证券公司治理准则（试行）》和《证券公司内部控制指引》，将实践中的有效经验和做法上升为规则，推动证券公司进一步健全治理结构和内部控制机制。

◆ **促进证券公司提升客户服务水平。**2011年，中国证监会评估新设证券营业网点政策，研究提出了支持公司对营业网点实行差异化建设和管理的政策方案，指导证券业协会研究起草证券公司客户服务指引，推动证券公司完善客户分类和产品、服务分级管理制度，提高客户适当性管理水平，研究修订《客户交易结算资金管理办法》，进一步规范客户交易结算资金的管理，保护客户合法权益。

◆ **积极支持证券公司创新发展。**在总结分析行业创新实践的基础上，中国证监会制定发布了《证券公司业务（产品）创新指引（试行）》，进一步明确创新的准入机制、风险防范机制、激励机制和监管机制，指导8家证券公司分别开展报价回购、约定购回式交易和现金管理产品3项创

新试点，支持符合条件的证券公司通过发行上市、市场化并购整合等方式做优做强。2011 年年新增 3 家上市证券公司，截至 2011 年年底，上市证券公司达到 18 家。中国证监会总结直接投资业务试点经验，将其纳入常规监管。2011 年新增 4 家证券公司直投子公司，截至 2011 年年底，证券公司直投子公司达到 34 家。

3.5.2 稳步推进基金业发展

◆ 继续贯彻落实基金产品分类审核制度，专门开辟指数类股票基金审核通道，支持指数基金发展。截至 2011 年年底，中国证监会共受理指数基金 52 只，批复 45 只，完成募集 54 只，指数产品进入了加速发展轨道。

◆ 探索实施创新基金绿色通道审核机制，完善支持产品创新的具体措施。2011 年，中国证监会进一步明确了创新产品的认定机制和程序，并为创新产品设定了 6 个月的保护期。

◆ 积极推动第三方支付机构试点参与基金销售业务，目前已取得实质性进展。截至 2011 年年底，汇付数据和通联支付分别与 42 家、29 家基金管理公司展开支付合作。

◆ 修订基金管理公司特定客户资产管理业务相关规定，降低了专户理财的门槛标准，扩大了专户理财业务试点，进一步优化了业务规则，为公司的差异化发展创造了条件。

◆ 适应市场需求，加快对基金管理公司设立的审核进度。中国证监会全年共完成 6 家基金公司的设立审核。截至 2011 年年底，全国有基金管理公司 69 家，管理证券投资基金 914 只，基金资产净值总额为 2.19 万亿元，基金持股市值约为 1.29 万亿元。

3.5.3 坚持创新发展的理念，进一步提升期货公司的实力

◆ **顺利推出期货公司投资咨询业务**。2011 年 3 月，期货公司投资咨询业务正式推出，标志着期货公司告别单一的期货经纪业务模式，开始面向客户提供专业化期货投资咨询业务。这一业务创新立足于服务国民经济需要，以实体企业、产业客户和机构投资者为主要服务对象。截至 2011 年年底，共核准了 47 家期货公司的投资咨询业务资格。

◆ **积极研究推进期货公司境外期货经纪业务等试点创新工作**。为落实《期货交易管理条例》相关规定要求，满足国内现货企业参与境外商品期货风险管理的实际需要，按照“风险可控、由易到难、有限试点、循序渐进”的思路，2011 年 5 月正式启动了期货公司境外期货经纪业务试点筹备工作。同时，继续稳步推动期货公司客户资产管理业务试点研究工作。

◆ **完善基础性制度建设，明确营业部监管标准**。2011 年，中国证监会重点加强了营业部监管，研究制定了《期货营业部管理规定》。该规定对营业部的设施条件、负责人履职、内部控制、合规管理等方面提出了明确要求。

◆ **完善期货公司分类监管制度，组织开展 2011 年分类评价工作**。在总结实践经验的基础上，中国证监会对分类监管制度进行了修订，重点加入了市场竞争力、培育和发展机构投资者状况等指标，进一步引导期货公司深化中介职能定位，鼓励优质期货公司通过兼并重组方式做强，全面提升期货行业服务国民经济的能力。同时，为提高分类评价工作的透明度，充分发挥分类评价对投

资者的引导作用，中国证监会首次通过中国期货业协会网站向社会公开披露了分类评价结果。

◆ **进一步加强期货公司日常监管，确保监管政策落到实处。**在日常监管方面，2011 年 7 月至 11 月，中国证监会组织开展了对所有期货公司及部分营业部的全面检查，重点关注期货公司风险控制能力、信息技术水平，以提高监管工作有效性和针对性，增强监管工作的科学性和预见性。

3.5.4 加大对审计与评估机构的现场检查力度，促进其健康规范发展

◆ **完善内部机制，做好组织协调。**加强证监会会计部现场检查组织、指导和协调职能，推动沪深专员办组建专职检查队伍。

◆ **增强检查针对性，促进执业水平的提高。**在广泛征集各派出机构发现的审计与评估机构执业质量问题的基础上，深入剖析风险隐患，选择部分质量控制基础相对薄弱、执业风险较大的机构作为检查对象，有针对性地检查以促进其执业水平的提高。

◆ **扩大范围，深化现场检查工作。**进一步加大对审计与评估机构分所的检查力度，加强对审计与评估机构总分所一体化管理、分所质量控制体系及独立性的检查。此外，2011 年中国证监会还对部分市场关注的 IPO 项目进行了专项核查，并根据专项核查情况，延伸检查至被审计单位。

◆ **加强监管协作，提升监管效能。**中国证监会进一步加强与财政部、中国注册会计师协会等相关部门的沟通协调，建立定期通报和会商机制，同时针对检查中发现的涉及上市公司的相关问题，通报相关证监局，由证监局督导上市公司整改，提升监管效能。

2011 年，中国证监会共完成对 5 家会计师事务所、4 家资产评估机构的全面现场检查及 3 项专项检查工作，有力促进了审计与评估机构不断加强内部管理，提高执业质量，更好地服务于中国资本市场。

3.6 进一步加强市场法治和诚信建设

3.6.1 继续深入开展打击内幕交易专项工作，严厉打击各种违法违规行为

◆ **集中力量调查内幕交易案件。**2011 年，中国证监会强化内幕交易线索发现及处理，集中力量快速查处内幕交易案件，积极推动内幕交易刑事追责。全年共受理内幕交易线索 129 件，启动内幕交易案件非正式调查 70 起，立案调查内幕交易案件 48 起，向公安机关移送涉嫌犯罪内幕交易案件 20 起，推动“中山公用”、“天山纺织”内幕交易案等多起大要案在法院作出司法判决，有力震慑了内幕交易违法违规行为。

◆ **加强内幕交易源头防范。**为有效防范和遏制内幕交易等证券违法违规行为，中国证监会于 2011 年 11 月全面实施了上市公司内幕信息知情人登记制度，中国证监会 36 家派出机构全部与地方政府及地方监察、国资、公安等部门建立了防控工作机制。2011 年，内幕交易案发数量呈下降趋势，二级市场重大事项异常交易比例持续下降。

◆ 在严厉打击内幕交易的同时，中国证监会对市场操纵、上市公司虚假信息披露，以及老鼠仓行为也予以坚决打击，并及时采取措施应对股票市场、期货市场、基金市场，以及跨市场出现的各种新型违法违规行为。

2011 年，中国证监会受理各类违法违规线索 290 件，新增案件调查 209 起，作出 57 项行政处罚决定与 11 项市场禁入决定，其中，对 13 家上市公司、2 家会计师事务所、1 家期货经纪公司、26 家其他机构分别进行了行政处罚，对 198 名个人给予行政处罚，吊销了 3 人的基金从业资格，对 16 人实施了市场禁入，向公安机关移送涉嫌犯罪案件 25 起，罚没款 3.48 亿元，有效维护了市场的稳定健康运行。

3.6.2 坚持依法治市，加强资本市场法制和诚信建设

◆ **不断推动基础法律制度完善。**2011 年，中国证监会积极配合全国人大财经委员会（以下简称财经委）修订《证券投资基金法》，增加了完善公募基金运作方面的大量内容，还特别增加了私募基金的监管制度安排。目前，该法修订草案已经财经委审议通过，已提请全国人大常委会安排审议。为适应“十二五”规划要求和市场发展，中国证监会全面总结和评估了《证券法》实施经验和效果，梳理资本市场功能定位、运行机制和监管执法等方面存在的重大实际问题，为下一步提出《证券法》修订工作建议提供依据。同时，为了做好制定《期货法》准备工作，专门组织开展了立法调研。

◆ **出台司法解释，为打击证券期货违法犯罪行为提供有力支持。**目前，《最高人民法院 最高人民检查院 公安部 中国证监会关于办理证券期货违法犯罪案件工作若干问题的意见》已经发布，《最高人民法院 最高人民检查院关于办理内幕交易等刑事案件具体应用法律若干问题的解释》即将出台。两个文件在解决内幕交易认定难，加强证券期货案件集中管辖、证据转换、执法协作等方面取得重大突破。

◆ **不断加强资本市场诚信建设。**2011 年，中国证监会启动了诚信数据库升级建设工作，进一步丰富诚信信息内容。目前，诚信档案收录了市场机构和人员的诚信信息 9 500 多条，实现了与中国人民银行信用信息联网共享，开通了征信系统联网查询终端。中国证监会特别强调诚信信息的使用，查询诚信记录已经成为中国证监会行政许可工作的必经程序。2011 年，诚信信息查询量日均近 100 批次。同时，中国证监会还积极指导证券业协会、期货业协会加强会员和从业人员诚信管理。

3.6.3 稳步有序推进交易场所清理整顿工作

按照《国务院关于清理整顿各类交易场所 切实防范金融风险的决定》（国发［2011］38 号）要求，中国证监会牵头协调中宣部、商务部、国资委、工商总局等 23 个有关部委，建立清理整顿各类交易场所部际联席会议制度，统筹协调有关部门和省级人民政府清理整顿工作，开展了各类交易场所摸底调查工作，督促各省级人民政府制定清理整顿各类交易场所工作方案等。

4. 对外开放与国际监管合作

4.1 积极稳妥推进证券市场对外开放

对外开放是中国资本市场发展的重要动力。中国证监会始终坚持“以我为主、循序渐进、安全可控、竞争合作、互利共赢”的原则，积极稳妥地推进证券业对外开放，既认真履行世界贸易组织证券业开放承诺，又主动实施证券业和资本市场自主开放的政策措施，并对港澳台地区进一步扩大开放。

20 多年来，从境内公司发行境内上市外资股（B 股），到发行境外上市外资股（H 股），再到境内外同时发行 A 股、H 股；从境外证券类机构设立驻华代表处，到参股设立合资证券公司，再到境内证券公司设立境外分支机构；从合格境外机构投资者（QFII）制度到合格境内机构投资者（QDII）制度，再到人民币合格境外机构投资者（RQFII）试点；从内地与港澳《更紧密经贸关系安排》（CEPA）到《两岸经济合作框架协议》（ECFA），再到 CEPA 补充协议和 ECFA 后续商谈，中国资本市场和证券业走过了一条渐进式的开放道路，国际化水平稳步提高。

4.1.1 积极支持符合条件的境内企业到境外发行上市

境外上市是我国利用外资的重要形式和长期政策，符合条件的境内企业可以自主选择境外上市的地点。中国证监会积极支持境内企业根据自身发展需要在境内外发行股票和上市，利用境内外两个市场、两种资源参与国际经济合作，提升国际竞争力。

截至 2011 年 12 月底，共有 171 家境内公司到境外上市，筹资总额 1 747.23 亿美元。其中，在香港主板上市的 138 家（其中中国香港、纽约同时上市 10 家，中国香港、伦敦同时上市 4 家，中国香港、纽约、伦敦同时上市 1 家），在香港创业板上市 30 家，在新加坡单独上市 3 家。171 家 H 股公司中有 73 家已发行 A 股并上市。

4.1.2 允许外资参与中国证券期货业

- **外资参股证券公司情况**。我国目前主要采取合资的形式实施证券公司对外资开放。外资参股证券公司包括两种形式：一是参与新设合资证券公司，二是战略入股上市证券公司。截至 2011 年年底，有中国国际金融有限公司（以下简称中金公司）等 14 家合资证券公司获准设立，其中 1 家（长江巴黎）已终止合资变更为内资证券公司，尚在筹建的 1 家，目前存续运作的 12 家，在全部证券公司（109 家）中占比约 11%。2011 年新批并在筹建的为东方花旗证券有限公司，外方股东为花旗环球金融亚洲有限公司（Citigroup Global Markets Asia Limited），持股 33.3%。此外，根据合格境外机构投资者（QFII）管理办法，外资还可以依法通过 QFII 购买上市证券公司股权。
- **外资参股基金管理公司情况**。截至 2011 年年底，有 39 家合资基金管理公司获准设立，在全部基金管理公司（69 家）中占比约 57%，其中 17 家合资基金公司的外资股权已达 49%。2011

年，有1家合资基金管理公司获准设立，即方正富邦基金管理有限公司，台资股东为富邦证券投资信托股份有限公司，持股33%。此外，加拿大鲍尔公司（Power Corporation of Canada）入股华夏基金管理有限公司，持股10%。

◆ **外资参股期货管理公司情况。**截至2011年年底，根据内地与中国香港《更紧密经贸关系安排》（CEPA）及其相关补充协议的安排，中国证监会已批准苏皇金融期货亚洲有限公司、新际经纪香港有限公司、摩根大通经纪（香港）有限公司分别参股银河期货经纪有限公司（现更名为银河期货有限公司）、中信期货经济有限责任公司（现更名为中信新际期货有限公司）及中山期货经纪有限公司（现更名为摩根大通期货有限公司），持股比例分别为16.68%、42%及49%。

◆ **其他相关开放情况。**根据中国加入世界贸易组织证券业开放承诺，截至2011年年底，上海、深圳证券交易所各有3家特别会员，并各有38家和19家境外证券经营机构直接从事B股交易。此外，有9家境外证券交易所获准设立驻华代表处；境外证券类经营机构获准设立169家驻华代表机构，其中境外证券公司驻华代表处124家，境外资产管理公司驻华代表处45家。

4.1.3 稳步推动中资证券机构“走出去”

◆ **证券公司设立海外分支机构情况。**截至2011年12月底，共有中金公司等20家证券公司经批准通过新设或者收购方式在中国香港设立证券子公司（以下简称香港子公司）开展跨境证券业务，其中16家已开业，主要在中国香港从事证券承销、经纪、自营、资产管理等业务，经营状况良好。中金公司设立香港子公司的时间较早，由人民银行批准；其余19家证券公司香港子公司均由中国证监会批准设立。其中，2011年全年新批准2家机构设立香港子公司，分别为兴业证券和财通证券。

◆ **基金管理公司设立海外分支机构情况。**截至2011年年底，共有易方达等15家境内基金管理公司经批准在中国香港设立全资或合资子公司，其中13家获得香港第四类就证券提供意见、第九类资产管理的牌照（其中有2家还获得第一类证券交易的牌照）。2011年全年新批准3家机构设立香港子公司，即诺安国际资产管理有限公司、工银瑞信资产管理（国际）有限公司、华宝兴业资产管理（香港）有限公司。

◆ **期货公司设立海外分支机构情况。**自2006年以来，根据CEPA补充协议II的有关安排，中国证监会先后批准浙江永安等6家期货公司在中国香港设立子公司。2011年，6家香港子公司业务运作稳健，均达到了香港证监会的监管要求，并为境内期货公司走向海外提供了有益经验。

4.1.4 主动实施QFII、RQFII和QDII制度

◆ **QFII制度实施情况。**合格境外机构投资者（**QFII**）制度是我国在资本项目尚未完全开放的条件下，部分开放资本市场的过渡性安排。2002年实施以来，QFII制度总体运行平稳，对于增加资本市场长期资金供给、引导价值投资理念发挥了积极作用。

2011年，中国证监会稳步推进QFII资格审核，加强对QFII投资运作的监管，发布了允许QFII参与股指期货交易的指引。2011年全年，中国证监会新批准29家境外机构QFII资格，QFII

总数达到135家，其中资产管理机构、保险资金、捐赠基金等长期投资机构的比例达到74%；国家外汇管理局新批准的QFII投资额度19.2亿美元，QFII投资总额度合计216.4亿美元。下一步，中国证监会将继续加强对QFII投资运作的监管，适当加快QFII资格审批，鼓励更多长期资金进入，促进资本市场稳定发展。

◆ **启动人民币合格境外机构投资者（RQFII）投资境内资本市场试点。**为进一步推进中国境内证券市场的对外开放，推动基金管理公司、证券公司发展跨境业务，拓宽境外人民币投资渠道，促进香港地区金融市场稳定发展，2011年12月16日，中国证监会、中国人民银行、国家外汇管理局联合发布了《基金管理公司、证券公司人民币合格境外机构投资者境内证券投资试点办法》，允许符合资格条件的基金管理公司、证券公司的香港子公司作为试点机构，运用其在香港募集的人民币资金在经批准的人民币投资额度内开展境内证券投资业务。同年，中国证监会发布《关于实施〈基金管理公司、证券公司人民币合格境外机构投资者境内证券投资试点办法〉的规定》，允许符合条件的基金管理公司、证券公司的香港子公司申请RQFII资格。

◆ **RQFII试点工作进展顺利。**截至2011年年底，有9家基金管理公司、12家证券公司的香港子公司获得试点资格和获批合计200亿元人民币的投资额度，大多数试点机构已开始在香港地区募集人民币资金。中国证监会将及时总结试点工作经验，研究进一步扩大RQFII规模和投资范围。

◆ **QDII制度实施情况。**合格境内机构投资者（QDII）是指具有良好的证券投资能力，经监管部门批准，通过向境内居民、企业募集资金或者运用自有资金投资于境外证券市场的金融机构。QDII制度是在人民币资本项目尚不可自由兑换条件下有管理地进行境外证券投资业务的一项制度安排。2006年8月，经国务院同意，中国证监会批准华安国际配置基金以非公开募集形式进行QDII业务试点。2007年6月，中国证监会发布《合格境内机构投资者境外证券投资管理试行办法》（证监会令第46号）及配套通知，正式开展证券经营机构的QDII业务试点。

◆ 截至2011年年底，有32家基金管理公司和10家证券公司取得QDII资格，到境外金融市场进行证券投资；已批准59只QDII基金产品和5只QDII资产管理计划，其中51只QDII基金和5只QDII资产管理计划成立，资产净值约582亿元人民币。2011年内，批准了22只QDII基金和1只QDII资产管理计划，有24只QDII基金和3只QDII资产管理计划成立。

◆ QDII业务试点以来，中国证监会合理控制募集规模，不断完善业务规则，积极应对国际金融危机。总体来看，尽管受国际经济金融形势不利影响出现了一定亏损，但QDII业务的规则及监管框架已经基本建立，试点工作平稳起步并有序推进，初步达到了拓宽居民投资渠道、缓解外汇储备增长压力、提高证券经营机构国际化水平的政策目标。具体表现在：一是QDII产品运作平稳顺畅，经受了国际金融危机的严峻考验；二是QDII产品类型日益丰富，拓宽了投资者的资产配置渠道；三是QDII业务提高了证券类经营机构的国际化水平，推动了“走出去”战略的实施；四是QDII业务促进了跨境资金的有序流动，为改善国际收支、完善外汇储备管理模式发挥了积极作用。

总体来讲，对外开放引进了长期资金、先进管理经验和技术，促进了市场竞争和金融创新，提高了中国证券业服务效率和水平，在促进中国资本市场优化资源配置、服务实体经济和社会发展方面发挥了积极作用。总体而言，中国资本市场和证券业现行对外开放政策及其实施进程与中国资本市场发展阶段、监管能力基本相适应。中国稳健渐进的证券业对外开放政策经受了国际金融危机的考验，维护了资本市场平稳运行和国家金融安全。

中国证监会将继续坚持“以我为主、循序渐进、安全可控、竞争合作、互利共赢”的原则，从我国资本市场发展的实际需要出发，根据我国金融业对外开放总体规划和安排，进一步扩大证券业对外开放，优先对港澳台地区先行先试，逐步提高资本市场国际化水平，加快引进成熟资本市场的机构、人才、经验和技术，全面提升证券业的服务水平、效率和核心竞争力；积极推动债券市场对外开放，允许符合条件的境外机构和企业在境内发行债券；稳步推进境外公司到境内发行股票和上市的制度设计和规则制定，探索建立国际板市场；稳步推进期货市场对外开放，稳妥推出原油等大宗商品期货品种，吸引全球投资者参与，逐步推动我国成为能源等大宗商品的国际期货交易中心之一，更好地服务于国民经济发展，维护国家经济金融安全。

4.2 与港澳台证券市场的合作与联系

4.2.1 香港、澳门地区

根据内地与香港、澳门特别行政区签订的《关于建立更紧密经贸关系的安排》（CEPA）及其补充协议，内地证券期货业对港澳地区开放的措施包括：

- 2004 年 1 月 1 日起，允许香港交易及结算所有限公司在北京设立办事处；简化港澳地区专业人员在内地申请证券期货从业资格的相关程序，港澳专业人员申请获得内地证券期货从业资格只需通过内地法律法规的培训与考试，无需通过专业知识考试。
- 2005 年 1 月 1 日起，允许符合条件的港澳中介机构参股内地期货经纪公司，港澳中介机构的参股比例不超过 49%。
- 2006 年 1 月 1 日起，允许符合条件的内地创新试点类证券公司根据相关要求在香港地区设立分支机构；允许符合条件的内地期货公司到香港地区经营期货业务，包括设立分支机构。
- 2008 年 1 月 1 日起，允许符合条件的内地基金管理公司在香港地区设立分支机构，经营有关业务；内地证券公司在香港地区设立分支机构完成香港地区注册程序的时限由 6 个月延长至 1 年。
- 2009 年 10 月 1 日起，允许符合条件的港澳地区证券公司与内地具备设立子公司条件的证券公司在广东省设立合资证券投资咨询公司。合资证券投资咨询公司作为内地证券公司的子公司，专门从事证券投资咨询业务，港澳地区证券公司持股比例最高可达 1/3。两地合作积极研究在内地引入港股组合 ETF（交易型开放式指数基金）。
- 2011 年 1 月 1 日起，支持符合条件的内地期货公司在香港地区设立的子公司在港依法开展业务；深化内地与香港地区金融服务及产品开发的合作，适时在内地推出港股组合 ETF（交易型开放式指数基金）。

◆ 2012 年 4 月 1 日起，继续支持内地符合条件的证券类金融机构在港澳地区设立分支机构及依法开展业务；深化内地与港澳地区金融服务及产品开发的合作，允许以人民币境外合格机构投资者方式投资境内证券市场。

截至 2011 年年底，中国证监会已批准 3 家香港中介机构参股内地期货公司；另外，内地分别有 20 家证券公司、6 家期货公司、15 家基金管理公司在香港地区设立分支机构（有关名录详见附表 9 至附表 11）。

4.2.2 台湾地区

在《海峡两岸金融合作协议》框架下，2009 年 11 月 16 日，中国证监会与台湾方面金融监督管理机构代表签署了《海峡两岸证券及期货监督管理合作谅解备忘录》。该文件于 2010 年 1 月 16 日生效，标志着两岸证券及期货监管合作机制的建立，奠定了两岸证券期货市场合作的基础。2010 年，中国证监会积极参与《海峡两岸经济合作框架协议》（ECFA）的商谈和签署工作，在 ECFA 早收清单中作出三项开放承诺：

◆ 对符合条件的台资金融机构在大陆申请合格境外机构投资者资格给予适当便利。

◆ 尽快将台湾证券交易所、期货交易所列入大陆允许合格境内机构投资者投资金融衍生产品的交易所名单。

◆ 简化台湾地区证券从业人员在大陆申请从业人员资格和取得执业资格的相关程序。

截至 2011 年年底，中国证监会批准了 8 家台资金融机构的 QFII 资格，其中 5 家台资金融机构已分别获得 1 亿美元的投资额度。

4.3 国际交流与跨境监管合作

4.3.1 积极参加国际多边与双边对话磋商，加强证券监管国际合作

◆ **积极参与 G20、FSB 机制下的国际金融监管改革。**金融危机以来，二十国集团（G20）和金融稳定理事会（FSB）在推动国际金融体系改革和国际金融监管合作方面发挥了主导作用。2011 年，中国证监会高度重视并积极参与 G20 戛纳峰会的相关准备工作，认真研究并提出有关意见和建议，同时会同有关部门积极落实 G20 和 FSB 有关行动计划，做好 G20 宏观经济政策互相评估等工作，推动国际金融监管改革，加强国际金融监管合作。

◆ **积极参加国际双边经济金融对话与磋商机制。**2011 年，中国证监会参加了第三轮中美战略与经济对话、第四次中英经济财金对话，以及中欧、中加、中俄、中印、中哈等双边对话磋商，与境外有关金融监管机构相互交流信息、讨论市场发展中的重大热点问题和监管政策，加强跨境监

管和执法合作，维护公平、透明和高效的资本市场。

◆ **积极参与世界贸易组织贸易政策审议、自贸区谈判、国际货币基金组织第四条款磋商、穆迪对中国主权评级等有关工作。**中国证监会积极参与世界贸易组织贸易政策审议工作，认真回答其他成员对中国证券期货领域提出的相关问题，为多哈回合服务贸易谈判相关规则建言献策，派员参加世界贸易组织服务贸易理事会下属机构相关会议，积极参加有关自贸区谈判、国际货币基金组织第四条款磋商、穆迪对中国主权评级、亚太经合组织单边行动计划等有关工作。此外，中国证监会与欧盟在“中欧可持续投资与贸易”项目下开展多种形式的合作，保持与经济合作与发展组织（OECD）、亚洲银行、世界银行等国际组织的联系，开展相关专题合作等。

◆ **积极参与国际证监会组织（IOSCO）工作。**作为全球证券监管者的论坛和国际证券标准的制定者，IOSCO 在金融危机之后发布了一系列应对危机的报告和相关政策措施，是全球应对危机方案中的重要参与者。中国证监会自 1995 年加入 IOSCO 至今，已成为 IOSCO 执行委员会、技术委员会、新兴市场委员会、亚太地区委员会等重要委员会的成员，其工作获得了 IOSCO 其他成员的认同。2011 年，中国证监会继续积极参与 IOSCO 的各项工作。如参加 IOSCO 执委会相关的工作会议，派员参加技术委员会、新兴市场委员会各常设委员会和工作组的研究工作及标准制定工作，参与有关报告的起草和修改，以及各种调查问卷的反馈等，尤其是在修改和拟定 IOSCO 新的战略方向、监管原则等方面发挥了应有的作用。

此外，2012 年 IOSCO 年会将在中国北京举行，这是中国证监会首次承办 IOSCO 的大型会议，中国证监会非常重视并为此成立了专门的年会筹备领导小组和办公室，专门负责年会筹备工作，目前各项工作进展顺利。

4.3.2 监管备忘录和跨境监管合作

◆ **双边监管合作谅解备忘录。**签署双边监管合作谅解备忘录是中国证监会与境外监管机构建立监管合作机制、加强跨境监管合作的重要手段，也是境外金融机构进入中国证券领域，如设立合资证券公司、合资基金管理公司、申请 QFII 资格或中国境内合格投资者赴境外资本市场进行证券投资等的必备条件之一。2011 年，中国证监会分别于 3 月 29 日、4 月 7 日、9 月 19 日与以色列证券监管局、卡塔尔金融市场管理局、老挝证券交易委员会在北京签署了《证券期货监管合作谅解备忘录》。截至 2011 年年底，中国证监会已与 47 个国家和地区的监管机构签署了 51 个监管合作谅解备忘录。

◆ **成为 IOSCO 多边备忘录签署方。**2007 年 4 月，中国证监会在 IOSCO 第 32 届孟买年会上成为该组织《磋商、合作及信息交换多边谅解备忘录》（以下简称多边备忘录）的签署方。为加强国际证券监管合作、打击跨境违法违规行为，IOSCO 于 2002 年 5 月通过了多边备忘录，要求所有签署方（可在相关执法部门的协助下）：（1）有权获得证券、衍生产品交易相关的资金、资产记录，以及实际控制人等信息；（2）有权向境外监管机构提供上述资料；（3）有权在自愿基础上获得或强制得到个人陈述；（4）就境外监管机构涉及内幕交易、市场操纵、虚假陈述和其他证券欺诈或操纵行为的请求提供协助，即使该案件不涉及违反其法律法规；（5）遵守相关的信息保存及保密等规定。截至 2011 年年底，已有包括中国证监会在内的 82 个成员机构成为多边备忘录的签署方，另有 32 个成员机构由于存在法律障碍被列入多边备忘录附录 B 名单。

- **跨境执法协助**。在双边监管备忘录和 IOSCO 多边备忘录的框架下，中国证监会与境外证券监管机构通过跨境执法协助有力地促进了各自监管职能的履行，有效地打击了跨境证券犯罪行为，保护了投资者的利益，维护了各自市场的公平、透明和高效运行。2011 年，中国证监会新收到境外监管机构（含香港地区，下同）提出的协查请求 69 件，2010 年结转的协查请求 17 件，2011 年共办结 60 件；中国证监会对外提出的跨境协查请求共有 5 件，已办结 4 件。
- **探讨其他跨境监管合作安排**。近年来，中国证监会在会计审计监管、信用评级机构监管等领域与境外多个证券监管机构及相关主管机构开展了多种形式的对话，商讨建立相关跨境监管合作机制的可能性。

4.3.3 金融部门评估规划（FSAP）

金融部门评估规划（FSAP）是由 IMF 和世界银行（World Bank）于 1999 年联合推出的评估框架，旨在加强对成员国和地区金融脆弱性的评估与监测，减少金融危机发生的可能性，同时推动各国金融改革和发展。目前，FSAP 已经成为国际社会广泛接受的金融稳定评估框架，中国领导人先后两次在 G20 峰会上承诺在中国开展 FSAP。

中国于 2009 年 8 月正式启动首次 FSAP，中国人民银行牵头协调落实，中国证监会积极配合，开展了相关工作，主要包括：牵头对照《国际证监会组织（IOSCO）证券监管目标和原则》开展自评估、参与对照国际支付结算体系委员会（CPSS）和 IOSCO 联合提出的《关于证券结算系统的建议（RSSS）》对中国证券结算系统开展自评估等。此外，中国证监会还参与了国际货币基金组织与世界银行的评估团于 2010 年进行的对华 FSAP 现场评估。

目前，FSAP 工作基本完成。国际货币基金组织与世界银行撰写了一系列评估报告，包括《关于中国执行金融领域国际标准与准则情况的详细评估报告》、《中国金融体系稳定评估报告》和《中国金融部门评估报告》①。评估报告对中国证券业，以及证券和期货结算领域执行国际标准与准则的情况进行了全面评述，充分反映了中国证券期货系统实施 IOSCO 目标与原则的情况，并对中国资本市场监管的有效性给予了充分肯定。

---

① 2011 年 11 月 15 日，《中国金融体系稳定评估报告》和《中国金融部门评估报告》分别在国际货币基金组织和世界银行网站正式公布。

附　录

附录 1　2011 年中国证券监管大事记

A1.1　中国证监会颁布的部门规章

- 《期货公司期货投资咨询业务试行办法》(2011 年 3 月 23 日　证监会令第 70 号)
- 《关于修改〈中国证券监督管理委员会冻结、查封实施办法〉的决定》(2011 年 5 月 23 日　证监会令第 71 号)
- 《证券投资基金销售管理办法》(2011 年 6 月 9 日　证监会令第 72 号)
- 《关于修改上市公司重大资产重组与配套融资相关规定的决定》(2011 年 8 月 1 日　证监会令第 73 号)
- 《基金管理公司特定客户资产管理业务试点办法》(2011 年 8 月 25 日　证监会令第 74 号)
- 《转融通业务监督管理试行办法》(2011 年 10 月 26 日　证监会令第 75 号)
- 《基金管理公司、证券公司人民币合格境外机构投资者境内证券投资试点办法》(中国证券监督管理委员会　中国人民银行国家外汇管理局 第 76 号令)

A1.2　中国证监会颁布的规范性文件

- 《〈上市公司收购管理办法〉第六十二条有关上市公司严重财务困难的适用意见——证券期货法律适用意见第 7 号》(2011 年 1 月 10 日　证监会公告 [2011] 1 号)
- 《〈上市公司收购管理办法〉第六十二条、第六十三条有关要约豁免申请的条款发生竞合时的适用意见——证券期货法律适用意见第 8 号》(2011 年 1 月 17 日　证监会公告 [2011] 2 号)
- 《〈上市公司收购管理办法〉第七十四条有关通过集中竞价交易方式增持上市公司股份的收购完成时点认定的适用意见——证券期货法律适用意见第 9 号》(2011 年 1 月 17 日　证监会公告 [2011] 3 号)
- 《〈上市公司重大资产重组管理办法〉第三条有关拟购买资产存在资金占用问题的适用意见——证券期货法律适用意见第 10 号》(2011 年 1 月 17 日　证监会公告 [2011] 4 号)

- 《〈上市公司重大资产重组管理办法〉第十二条上市公司在 12 个月内连续购买、出售同一或者相关资产的有关比例计算的适用意见——证券期货法律适用意见第 11 号》（2011 年 1 月 17 日　证监会公告［2011］5 号）
- 《关于授权派出机构审核部分证券机构行政许可事项的决定》（2011 年 2 月 16 日　证监会公告［2011］6 号）
- 《期货公司分类监管规定》（2011 年 4 月 12 日　证监会公告［2011］9 号）
- 《证券期货经营机构信息系统备份能力标准》（2011 年 4 月 14 日　证监会公告［2011］10 号）
- 《信息披露违法行为行政责任认定规则》（2011 年 4 月 29 日　证监会公告［2011］11 号）
- 《合格境外机构投资者参与股指期货交易指引》（2011 年 5 月 4 日　证监会公告［2011］12 号）
- 《关于证券公司证券自营业务投资范围及有关事项的规定》（2011 年 4 月 29 日　证监会公告［2011］13 号）
- 《关于首批授权 11 家派出机构审核部分证券机构行政许可事项的决定》（2011 年 6 月 29 日　证监会公告［2011］15 号）
- 《基金行业人员离任审计及审查报告内容准则》（2011 年 7 月 7 日　证监会公告［2011］16 号）
- 《〈上市公司重大资产重组管理办法〉第十三条、第四十三条的适用意见——证券期货法律适用意见第 12 号》（2011 年 8 月 1 日　证监会公告［2011］17 号）
- 《证券投资基金管理公司公平交易制度指导意见》（2011 年修订）（2011 年 8 月 3 日　证监会公告［2011］18 号）
- 《关于开展期货市场账户规范工作的决定》（2011 年 8 月 25 日　证监会公告［2011］20 号）
- 《基金管理公司单一客户资产管理合同内容与格式准则》（2011 年 8 月 25 日　证监会公告［2011］21 号）
- 《基金管理公司特定多个客户资产管理合同内容与格式准则》（2011 年修订）（2011 年 8 月 25 日　证监会公告［2011］22 号）
- 《关于第二批授权 12 家派出机构审核部分证券机构行政许可事项的决定》（2011 年 9 月 2 日　证监会公告［2011］24 号）
- 《创业板专家咨询委员会工作规则（试行）》（2011 年 9 月 19 日　证监会公告［2011］25 号）
- 《证券投资基金销售结算资金管理暂行规定》（2011 年 9 月 23 日　证监会公告［2011］26 号）
- 《关于实施〈基金管理公司特定客户资产管理业务试点办法〉有关问题的规定》（2011 年 10 月 8 日　证监会公告［2011］27 号）
- 《关于实施〈证券投资基金销售管理办法〉的规定》（2011 年 10 月 12 日　证监会公告［2011］28 号）

- 《创业板上市公司非公开发行公司债券的有关事项公告》（2011 年 10 月 20 日　证监会公告［2011］29 号）
- 《关于上市公司建立内幕信息知情人登记管理制度的规定》（2011 年 10 月 25 日　证监会公告［2011］30 号）
- 《关于修改〈证券公司融资融券业务试点管理办法〉的决定》（2011 年 10 月 26 日　证监会公告［2011］31 号）
- 《关于修改〈证券公司融资融券业务试点内部控制指引〉的决定》（2011 年 10 月 26 日　证监会公告［2011］32 号）
- 《期货营业部管理规定（试行）》（2011 年 11 月 3 日　证监会公告［2011］33 号）
- 《关于第三批授权 13 家派出机构审核部分证券机构行政许可事项的决定》（2011 年 12 月 9 日　证监会公告［2011］36 号）
- 《关于实施〈基金管理公司、证券公司人民币合格境外机构投资者境内证券投资试点办法〉的规定》（2011 年 12 月 16 日　证监会公告［2011］37 号）
- 《证券期货业信息系统安全等级保护基本要求（试行）》（JR/T 0060－2010）（2011 年 12 月 22 日　证监会公告［2011］38 号）
- 《证券期货业信息系统安全等级保护测评要求（试行）》（JR/T 0067－2011）（2011 年 12 月 22 日　证监会公告［2011］39 号）
- 《中国证券监督管理委员会上市公司并购重组审核委员会工作规程》（2011 年修订）（2011 年 12 月 28 日　证监会公告［2011］40 号）

A1.3　重要事件

- 2011 年 1 月 7 日，中国证监会在北京召开资本市场法制建设新春座谈会，尚福林主席出席会议并作了重要讲话。他充分肯定了资本市场法制建设取得的显著成绩，指出在今后的 5 年，市场改革创新的广度、深度、力度和速度都将明显加大，需要及时全方位调整证券发行交易制度和监管的理念和方式，特别需要进一步加强资本市场法治建设。
- 2011 年 1 月 15 日，中国证监会《“查审分离”执法体制》获得首届“中国法治政府奖”。
- 2011 年 1 月 17 日，最高人民法院发布了《关于审理期货纠纷案件若干问题的规定（二）》，建立了期货市场的指定管辖制度，增加了在符合法定条件下可以对具有担保履约、风险控制性质的保证金、用于充抵保证金的有价证券以及结算担保金执行冻结、划拨的规定。
- 2011 年 1 月 20 日，中国证监会召开了资本市场实施企业内部控制规范动员部署视频会议。会议确定了以“坚决导入、稳步实施、步步深入、逐年提高”为方针的实施原则。2011 年共有 280 多家上市公司正式或试点实施内部控制规范体系。
- 2011 年 3 月 1 日，为强化派出机构一线监管责任，优化证券机构监管资源配置，提高审核工作效率，中国证监会授权派出机构审核变更公司章程重要条款等 5 项证券公司行政许可事项。

- 2011 年 3 月 23 日，《期货公司期货投资咨询业务试行办法》正式公布，标志着期货公司告别单一的期货经纪业务模式，开始面向客户提供专业化期货投资咨询业务。
- 2011 年 4 月，中国证监会发布《关于实施〈关于保荐项目尽职调查情况问核程序的审核指引〉的通知》，正式实施保荐项目的问核制度。
- 2011 年 4 月 15 日，新修订的《期货公司分类监管规定》正式实施，重点加入了市场竞争力、培育和发展机构投资者状况等指标，进一步引导期货公司深化中介职能定位，鼓励期货公司通过兼并重组方式做强，全面提升期货行业服务国民经济能力。
- 2011 年 4 月 27 日，最高人民法院、最高人民检察院、公安部、中国证监会联合制定出台《关于办理证券期货违法犯罪案件工作若干问题的意见》，在证券期货违法犯罪案件查处的司法认定、集中管辖、证据转化、执法协作、办案体制机制等方面取得重大突破。
- 2011 年 5 月 4 日，中国证监会发布了《合格境外机构投资者参与股指期货交易指引》，允许 QFII 参与股指期货交易，并对其交易类型、交易行为进行适度限制，保证股指期货产品平稳运行。
- 2011 年 7 月 1 日，中国证监会统计工作领导小组召开座谈会，研究筹建资本市场统计监测中心，推动资本市场运行统计监测系统建设，搭建资本市场统计数据中心和共享平台。
- 2011 年 7 月 11 日至 12 日，中国证监会联合财政部与美国证券交易委员会（SEC）及公众公司会计监察委员会（PCAOB）就跨境审计监管合作进行了会谈，双方分别介绍了本国审计监管的有关制度和程序，并就如何加强审计监管合作、增进互信进行了讨论。事后，中美双方就此次会谈共同发布了新闻稿。
- 2011 年 7 月 13 日，最高人民法院正式出台了《关于审理证券行政处罚案件证据若干问题的座谈会纪要》，对证券执法和司法的证据问题首次作出了系统性规定。
- 2011 年 7 月 15 日，中国证监会与财政部、中国会计报共同召开了 2011 中国企业内控管理大会，对上市公司执行企业内部控制规范的情况进行中期总结和交流。
- 2011 年 9 月，中国证监会举办了 2011 年第一期上市公司董事长、总经理培训班。172 家民营控股上市公司的董事长、总经理参加。培训旨在促进其了解、掌握资本市场法律法规，明确责任和义务，树立防控意识，提高规范运作水平。
- 2011 年 9 月 1 日，中国证监会颁布了《基金管理公司特定客户资产管理业务试点办法》及两个配套合同准则，降低了专户理财的门槛标准、扩大了专户理财业务试点、进一步优化了业务规则，为公司的差异化发展创造了条件。
- 2011 年 10 月 28 日，中国证券金融股份有限公司成立。
- 2011 年 11 月 1 日，中国证监会和欧盟驻华代表团共同主办的“中国—欧盟内幕交易监管执法国际研讨会”在北京召开。
- 2011 年 11 月 14 日，国务院发布《关于清理整顿各类交易场所 切实防范金融风险的决定》

（国发［2011］38 号），正式启动对各类交易场所违法违规交易活动的清理整顿工作，规范市场秩序。

- 2011 年 11 月 25 日，中国证监会发布实施了《关于上市公司建立内幕信息知情人登记管理制度的规定》，进一步加强了上市公司内幕信息的监督管理工作，为打击内幕交易违法行为构建了基础性的制度框架。
- 2011 年 12 月，中国证监会发布《关于调整预先披露时间等问题的通知》，在发行监管领域进一步推进充分、完整、准确的信息披露工作。
- 2011 年 12 月 16 日，中国证监会、中国人民银行、国家外汇管理局联合发布了《基金管理公司、证券公司人民币合格境外机构投资者境内证券投资试点办法》，允许符合条件的基金管理公司、证券公司的香港子公司作为试点机构，运用其在香港地区募集的人民币资金在经批准的人民币投资额度内开展境内证券投资业务。首批已有 21 家基金管理公司、证券公司的香港子公司获得试点资格和合计 200 亿元人民币投资额度。

附录 2　主要证券监管制度

A2.1　证券法律框架

法治是资本市场健康发展的基础和保障。中国资本市场的健康稳步发展，与近年来国家高度重视市场基础性制度建设，尤其是建立健全法律制度体系密不可分。中国证券法律法规体系分三个层次：

第一，法律。法律由全国人民代表大会或其常务委员会制定，除《中华人民共和国宪法》外，在证券法律体系中，证券法律具有最高的法律效力。现行的证券法律包括《中华人民共和国证券法》（以下简称《证券法》）、《中华人民共和国公司法》（以下简称《公司法》）和《中华人民共和国证券投资基金法》（以下简称《基金法》）等 3 部。

◆ 《证券法》为规范证券发行和交易行为、保护投资者的合法权益、维护社会经济秩序和社会公共利益、促进社会主义市场经济的发展而制定。该法对证券发行、交易和上市[①]信息披露、上市公司收购、禁止交易行为、证券交易所、证券公司和证券服务机构、证券登记结算公司、证券业协会和证券监督管理机构，以及违反该法的法律责任等作出了规定。

◆ 《公司法》为规范公司的组织和行为，保护公司、股东和债权人的合法权益，维护社会经济秩序，促进社会主义市场经济的发展而制定。该法对公司的设立、合并、分立、增减资，公司治理和组织机构，公司股权转让，股份有限公司的股份发行，公司董事、监事、高级管理人员的资格和义务，以及违反该法的法律责任等作出了规定。上市公司是股票在证券交易场所上市交易的股份有限公司，投资者购买上市公司发行的股票、公司债券，依据《公司法》行使权利、履行义务。

◆ 《基金法》为规范证券投资基金活动，保护投资人及相关当事人的合法权益，促进证券投资基金和证券市场的健康发展而制定。该法对基金管理人，基金托管人，基金的募集、运作与信息披露，基金份额持有人权利及其行使，以及违反该法的法律责任等作出了规定。

第二，行政法规。行政法规由国家最高行政机关——国务院根据《宪法》和有关法律制定，

---

① 中国境内股票、公司债券和国务院依法认定的其他证券的发行和交易、政府债券和证券投资基金份额的上市交易均适用《证券法》。《证券法》同时规定，证券衍生品种发行、交易的管理办法由国务院依照《证券法》的原则规定。

法律效力次于法律。现行的证券行政法规、法规性文件[①]有 18 件，其中，2007 年 3 月 6 日发布的《期货交易管理条例》是对 1999 年 6 月 2 日发布的《期货交易管理暂行条例》的全面修订，旨在规范商品期货、金融期货的交易行为，保护期货交易各方的合法权益和社会公共利益。2008 年 4 月 23 日发布的《证券公司监督管理条例》、《证券公司风险处置条例》，贯彻保护投资者合法权益的理念，对证券公司的规范运行和监管提出了明确要求，为促进证券行业的规范发展提供了有力的法制保障。

第三，部门规章和规范性文件。部门规章和规范性文件由中国证券监督管理机构根据法律和行政法规制定，其法律效力次于法律和行政法规。现行的部门规章有 76 件，如《上市公司证券发行管理办法》、《首次公开发行股票并上市管理办法》、《上市公司信息披露管理办法》、《上市公司重大资产重组管理办法》、《证券期货规章制定程序规定》等。现行有效的证券期货规范性文件合计479 件。

上述 3 个层次相互联系形成整体，每个居于较低层位的法规制度都是对上一个层位法规制度的具体化和必要补充，形成了涵盖证券发行法律制度、证券期货交易法律制度、证券期货经营与服务机构法律制度、上市公司法律制度、信息披露法律制度、机构投资者法律制度、监督管理与法律责任制度等较健全的证券期货市场法律制度体系。

此外，《物权法》、《刑法》、《企业破产法》、《反洗钱法》、《企业国有资产法》等法律，以及《最高人民法院关于审理证券市场因虚假陈述引发的民事赔偿案件的若干规定》、《最高人民法院关于冻结、扣划证券交易结算资金有关问题的通知》、《关于办理证券期货违法犯罪案件工作若干问题的意见》司法解释和司法政策文件等也与资本市场有着紧密的联系，它们共同为资本市场的健康稳定发展、高效安全运营提供了良好的外部法律环境。在对证券期货市场实施监督管理时，中国证监会还遵循《立法法》、《行政许可法》、《行政处罚法》、《行政强制法》、《行政复议法》、《行政诉讼法》等法律的规定。

A2. 2　证券发行及上市监管制度

A2. 2. 1　境内发行主要制度介绍

中国证券市场上市交易的金融产品包括股票、债券、证券投资基金和股指期货等。根据《证券法》、《公司法》等有关法律法规的规定，首次公开发行股票、公开发行公司债券、上市公司发行新股和可转换公司债券需获得中国证监会的核准，国债、金融债、企业债的发行由其他政府主管部门负责核准；股票、可转换公司债券、公司债券、国债、企业债的上市交易由证券交易所进行核准和监督。

① 法规性文件指国务院及其办公厅制定印发的，不以国务院令发布的具有普遍约束力的规范性文件。

A2.2.1.1 境内证券发行核准制度

中国资本市场是在经济体制转轨条件下诞生和发展起来的，发行体制不可避免地带有时代烙印。资本市场建立初期，限于当时各方面的局限和市场环境，在证券发行管理体制方面实行的是带有很强行政色彩的审批制度。2001 年 3 月以后，证券发行实施核准制，即由公司提出发行申请，保荐机构根据市场需要向中国证监会推荐，中国证监会进行合规性初审后，提交发行审核委员会审核，最终经中国证监会核准后发行。核准制的核心就是监管部门进行合规性审核，以信息披露为中心强化中介机构的责任，加大市场参与各方的行为约束，减少新股发行中的行政干预。

A2.2.1.2 证券发行上市保荐制度

2003 年 12 月，中国证监会发布《证券发行上市保荐制度暂行办法》（证监会令第 18 号），标志着保荐制度的正式建立。2005 年 10 月《证券法》修订时以法律的形式正式确立了这一制度。2008 年 10 月，中国证监会对保荐制度进行了进一步的充实和完善，并公布了修订后的《证券发行上市保荐业务管理办法》（以下简称《保荐办法》）（证监会令第 58 号）。2009 年 5 月，根据创业板市场建设的安排，考虑到创业企业的特点及其对保荐业务的独特性要求，为更好地发挥保荐制度的作用，强化市场约束和风险控制，对《保荐办法》进行了适当修改（证监会令第 63 号），加强了保荐机构及其保荐代表人对创业板发行上市的责任。修订后的《保荐办法》自 2009 年 6 月 14 日起施行。

证券发行上市保荐制是指由保荐机构及其保荐代表人负责发行人证券发行上市的推荐和辅导，经尽职调查核实公司发行文件资料的真实性、准确性和完整性，协助发行人建立严格的信息披露制度。具体来讲主要包括以下内容：（1）公司发行股票或可转换公司债券须由保荐机构推荐，中国证监会或证券交易所只接受由保荐机构推荐的发行或上市申请文件。（2）保荐机构及保荐代表人应当尽职调查，对发行或上市申请人的申请文件和信息披露资料进行审慎核查，并对相关文件的真实性、准确性和完整性负连带责任。（3）保荐机构对其所推荐的公司上市后的一段期间负有持续督导义务，并对公司督导期间的不规范行为承担责任。（4）保荐机构要建立完备的内部管理制度、内部控制制度和工作底稿制度。（5）中国证监会对保荐机构及其保荐代表人实行持续监管。

保荐制度的核心是对企业发行上市提出了“双保”要求，即企业发行上市必须要由保荐机构进行保荐，并由具有保荐代表人资格的从业人员具体负责保荐工作。这样既明确了机构的责任，也将责任具体落实到了个人。

A2.2.1.3 发行审核委员会制度

发行审核委员会（简称发审委）制度是证券发行核准制的重要组成部分。根据《证券法》、《中国证券监督管理委员会发行审核委员会办法》（以下简称《发审委办法》）（证监会令第 31 号），以及相关规定，发审委的职责是根据有关法律、行政法规和中国证监会的规定，审核股票发行申请是否符合相关条件；审核保荐机构、会计师事务所、律师事务所、资产评估机构等证券服务机构及相关人员为股票发行所出具的有关材料及意见书；审核中国证监会有关职能部门出具的初审报告；依法对股票发行申请提出审核意见。2009 年 5 月，考虑到创业板主要服务对象是自主创新型企业和其他成长型创业企业，在发行条件、信息披露、持续监管方面较之主板存在差异，需要在同一发审委制度下，根据不同层次市场的特点设立单独的发审委，因此对《发审委办法》进行了修改（证监会令第 62 号）。

发审委委员由中国证监会内外的专业人员组成，由中国证监会聘任，部分委员可以是专职。主板发审委委员为 25 名，其中中国证监会的人员 5 名，会外人员 20 名；创业板发审委委员为 35 名，其中中国证监会的人员 5 名，会外人员 30 名。发审委以记名投票方式对发行申请进行独立表决，提出审核意见；中国证监会依照法定条件和法定程序作出予以核准或者不予核准股票发行申请的决定。

发审委会议程序分为普通程序和特别程序。发行人公开发行股票申请和可转换公司债券等中国证监会认可的其他公开发行证券申请，适用普通程序。普通程序应在发审委会议召开 5 日前通知参会委员，递送发行人相关材料，并在中国证监会网站上公布发行人名单、会议时间、发审委委员名单等。每次参加普通程序审核的委员共 7 名，表决投票时同意票数达 5 票为通过，未达到 5 票为未通过，中国证监会在网站上公布表决结果。上市公司非公开发行股票申请、公司债券发行申请和中国证监会规定的其他非公开发行证券申请适用特别程序，该程序应在发审委会议召开前通知参会委员，递送申请材料。每次参加发审委会议的委员为 5 名，表决投票时同意票数达到 3 票为通过，未达到 3 票为未通过，中国证监会不公布发审委会议审核的发行人名单、会议时间、参会委员名单和表决结果。

发审委制度通过不断提高透明度、强化发审委委员的专家功能、加大发审委委员的审核责任，使发审委审核在贯彻三公原则、把好准入关等方面发挥了积极作用。

A2. 2. 1. 4　询价制度

A 股市场 IPO 定价方式正逐步实现从行政定价向市场化定价的转变。2005 年 1 月，A 股 IPO 开始试行询价制度，初步建立了市场化的定价机制。2006 年 9 月，中国证监会发布了《证券发行与承销管理办法》（证监会令第 37 号，以下简称《发行与承销办法》），进一步完善了 IPO 询价制度。2010 年 10 月，中国证监会推出新股发行体制改革第二阶段改革措施，进一步健全新股发行体制、强化市场约束机制，并对《发行与承销办法》进行了修改（证监会令第 69 号）。修订后的《发行与承销办法》自 2010 年 11 月 1 日起施行。

询价制度是指发行人及其主承销商通过向专业机构投资者询价的方式确定股票发行价格。专业机构投资者包括符合条件的基金公司、证券公司、保险机构、财务公司、信托公司、合格的境外机构投资者、主承销商自主推荐的具有较高定价能力和长期投资取向的机构投资者等。询价分为两个阶段：第一阶段通过初步询价，确定发行价格区间。专业机构投资者在专门的电子报价平台向主承销商提交对本次发行股票的估值意见，发行人及其主承销商在此基础上确定发行价格区间并对外公布。第二阶段通过专业机构投资者累计投标确定发行价格。在公布的发行价格区间和发行规模内，专业机构投资者根据自己的意愿申报申购价格及对应的股份数量，并向主承销商预先缴付申购资金，发行人及其主承销商根据簿记情况结合其他因素确定最终的发行价格。申购价格在发行价以上的报单按照发行价格以既定的股份分配原则获得配售，余款退还。首次发行的股票在中小企业板、创业板上市的，发行人及其主承销商可以根据初步询价结果确定发行价格，不再进行累计投标询价。

A2.2.1.5 首次公开发行 A 股并在主板上市制度

2005 年 10 月修订的《证券法》第 13 条在法律层面原则规定了在境内公开发行新股需具备的基本条件，即：（1）具备健全且运行良好的组织机构；（2）具有持续盈利能力，财务状况良好；（3）最近三年财务会计文件无虚假记载，无其他重大违法行为；（4）经国务院批准的国务院证券监督管理机构规定的其他条件。

2006 年 5 月中国证监会发布的《首次公开发行股票并上市管理办法》及其后发布的配套规则，对首次公开发行 A 股的条件、发行程序及信息披露要求进行了规范。首次公开发行股票需符合 5 个方面的条件：

- **主体资格**。发行人应当是依法设立且合法存续的股份有限公司。除经国务院批准外，自股份公司成立后发行人持续经营时间应当在 3 年以上。发行人注册资本已足额缴纳。发行人的生产经营符合法律、行政法规和公司章程的规定，符合国家产业政策。发行人最近 3 年内主营业务和董事、高级管理人员没有发生重大变化，实际控制人没有发生变更。发行人的股权清晰。
- **独立性**。人员、财务、业务独立于控股股东和实际控制人及其控制的其他企业，资产完整。
- **规范运行**。发行人已经依法建立健全股东大会、董事会、监事会、独立董事、董事会秘书制度，相关机构和人员能够依法履行职责。发行人的董事、监事和高级管理人员符合法律、行政法规和规章规定的任职资格。发行人在最近 36 个月不得有重大违法、违规记录。发行人的公司章程中已明确对外担保的审批权限和审议程序。发行人有严格的资金管理制度。
- **财务与会计**。发行人资产质量良好，资产负债结构合理，盈利能力较强，现金流量正常。发行人的内部控制在所有重大方面是有效的，并由注册会计师出具了无保留结论的内部控制鉴证报告。发行人会计基础工作规范，并由注册会计师出具了无保留意见的审计报告。发行人还应当具备如下财务指标条件：（1）最近 3 个会计年度净利润均为正数且累计超过人民币 3 000 万元，净利润以扣除非经常性损益前后较低者为计算依据；（2）最近 3 个会计年度经营活动产生的现金流量净额累计超过人民币 5 000 万元，或者最近 3 个会计年度营业收入累计超过人民币 3 亿元；（3）发行前股本总额不少于人民币 3 000 万元；（4）最近一期末无形资产（扣除土地使用权、水面养殖权和采矿权等后）占净资产的比例不高于 20%；（5）最近一期末不存在未弥补亏损。发行人依法纳税，经营成果对税收优惠不存在严重依赖。发行人不存在重大偿债风险，不存在影响持续经营的担保、诉讼以及仲裁等重大或有事项。发行人不得有影响持续盈利能力的情形。

◆ **募集资金运用**。募集资金应当有明确的使用方向，原则上应当用于主营业务。募集资金数额和投资项目应当与发行人现有生产经营规模、财务状况、技术水平和管理能力等相适应。募集资金投资项目应当符合国家产业政策、投资管理、环境保护、土地管理，以及其他法律、法规和规章的规定。发行人董事会应当对募集资金投资项目的可行性进行认真分析，确信投资项目具有较好的市场前景和盈利能力。募集资金投资项目实施后，不会产生同业竞争或者对发行人的独立性产生不利影响。发行人应当建立募集资金专项存储制度，募集资金应当存放于董事会决定的专项账户。

A2.2.1.6　首次公开发行股票并在创业板上市制度

2009年3月，中国证监会发布了《首次公开发行股票并在创业板上市管理暂行办法》（以下简称《暂行办法》）。创业板作为多层次资本市场体系的重要组成部分，旨在促进自主创新企业及其他成长型创业企业的发展。

在股票发行条件上，创业板与主板相比，在财务与会计方面存在较大的不同。根据《暂行办法》，创业板首次公开发行股票需符合以下财务与会计方面的条件：（1）最近2年连续盈利，最近2年净利润累计不少于1 000万元，且持续增长；或者最近1年盈利，且净利润不少于500万元，最近1年营业收入不少于5 000万元，最近两年营业收入增长率均不低于30%。净利润以扣除非经常性损益前后孰低者为计算依据。（2）最近一期末净资产不少于2 000万元，且不存在未弥补亏损。（3）发行后股本总额不少于3 000万元。发行人依法纳税，经营成果对税收优惠不存在严重依赖。发行人不存在重大偿债风险，不存在影响持续经营的担保、诉讼以及仲裁等重大或有事项。发行人应当具有持续盈利能力，不存在以下情形：（1）发行人的经营模式、产品或服务的品种结构已经或者将发生重大变化，并对发行人的持续盈利能力构成重大不利影响。（2）发行人的行业地位或发行人所处行业的经营环境已经或者将发生重大变化，并对发行人的持续盈利能力构成重大不利影响。（3）发行人在用的商标、专利、专有技术、特许经营权等重要资产或者技术的取得或者使用存在重大不利变化的风险。（4）发行人最近1年的营业收入或净利润对关联方或者有重大不确定性的客户存在重大依赖。（5）发行人最近1年的净利润主要来自合并财务报表范围以外的投资收益。（6）其他可能对发行人持续盈利能力构成重大不利影响的情形。

2010年3月，中国证监会发布《关于进一步做好创业板推荐工作的指引》，明确保荐机构应重点推荐符合国家战略性新兴产业发展方向的企业，特别是新能源、新材料、信息、生物与新医药、节能环保、航空航天、海洋、先进制造、高技术服务等领域的企业，以及其他领域中具有自主创新能力、成长性强的企业。保荐机构推荐下列领域的企业，应当就该企业是否符合创业板定位履行严格的核查论证程序，并在发行保荐书和保荐工作报告中说明论证过程和论证结论，尤其应当重点论述企业在技术和业务模式方面是否具有突出的自主创新能力，是否有利于促进产业结构调整和技术升级：（一）纺织、服装；（二）电力、煤气及水的生产供应等公用事业；（三）房地产开发与经营，土木工程建筑；（四）交通运输；（五）酒类、食品、饮料；（六）金融；（七）一般性服务业；（八）国家产业政策明确抑制的产能过剩和重复建设的行业。

中国证监会对保荐机构的论证过程是否科学、依据是否充分、结论是否合理履行专家评议程序，根据评议意见决定是否受理该企业的申请，评议及受理情况作为对保荐机构和保荐代表人执业能力及其是否勤勉尽责的考核依据。

A2.2.1.7 上市公司再融资制度

上市公司再融资一般是指境内上市公司在境内证券市场进行再次融资的行为。目前，上市公司可通过增发、配股、非公开发行股票、可转换公司债券、认股权证和债券分离交易的可转换公司债券，以及公司债券进行再融资。此外，发行境外上市外资股的境内股份有限公司可在境内证券市场发行公司债券，上市公司股东可申请发行可交换债券。中国证监会发布了《上市公司证券发行管理办法》（证监会令第30号）、《公司债券发行试点办法》（证监会令第49号）、《上市公司股东可交换公司债券试行规定》（证监会公告［2008］41号）及上述规章规范性文件的配套规则，对再融资的发行条件、发行程序及信息披露等进行规范。

上市公司需达到一定的收益率指标和净资产指标，以及其他的规定才能实行再融资方案：

- **增发**。上市公司向不特定对象公开募集股份（以下简称增发），应当符合下列规定：（1）最近3个会计年度加权平均净资产收益率平均不低于6%。扣除非经常性损益后的净利润与扣除前的净利润相比，以低者作为加权平均净资产收益率的计算依据。（2）除金融类企业外，最近一期末不存在持有金额较大的交易性金融资产和可供出售的金融资产、借予他人款项、委托理财等财务性投资的情形。（3）发行价格应不低于公告招股意向书前20个交易日公司股票均价或前一个交易日的均价。
- **配股**。向原股东配售股份（以下简称配股），应当符合下列规定：（1）拟配售股份数量不超过本次配售股份前股本总额的30%。（2）控股股东应当在股东大会召开前公开承诺认配股份的数量。（3）采用证券法规定的代销方式发行。（4）控股股东不履行认配股份的承诺，或者代销期届满，原股东认购股票的数量未达到拟配售数量70%的，发行人应当按照发行价并加算银行同期存款利息返还已经认购的股东。
- **非公开发行股票**。上市公司采用非公开方式向特定对象发行股票应当符合下列规定：（1）发行价格不低于定价基准日前20个交易日公司股票均价的90%。（2）本次发行的股份自发行结束之日起，12个月内不得转让；控股股东、实际控制人及其控制的企业认购的股份，36个月内不得转让。（3）本次发行将导致上市公司控制权发生变化的，还应当符合中国证监会的其他规定。非公开发行股票的发行对象不得超过10名。发行对象为境外战略投资者的，应当经国务院相关部门事先批准。
- **可转换公司债券**。公开发行可转换公司债券的公司，应当符合下列规定：（1）最近3个会计年度加权平均净资产收益率平均不低于6%。扣除非经常性损益后的净利润与扣除前的净利润相比，以低者作为加权平均净资产收益率的计算依据。（2）本次发行后累计公司债券余额不超过最近一期末净资产额的40%。（3）最近3个会计年度实现的年均可分配利润不少于公司债券1年的利息。可转换公司债券的期限最短为1年，最长为6年。

◆ **认股权和债券分离交易的可转换公司债券**。公开发行分离交易的可转换公司债券，除应符合前述可转换公司债券的条件外，还应当符合下列规定：（1）公司最近一期末经审计的净资产不低于人民币 15 亿元。（2）最近 3 个会计年度实现的年均可分配利润不少于公司债券 1 年的利息。（3）最近 3 个会计年度经营活动产生的现金流量净额平均不少于公司债券 1 年的利息或者最近 3 个会计年度加权平均净资产收益率平均不低于 6%。扣除非经常性损益后的净利润与扣除前的净利润相比，以低者作为加权平均净资产收益率的计算依据。（4）本次发行后累计公司债券余额不超过最近一期末净资产额的 40%，预计所附认股权全部行权后募集的资金总量不超过拟发行公司债券金额。分离交易的可转换公司债券的期限最短为 1 年。

◆ **公司债券**。上交所、深交所上市的公司及发行境外上市外资股的境内股份有限公司可以申请发行公司债券，即纯 A 股公司、H 股公司和 B 股公司，均可以申请发行公司债券。公开发行公司债券，应当符合下列规定：（1）最近 3 个会计年度实现的年均可分配利润不少于公司债券 1 年的利息。（2）本次发行后累计公司债券余额不超过最近一期末净资产额的 40%；金融类公司的累计公司债券余额按金融企业的有关规定计算。（3）经资信评级机构评级，债券信用级别良好。公司债券最短期限为 1 年，最长期限未作限定。

◆ **可交换公司债券**。上市公司的股东可以发行在一定期限内依据约定的条件可以交换成该股东所持有的上市公司股份的公司债券。

公开发行可转换公司债券、分离交易的可转换公司债券、公司债券，以及上市公司股东发行的可交换公司债券，其利率由发行公司与主承销商协商确定，但必须符合国家的有关规定。同时，均应当委托经中国证监会认定、具有从事证券服务业务资格的资信评级机构进行信用评级，在债券有效存续期间，资信评级机构每年至少公告一次跟踪评级报告。

A2.2.1.8　创业板上市公司非公开发行公司债制度

创业板上市公司申请非公开发行公司债券，执行《公司债券发行试点办法》（证监会令第 49 号）的有关规定，符合规定的公司可依照程序向中国证监会报送申请文件。创业板上市公司非公开发行公司债券的转让执行深圳证券交易所的有关业务规则。

A2.2.2　境外发行上市监管制度

《证券法》第二百三十八条规定，境内企业直接或者间接到境外发行证券或者将其证券在境外上市交易，必须经国务院证券监督管理机构依照国务院的规定批准。具体来讲，境内企业到境外上市的可分为两个类型：

◆ **境内注册的股份有限公司发行境外上市外资股并到境外上市**。此类公司到境外发行股票均由中国证监会核准，相关规定包括《国务院关于股份有限公司境外募集股份上市的特别规定》、《到境外上市公司章程必备条款》、《关于境外上市公司进一步做好信息披露工作的若干意见》、《关于企业申请境外上市有关问题的通知》、《境内企业申请到香港创业板上市审批与监管指引》、《关于境外上市公司非境外上市股份集中登记存管有关事宜的通知》等。

◆ **境外注册的中资控股上市公司（即红筹股公司）**。此类公司在境外上市视情况需取得中国证监会的核准或事后到中国证监会备案。相关的规定包括《国务院关于进一步加强在境外发行股票和上市管理的通知》、《关于外国投资者并购境内企业的规定》等。

向中国证监会申请到境外首次公开发行股票的企业，由中国证监会就有关事宜征求投资主管部门或其他有关部门的意见。有关部门如无不同意见，中国证监会即对企业的申请材料依法进行审查。

A2.3 证券交易结算及市场监管制度

A2.3.1 证券交易制度

中国的证券交易采用会员制组织形式和集中交易方式。上交所、深交所为集中交易提供场所和设施，投资者通过委托证券交易所的会员参与证券买卖，会员可通过人工方式或电话、自助终端、互联网等自助委托方式受理并执行客户的委托买卖指令。

◆ **委托方式**。投资者采用限价委托或市价委托的方式委托会员买卖证券。限价委托指客户要求按其限定的价格买卖证券，会员必须按限价或低于限价买入证券，按限价或高于限价卖出证券。市价委托指客户的申报指令只给出买卖数量，而不给出具体的交易价格，要求会员按市场价格买卖证券。

◆ **交易时间**。上交所、深交所交易日为每周一至周五（国家规定的法定节假日除外），交易时间为每个交易日的 9:30 至 11:30、13:00 至 15:00。另外，9:15 至 9:25 为开盘集合竞价时间，大宗交易时间延长至 15:30。集合竞价是指对一段时间内接受的买卖申报一次性集中撮合的竞价方式。连续竞价是指对买卖申报逐笔连续撮合的竞价方式。

> 术语解释 3
>
> **ST 和 *ST**：上市公司出现财务状况异常或者其他异常情况，导致其股票存在被终止上市的风险，或者投资者难以判断公司前景，投资权益可能受到损害的，证券交易所对该公司股票实行特别处理（Special treatment，缩写为 ST），包括警示存在终止上市风险的特别处理和其他特别处理，分别在公司股票简称前冠以“*ST”和“ST”字样，以区别于其他股票。

◆ **交易规则**。证券交易按价格优先、时间优先的原则撮合成交。成交时价格优先的原则为：较高价格买进申报优先于较低价格买进申报，较低价格卖出申报优先于较高价格卖出申报。成交时时间优先的原则为：买卖方向、价格相同的，先申报者优先于后申报者。买卖申报经交易主机撮合成交后，交易即告成立，成交结果以证券交易所指定的登记结算机构发送的结算数据为准。

◆ **涨跌幅制度**。上交所、深交所 1996 年 12 月 16 日起对股票、基金交易实行价格涨跌幅限制，涨跌幅比例为 10%，其中 ST 和 *ST 股票价格涨跌幅比例为 5%。股票、上海市场封闭式基金上市首日不受涨跌幅限制。制定股票价格涨跌幅制度的目的是防止股价剧烈波动，维护证券市场的稳定，保护中小投资者的利益。

◆ **信息发布**。每个交易日证券交易所会发布证券交易即时行情、证券指数、证券交易公开信息等交易信息。开盘集合竞价期间，即时行情内容包括：证券代码、证券简称、前收盘价、开盘参考价格、匹配量和未匹配量等。连续竞价期间，即时行情内容包括：证券代码、证券简称、前收盘价、最新成交价、当日最高价、当日最低价、当日累计成交数量、当日累计成交金额、实时最高 5 个价位买入申报价和数量、实时最低 5 个价位卖出申报价和数量等。

A2. 3. 2　证券登记结算制度

中国证券登记结算业务采取全国集中统一的运营方式，由证券登记结算机构依法集中统一办理。具体来讲，中国证券登记结算有限责任公司负责证券交易所上市证券的登记、存管、清算和交收。目前，中国已经建立了一整套完整的登记结算风险控制体系，有效防范了系统风险。在证券市场快速发展，登记结算系统业务处理量巨大的情况下，该系统依然保持了平稳运行。

◆ **证券账户实名制**。投资者开立证券账户应当向证券登记结算机构或其授权的开户代理机构提出申请，投资者应当保证其提交的开户申请资料真实、准确、完整。投资者不得将本人的证券账户提供给他人使用。目前，可以开立证券账户的投资者包括中国公民、中国法人、中国合伙企业及法律、行政法规、中国证监会规章规定的其他投资者。

◆ **货银对付原则**。货银对付原则指证券登记结算机构与结算参与人在交收过程中，当且仅当资金交付时给付证券、证券交付时给付资金。证券登记结算机构采取多边净额结算方式的，根据业务规则，作为结算参与人的共同对手方，按照货银对付原则办理，并辅以限制卖空的证券前端控制、全额保证金、客户交易结算资金第三方存管、结算备付金等配套措施，防范结算风险。

◆ **净额结算原则**。证券交易所达成的大多数证券交易均采取多边净额结算方式。证券登记结算机构采取多边净额结算方式的，应当根据业务规则，作为结算参与人的共同对手方，按照货银对付（Delivery versus Payment，DVP）的原则，以结算参与人为结算单位办理清算交收。证券交易所达成的大多数证券交易均采用多边净额结算方式，即证券登记结算机构以结算参与人为单位，轧差计算应收应付净额并办理清算交收。

◆ **结算参与人制度**。证券公司参与证券和资金的集中清算交收，应当向证券登记结算机构申请取得结算参与人资格，与证券登记结算机构签订结算协议，明确双方的权利义务。没有取得结算参与人资格的证券公司，应当与结算参与人签订委托结算协议，委托结算参与人代其进行证券和资金的集中清算交收。通过对结算参与人实行准入制度，制定风险控制和财务指标要求，证券登记结算机构可以有效控制结算风险，维护结算系统安全。

◆ **分级结算制度**。证券结算实行分级结算制度，即证券登记结算机构负责办理证券登记结算机构与结算参与人之间的集中清算交收；结算参与人负责办理该参与人与其客户之间的清算交收。

A2. 3. 3　市场监控制度

中国证监会及其派出机构、证券交易所按照分工协作的原则共同负责中国证券市场的监控工作，重点打击内幕交易和市场操纵等违法违规行为。

在此监控制度下，上交所、深交所负责证券市场的一线监控，通过其所建立的监控系统实时盯盘，及时发现并查处异常交易，案情较重大的提请中国证监会调查处理；中国证监会负责指导交易所市场监察工作，在日常监管中及时发现违法违规行为的线索，依法对涉嫌内幕交易或市场操纵等行为采取调查处理措施。中国证监会有关部门对于交易所提交的报告，综合各方面信息进行分析研判，对于涉嫌内幕交易、市场操纵等违法违规行为的，提请会稽查部门进一步调查。

A2.4 上市公司监管制度

A2.4.1 上市公司信息披露

信息披露制度，也称公示制度、公开披露制度，是上市公司及其信息披露义务人依照法律规定必须将其自身的财务变化、经营状况等信息和资料向社会公开或公告，以便使投资者充分了解情况的制度。它既包括发行前的披露，也包括上市后的持续信息公开。目前，中国证券市场已基本建立了以《证券法》、《公司法》和《上市公司信息披露管理办法》为主体，相关规范性文件为补充的全方位、多层次的上市公司信息披露制度。该制度借鉴了国际通行的规范，披露标准较高，从原则性规范到操作性规范，从信息披露的内容、形式到手段，都基本达到了成熟市场水平。

上市公司披露的信息按照其内容可以分为证券招股说明书（发行信息）、定期报告和临时报告三大类。

A2.4.1.1 招股说明书

公司在首次公开发行股票和上市后再融资时，都要披露招股说明书。为使投资者对公司情况能有较为全面的了解，中国证监会分别制定了首次公开发行和再融资招股说明书的内容与格式指引，对公司信息披露内容提出了具体要求。

A2.4.1.2 定期报告

上市公司定期报告包括年度报告、半年度报告和季度报告：

- **年度报告**。根据法律法规规定，上市公司应当在每一会计年度结束之日起 4 个月内披露年度报告。年度报告至少包括以下内容：公司基本情况；公司财务会计报表及经营情况；股本变动及股东情况；董事、监事、高级管理人员和员工情况；公司治理结构、股东大会召开情况、董事会报告、监事会报告，以及公司重大事项等。年度报告中的财务会计报告应当经具有证券、期货相关业务资格的会计师事务所审计。
- **半年度报告**。上市公司应当在每一会计年度的上半年结束之日起 2 个月内披露半年度报告。

半年度报告至少包括以下内容：公司基本情况，股本变动及主要股东持股情况，董事、监事、高级管理人员情况，管理层讨论与分析，公司重大事项，公司财务报告。

◆ **季度报告**。上市公司应当在会计年度前 3 个月、9 个月结束后的 1 个月内披露季度报告。季度报告披露公司主要财务数据及管理层讨论与分析的内容。半年度报告和季度报告均不需要经具有证券、期货相关业务资格的会计师事务所审计。

A2. 4. 1. 3　临时报告

发生可能对影响上市公司证券及其衍生品种交易价格产生较大影响的重大事件，上市公司应及时披露临时报告，说明事件起因、目前状态及可能产生的影响。重大事件包括：公司的经营方针对经营范围的重大变化；公司的重大投资行为和重大购置财产决定；公司订立重要合同；公司发生重大亏损；公司董事、1/3 以上监事或者经理发生变动；持有公司 5% 以上股份的股东或者实际控制人，其持有股份或者控制公司的情况发生较大变化；公司减资、合并、分立、解散及申请破产的决定；公司涉嫌犯罪被有权机关调查等。

A2. 4. 2　上市公司治理

中国证监会为推动上市公司完善治理结构，增强透明度，提高规范化运作水平，出台了一系列法律法规，采取了多项有效措施，基本建立起了上市公司治理的制度框架。公司治理概念已得到社会的广泛接受与认同，上市公司治理结构也得到明显改善，规范运作水平有了很大提高。

中国证监会对上市公司治理结构的监管要求主要体现为 2002 年 1 月发布的《上市公司治理准则》（以下简称《准则》）。《准则》阐明了中国上市公司治理的基本原则、投资者权利保护的实现方式，以及上市公司董事、监事、经理等高级管理人员所应当遵循的基本行为准则和职业道德。《准则》要求上市公司公平对待所有股东；上市公司可采取代理投票制与累计投票制保护中小股东权益；要求上市公司完全独立于其母公司；关联交易必须公平而透明；提倡股东积极主义，提倡机构投资者积极参与等。

A2. 4. 2. 1　独立董事制度

根据《准则》及《关于在上市公司建立独立董事制度的指导意见》① （2001 年 8 月 16 日颁布实施），境内上市公司应建立独立董事制度；上市公司的独立董事应至少占董事会成员的 1/3，且其中至少包括一名会计专业人士；如果上市公司董事会下设薪酬、审计、提名等专门委员会的，独立董事应占多数并担任召集人；独立董事应当对上市公司重大事项发表独立意见，重大事件包括提名或任免董事、聘任或解聘高级管理人员、公司董事和高级管理人员的薪酬、重大关联交易（指上市公司拟与关联人达成的总额高于 300 万元或高于上市公司最近经审计净资产值的

---

① 《上市公司治理准则》的中文全文可登陆中国证监会的网站 http：//www. csrc. gov. cn/n575458/n776436/n804965/n3300690/n3300837/n3330750/3330844. html；《关于在上市公司建立独立董事制度的指导意见》的中文全文可登陆中国证监会的网站 http：//www. csrc. gov. cn/n575458/n575742/n2529771/256242. html。

5%的关联交易）、独立董事认为可能损害中小股东权益的事项等。

A2.4.2.2 内部控制制度

为了提高上市公司防范和抵御风险的能力，推动上市公司经营管理效率的提升和防止舞弊，促进我国资本市场的长期、可持续发展，中国证监会和财政部等五部委联合发布了《企业内部控制基本规范》及相关配套指引，自2011年1月1日起首先在境内外同时上市的公司实施，自2012年1月1日起在全部A股主板上市公司实施，并择机在中小板和创业板上市公司实施。中国证监会积极开展相关工作，全面推进企业内部控制规范在上市公司的实施，并把上市公司的内部控制建设情况纳入日常监管范围，对内部控制制度的建立和运行实施有效的外部监管，强化内部控制规范体系的执行力度，从而进一步提高上市公司信息披露质量。

A2.4.2.3 股权激励机制

为进一步促进上市公司建立、健全激励和约束机制，中国证监会颁布了《上市公司股权激励管理办法（试行）》，并于2006年1月1日起施行。根据该办法，上市公司股权激励的主要方式为限制性股票和股票期权；股权激励计划的激励对象不应当包括独立董事；上市公司全部有效的股权激励计划所涉及的标的股票总数累计不得超过公司股本总额的10%；独立董事应当就股权激励计划是否有利于上市公司的持续发展、是否存在明显损害上市公司及全体股东利益发表独立意见；董事会审议通过股权激励计划后，上市公司应将有关材料报中国证监会备案，同时抄送证券交易所及公司所在地证监局，在中国证监会未提出异议的情况下，上市公司可以发出召开股东大会的通知，审议并实施股权激励计划。

A2.4.3 并购重组

A2.4.3.1 上市公司收购制度

上市公司的收购，一般是指取得或巩固对上市公司的控制权，包括：投资者通过直接收购上市公司的股份成为上市公司的控股股东，或者虽不是上市公司股东，但通过直接或间接方式取得对上市公司的控制权的行为。根据现行《证券法》，中国证监会已发布的上市公司收购的监管规章主要是《上市公司收购管理办法》和配套的细则。

- **《上市公司收购管理办法》等相关规则**。中国证监会于2002年9月发布了《上市公司收购管理办法》（以下简称《收购办法》）和《上市公司股东持股变动信息披露管理办法》。上述办法施行后，上市公司收购和相关权益变动在总体上得到了有效规范，但实践中也出现了某些有意规避监管的控制权转移行为（例如签订先行转让表决权的股权托管协议），为此，中国证监会于2004年7月发布了《关于规范上市公司实际控制权转移行为有关问题的通知》，及时填补了监管漏洞。2005年《公司法》、《证券法》修订，对上市公司收购的有关机制作了明确调整，伴随股权分置改革后市场新变化，中国证监会对《收购办法》及相关规则进行了修订，于2006年7月31日正式发布，2006年9月1日起实施。新《收购办法》充分体现了鼓励上市公司收购的立法精神，将原来的强制性全面要约收购制度调整为强制性（部分）要约制度，并且为收购人增加了以证券支付收购价款的收购工具，从而降低收购成本，有利于活跃上市公司收购活动，同时充分发挥财务顾问对收购人事前把关、事后持续督导的把关作用，简化中国证监会审核程序、提高市场效率。可以看出，中国证监会对上市公司收购活动的监管机制发生了两个根本性变化：一是从中国证监会直接监管下的全面要约收购，转变为财务顾问把关下的部分要约收购；二是从完全依靠中国证监会的事前监管，转变为中国证监会适当的事前监管与重点强化事后监管相结合。2007 年第四季度以后，为维护市场稳定，进一步引导和规范上市公司控股股东增持股份的行为，中国证监会于 2008 年 8 月 27 日发布了《关于修改〈上市公司收购管理办法〉第六十三条的决定》，对于上市公司持股 30% 以上的大股东一年内在二级市场增持 2% 以内的股份，由事前核准调整为事后报备，增加了增持制度的灵活性。

- **国有股权和外资收购的特别规定**。上市公司收购，按照收购主体的性质还可进一步分为外资收购、国有股转让等类别。针对这些特定类型的并购活动，中国证监会也适时制定了专门规章或规范性文件，明确了相关配套监管机制。中国证监会于 2001 年 10 月与原外经贸部联合发布了《关于上市公司涉及外商投资有关问题的若干意见》。随着外资并购的日益活跃，为进一步配合执行国家的对外开放、外资准入和相关产业政策，规范外资并购活动，中国证监会先后于 2002 年 11 月与财政部、原经贸委联合发布了《关于向外商转让上市公司国有股和法人股有关问题的通知》，2005 年 12 月与商务部、税务总局、工商总局、外管局联合发布了《外国投资者对上市公司战略投资管理办法》，2006 年 8 月与商务部、国资委、税务总局、工商总局联合发布了《关于外国投资者并购境内企业的规定》。根据上述特别规定，外国投资者对上市公司进行战略投资或者收购，均须先获得商务部的批准；涉及上市公司并购行政许可事项的，还须依法报中国证监会核准。此外，为规范股权分置改革后的国有单位转让和受让上市公司股权的相关活动，中国证监会与国资委于 2007 年 6 月联合发布了《国有股东转让所持上市公司股份管理暂行办法》、《上市公司国有股东标识管理暂行规定》，要求通过证券交易系统转让所持股份的须遵守特定的时间和数量限制标准，通过协议方式转让的须履行特定信息披露和公开征集受让方程序，并向国资管理部门申报批准。

A2.4.3.2　上市公司重大资产重组

依据《证券法》和《公司法》，中国证监会于 2008 年 4 月发布了《上市公司重大资产重组管理办法》（简称《重组办法》）。这一办法与《收购办法》共同构成了中国上市公司并购重组活动的基本制度框架。《重组办法》主要内容包括：

- 优化重大资产重组的财务计算指标，在原指标基础上细化净资产额的计算指标。交易的成交金额达到资产净额的 50% 以上且超过 5 000 万元的，为重大重组。
- 细化构成重大重组的资产交易方式，包括资产购买和出售行为等，并将上市公司的控股子公司所进行的资产交易纳入监管范围，以减少监管盲点。
- 对上市公司以发行股份作为支付方式向特定对象购买资产的行为作了具体规范，以更好地规范和引导市场创新。

- 依据审慎监管原则确立主动监管机制。对未达到重大重组标准，但存在重大问题可能损害上市公司或者投资者合法权益或者蓄意规避监管的资产交易，中国证监会发现后有权要求公司披露补充相关信息、责令其暂停交易。

中国证监会于2011年8月1日发布了《关于修改上市公司重大资产重组与配套融资相关规定的决定》，明确规定了借壳上市的监管范围、监管条件和监管方式，完善了发行股份购买资产的制度规定，还明确在控制权不发生变更的情况下，可向非关联方发行股份购买资产，为上市公司横向或纵向并购提供了便利手段。

A2.4.3.3 财务顾问管理制度

为了充分发挥财务顾问在上市公司并购重组中的积极作用，促使上市公司规范运作，保护投资者的合法权益，中国证监会2008年7月4日发布了《上市公司并购重组财务顾问业务管理办法》（证监会令第54号，以下简称《财务顾问办法》）。《财务顾问办法》主要规定了证券公司、证券投资咨询机构，以及其他财务顾问机构从事上市公司并购重组财务顾问业务的资格许可条件、财务顾问及财务顾问主办人的职责及工作程序、对财务顾问及财务顾问主办人的不当执业或违法违规行为的监管措施和处罚等内容。

《财务顾问办法》明确了财务顾问应当履行的6项基本职责，包括尽职调查、提供专业化服务、规范化运作辅导、发表专业意见、组织协调和持续督导，规定了财务顾问应履行的工作程序和内控制度要求。通过尽职调查制度、内核机构审查、内部报告、内部检查及保留完整工作档案的规定，确保财务顾问及财务顾问主办人切实履行职责；要求内核机构必须独立于财务顾问业务部门，保证内部管理应有的制衡和风险控制。

A2.5 证券公司监管制度

A2.5.1 业务许可制度

根据《证券法》第一百二十五条的规定，经中国证监会批准，证券公司可以经营下列部分或者全部业务：（一）证券经纪；（二）证券投资咨询；（三）与证券交易、证券投资活动有关的财务顾问；（四）证券承销与保荐；（五）证券自营；（六）证券资产管理；（七）其他证券业务。其他证券业务包括外资股业务、融资融券业务、证券公司合格境内机构投资者境外证券投资管理业务等。拟从事上述业务的证券公司需按照《证券法》、《证券公司监督管理条例》、《证券公司业务范围审批暂行规定》等规定，报中国证监会批准后方可从事有关业务。此外，按照《证券公司监督管理条例》第四十七条的规定，证券公司使用多个客户的资产进行集合投资，或者使用客户资产专项投资于特定目标产品的，应当报中国证监会批准。

A2.5.2 分类监管制度

在总结近两年证券公司分类监管试行经验的基础上，中国证监会于2009年5月正式发布《证券公司分类监管规定》（以下简称《规定》），并于2010年对《规定》个别条款进行了修订。该《规定》以证券公司风险管理能力为基础，结合公司市场竞争力和持续合规状况，对证券公司进行综合评价，并根据评价分值的高低，将证券公司分为A（AAA、AA、A）、B（BBB、BB、B）、C（CCC、CC、C）、D、E 5类11个级别。

针对不同类别的证券公司，中国证监会实施了扶优限劣、区别对待的监管政策。一是将分类结果作为公司申请发行上市、新设营业网点的条件之一，也作为新业务、新产品试点范围和推广顺序的依据；二是不同类别的公司缴纳比例不同的投资者保护基金、适用宽严标准不同的风险控制指标；三是对不同类别的公司，在监管资源分配、现场检查和非现场检查频率等方面有所不同。

分类监管制度取得了初步效果，也得到了行业的普遍认同。一是从制度上确立了证券公司各类风险均须控制在净资本可承受范围内的要求，为动态的风险监测、预警及控制提供了定量标准和操作手段；二是增强了监管工作的针对性、适当性和主动性，有利于抓住重点，合理配置监管资源；三是强化了证券公司的动力和压力，日常财务、风险控制、合规状态与各自的业务空间、缴费数额、受监管程度直接挂钩，能够持续地发挥激励制约作用；四是促使证券公司把分类监管指标层层分解落实到经营管理的各个环节，将外部监管要求转化为加强风险控制和严格内部管理的具体措施；五是有利于行业新业务、新产品在公平公开的原则和清晰合理的预期下循序渐进，逐步推开，也便于控制创新风险。

A2.5.3 合规管理制度

2008年7月，中国证监会发布实施了《证券公司合规管理试行规定》，要求证券公司全面建立内部合规管理制度，设立合规总监和合规部门，强化对公司经营管理行为合规性的事前审查、事中监督和事后检查，有效预防、及时发现并快速处理内部机构和人员的违规行为，迅速改进完善内部管理制度。中国证监会把合规管理的有效性作为评价证券公司的重要指标，并据此决定对其违规行为的惩处方式和力度，以激励其加强自我管理。

实施合规管理制度是健全证券公司内部约束机制、实现内部约束与外部监管有机互动的重要措施，有利于推动监管机制从行政监管为主向行政监管、行业自律和公司自我约束有机结合转变，持续提升证券公司自我管理、规范发展的能力。

A2.5.4 净资本为核心的风险监控和预警制度

2006年7月，中国证监会发布《证券公司风险控制指标管理办法》，建立了较为完备的以净资本为核心的风险监管制度。该制度具有三个特点：一是建立了公司业务范围与净资本充足水平动态挂钩的机制；二是建立了公司业务规模与风险资本准备动态挂钩机制；三是建立了风险资本准备与净资本水平动态挂钩的机制。

2008 年 6 月，中国证监会发布《关于修改〈证券公司风险控制指标管理办法〉的决定》，修改完善了《证券公司风险控制指标管理办法》，调整了净资本计算规则，对长期资产进行了全额扣除，进一步夯实了证券公司的资本水平，提高了有关业务风险资本准备的计算比例，适当扩大了计算范围，以适应市场发展和行业状况的变化；同时，要求证券公司建立健全动态的风险控制指标监控机制及压力测试机制，进一步提高证券公司对风险的监测、评估、预警能力。修改完善后的《证券公司风险控制指标管理办法》将有利于进一步完善证券公司风险的监控与防范，促使证券公司在风险可测、可控、可承受前提下进行业务创新，促进证券行业的规范发展。

A2. 5. 5 客户交易结算资金第三方存管制度

客户交易结算资金第三方存管制度是落实《证券法》“客户的交易结算资金应当存放在商业银行，以每个客户的名义单独立户管理”和《证券公司监督管理条例》关于保护客户资产的有关规定，在原有客户交易结算资金存管制度基础上，按照保障客户资产安全、防止风险传递、方便投资者、有利于证券公司业务创新等原则设计和实施新的客户交易结算资金存管制度。

2004 年年初，中国证监会即在证券公司风险处置中开始试点第三方存管制度，2006 年初在试点基础上对客户资金存管方案进行了改进，2006 年 7 月开始在所有证券公司中推行。证券公司在接受客户委托，承担申报、清算、交收责任的基础上，在多家商业银行开立专户存放客户的交易结算资金，商业银行根据客户资金存取和证券公司提供的交易清算结果记录每个客户的资金变动情况，建立客户资金明细账簿，并实施总分核对和客户资金的全封闭银证转账，以防止证券公司挪用。截至 2008 年 4 月，证券公司已全面实施了客户交易结算资金的第三方存管。第三方存管制度实施后，客户交易结算资金安全性得到了有效保障。

A2. 5. 6 信息报送与披露制度

对证券公司信息报送与披露方面的监管要求包括：

- **信息报送制度**。根据法律法规规定，证券公司应当自每一会计年度结束之日起 4 个月内向中国证监会报送年度报告；自每月结束之日起 7 个工作日内报送月度报告。发生影响或者可能影响证券公司经营管理、财务状况、风险控制指标或者客户资产安全的重大事件的，证券公司应当报送临时报告，说明事件的起因、目前的状态、可能产生的后果和拟采取的相应措施。
- **信息公开披露制度**。该制度主要包括基本信息公示和财务信息公开披露。目前，证券公司均通过中国证券业协会网站、公司网站、营业网点投资者园地等渠道进行基本信息公示，内容包括公司基本情况、经营性分支机构、业务许可类新产品、高管人员等信息，公示信息发生变动的，需要进行持续更新。同时，证券公司在每一会计年度结束后通过中国证券业协会网站、公司网站等渠道进行财务信息公开披露，内容包括公司上一年度审计报告、经审计会计报表及附注。
- **年报审计监管**。证券公司年报审计监管是证券公司非现场检查和日常监管的重要手段。在证券公司年报审计工作中，中国证监会督促证券公司向会计师事务所提供审计证据及相关资料，对审计过程中发现的问题，及时采取措施，督促整改。

A2.6　基金监管制度

中国证监会对证券投资基金产品、相关机构、从业人员、专户理财以及 QFII 等的监管要求体现在基金监管法规体系中（基金监管内容见附图 1）。现行的基金监管法规体系由三部分组成：一是以《证券投资基金法》为代表的法律；二是《证券投资基金信息披露管理办法》、《证券投资基金销售管理办法》等 10 个部门规章；三是以基金管理公司治理准则、内部控制指导意见等为代表的规范性文件。

在上述法规体系的框架下，中国证监会通过建立良好有序的竞争环境和有效的制衡机制，设定机构、人员和产品的准入标准，不断提高监控水平、打击违规行为等监管政策，达到保护基金投资人的合法利益、防范系统风险和不断提高市场透明度的监管目标。

A2.6.1　相关机构监管

与证券投资基金相关的机构包括基金管理公司、基金托管银行和基金代销机构等。

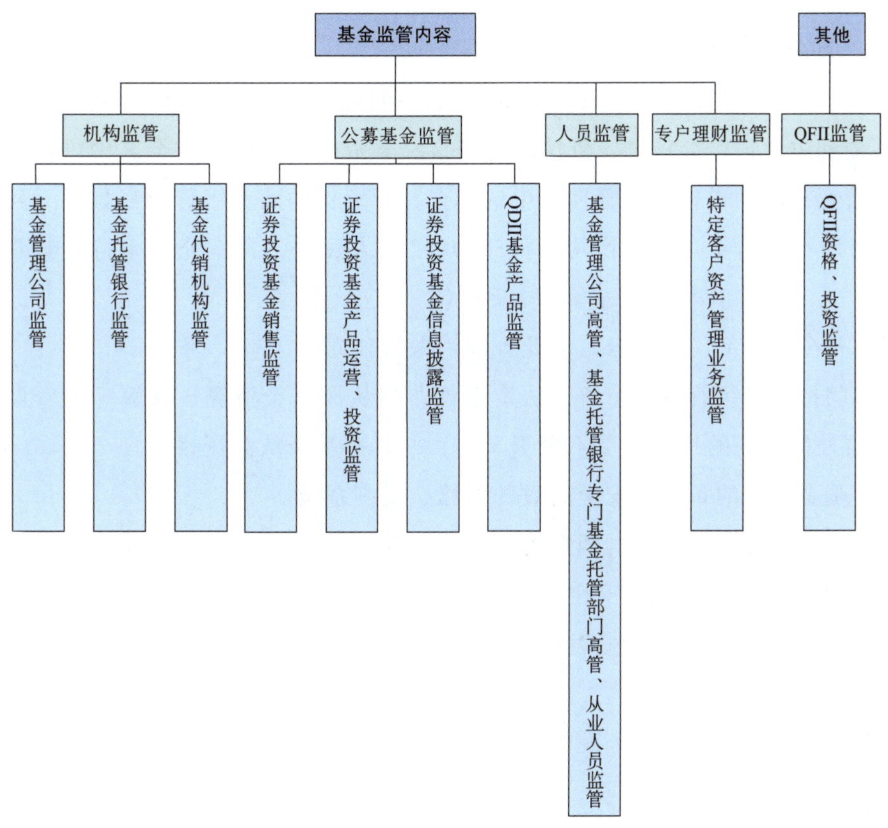

附图 1　基金监管框架结构

资料来源：中国证监会。

A2.6.1.1 基金管理公司

《证券投资基金法》规定基金管理人由基金管理公司担任。基金管理公司的设立、变更和解散需要得到中国证监会的批准。中国证监会根据有关规定和审慎监管原则，对基金管理公司及其业务活动实施监管，包括但不限于以下方面：

- **在信息披露方面**。一是定期报告，基金管理公司应当自年度结束之日起3个月内向中国证监会和所在地证监会派出机构报送该公司年度报告和年度评价报告；自季度结束之日起15日内报送监察稽核季度报告，自年度结束之日起30日内报送监察稽核年度报告；二是临时报告，基金管理公司发生《证券投资基金管理办法》第58条规定的情形时应当自发生之日起5日内向中国证监会和所在地中国证监会派出机构报告。
- **在公司治理方面**，一是基金公司应当建立健全独立董事制度，独立董事人数不得少于3人，且不得少于董事会人数的1/3；二是应当建立督察长制度，督察长由董事会聘任，对董事会负责，对公司经营运作的合法合规进行监察和稽核；三是建立科学合理、控制严密、运行高效的内部监控体系，制定科学完善的内部监控制度，保持经营运作合法、合规，保持公司内部监控健全、有效等。

A2.6.1.2 基金托管银行

《证券投资基金法》规定基金托管人由商业银行担任。商业银行从事证券投资基金托管业务，需经中国证监会和中国银监会核准，依法取得基金托管资格。中国证监会、中国银监会依法对商业银行基金托管业务活动进行监督管理，申请基金托管资格的商业银行应当具备下列条件：

- 最近3个会计年度的年末净资产均不低于20亿元人民币，资本充足率符合监管部门的有关规定。
- 设有专门的基金托管部门，并与其他业务部门保持独立。
- 基金托管部门拟任高级管理人员符合法定条件，拟从事基金清算、核算、投资监督、信息披露、内部稽核监控等业务的执业人员不少于5人，并具有基金从业资格。
- 有安全保管基金财产的条件和安全高效的清算、交割系统。
- 基金托管部门有满足营业需要的固定场所，配备独立的安全监控系统和独立的托管业务技术系统，包括网络系统、应用系统、安全防护系统、数据备份系统。
- 有完善的内部稽核监控制度和风险控制制度。
- 最近3年无重大违法违规记录。
- 法律、行政法规规定的和经国务院批准的中国证监会、中国银监会规定的其他条件。

A2.6.1.3 基金代销机构

基金销售由基金管理人负责办理，基金管理人可以委托取得基金代销业务资格的其他机构代为办理。商业银行、证券公司、证券投资咨询机构、专业基金销售机构，以及中国证监会规定的其他机构可以向中国证监会申请基金代销业务资格。商业银行、证券公司、证券投资咨询机构、独立基金销售机构，以及中国证监会规定的其他机构申请基金销售业务资格应当具备下列条件：

◆ 具有健全的治理结构、完善的内部控制和风险管理制度，并得到有效执行。

◆ 财务状况良好，运作规范稳定。

◆ 有与基金销售业务相适应的营业场所、安全防范设施和其他设施。

◆ 有安全、高效的办理基金发售、申购和赎回等业务的技术设施，且符合中国证监会对基金销售业务信息管理平台的有关要求，基金销售业务的技术系统已与基金管理人、中国证券登记结算公司相应的技术系统进行了联网测试，测试结果符合国家规定的标准。

◆ 制定了完善的资金清算流程，资金管理符合中国证监会对基金销售结算资金管理的有关要求。

◆ 有评价基金投资人风险承受能力和基金产品风险等级的方法体系。

◆ 制定了完善的业务流程、销售人员执业操守、应急处理措施等基金销售业务管理制度，符合中国证监会对基金销售机构内部控制的有关要求。

◆ 有符合法律法规要求的反洗钱内部控制制度。

◆ 中国证监会规定的其他条件。

A2. 6. 2　证券投资基金产品

A2. 6. 2. 1　证券投资基金运作

基金管理人募集证券投资基金，须向中国证监会提出申请并得到其批准。基金管理人运用基金财产进行证券投资，不得有下列情形：

◆ 一只基金持有一家上市公司的股票，其市值超过基金资产净值的 10%。

◆ 同一基金管理人管理的全部基金持有一家公司发行的证券，超过该证券的 10%。

◆ 基金财产参与股票发行申购，单只基金所申报的金额超过该基金的总资产，单只基金所申报的股票数量超过拟发行股票公司本次发行股票的总量。

◆ 违反基金合同关于投资范围、投资策略和投资比例等约定。

◆ 中国证监会规定禁止的其他情形。

完全按照有关指数的构成比例进行证券投资的基金品种可以不受前款第（一）、（二）项规定的比例限制。

A2. 6. 2. 2　证券投资基金信息披露

基金信息披露义务人包括基金管理人、基金托管人、召集基金份额持有人大会的基金份额持有人等法律、行政法规和中国证监会规定的自然人、法人和其他组织，它们应当在中国证监会规定的时间内，将应予披露的基金信息通过中国证监会指定的全国性报刊和基金管理人、基金托管人的互联网网站等媒介披露，并保证投资人能够按照基金合同约定的时间和方式查阅或者复制公开披露的信息资料。这些应予公开披露的基金信息包括基金招募说明书、基金合同，基金定期报告包括基金年度报告、基金半年度报告和基金季度报告等。中国证监会及其派出机构依法对基金信息披露活动进行监督管理。

A2.6.3 合格境外机构投资者（QFII）

中国证监会对合格境外机构投资者（QFII）的监管以《合格境外机构投资者境内证券投资管理办法》（证监会令第36号）为依据。中国从2002年12月起开始试行QFII制度。根据有关规定，QFII可以投资在证券交易所挂牌交易的A股股票和债券、证券投资基金、在证券交易所挂牌交易的权证，以及中国证监会允许的其他金融工具。向中国证监会申请QFII资格，申请人应当具备下列主要条件：

- 财务稳健，资信良好，达到中国证监会规定的资产规模等条件。
- 申请人的从业人员符合所在国家或者地区的有关从业资格的要求。
- 有健全的治理结构和完善的内部控制制度，近3年未受到所在国家或者地区监管机构的重大处罚。
- 申请人所在国家或者地区证券监管机构已与中国证监会签订监管合作谅解备忘录，并保持着有效的监管合作关系。

A2.6.4 人民币合格境外机构投资者（RQFII）

中国证监会对人民币合格境外机构投资者（RQFII）的监管以《基金管理公司、证券公司人民币合格境外机构投资者境内证券投资试点办法》为依据。中国从2011年12月起开始试行RQFII制度。根据有关规定，RQFII在经批准的投资额度内，可以投资于在证券交易所挂牌交易的股票、债券、权证，证券投资基金、银行间债券市场和中国证监会、中国人民银行允许的其他金融工具。向中国证监会申请RQFII资格，申请人应当具备下列主要条件：

- 在香港证券监管部门取得资产管理业务资格并已经开展资产管理业务，财务稳健，资信良好。
- 公司治理和内部控制有效，从业人员符合香港地区的有关从业资格要求。
- 申请人及其境内母公司经营行为规范，最近3年未受到所在地监管部门的重大处罚。
- 申请人境内母公司具有证券资产管理业务资格。
- 中国证监会根据审慎监管原则规定的其他条件。

A2.6.5 合格境内机构投资者（QDII）

中国证监会对合格境内机构投资者（QDII）的监管主要以《合格境内机构投资者境外证券投资管理试行办法》（证监会令第46号）为依据。中国从2007年7月5日起开始试行QDII制度。QDII在境内募集资金，运用所募集的部分或者全部资金以资产组合方式进行境外证券投资管理。境内基金管理公司和证券公司等证券经营机构向中国证监会申请QDII资格的，应当具备下列主要条件：

- 财务稳健，资信良好，资产管理规模、经营年限等符合中国证监会的规定。对基金管理公司来说，净资产需不少于2亿元人民币，经营证券投资基金管理业务达2年以上，在最近一个季度末资产管理规模不少于200亿元人民币或等值外汇资产。对证券公司来讲，各项风险控制指标应符合规定标准，净资本不低于8亿元人民币，净资本与净资产比例不低于70%，经营集合资产管理计划业务达1年以上，在最近一个季度末资产管理规模不少于20亿元人民币或等值外汇资产。

- 拥有符合规定的具有境外投资管理相关经验的人员。
- 具有健全的治理结构和完善的内部控制制度，经营行为规范。
- 最近3年没有受到监管机构的重大处罚，没有重大事项正在接受司法部门、监管机构的立案调查。

A2.7 期货市场与期货业监管制度

A2.7.1 期货交易制度

期货交易制度主要包括保证金制度、当日无负债结算制度、涨跌停板制度、限仓制度和大户报告制度等。

- **保证金制度**。保证金是期货交易者按照所买卖期货合约价值的一定比率缴纳的资金，用于担保其期货合约的履行，客户向期货公司缴纳，期货公司作为会员向期货交易所缴纳。在实行会员分级结算制度的期货交易所，期货交易所的非结算会员向结算会员缴纳保证金。只有所缴纳的保证金达到规定标准并在不足时及时补足的，交易者才能继续其交易。保证金制度对于确保期货交易的双方当事人履行合约义务，有效避免会员或客户违约的风险，从而保障期货市场的正常运行具有重要作用。
- **当日无负债结算制度**。当日交易结束后，期货交易所按照当日结算价对会员结算所有合约的盈亏、交易保证金及手续费、税金等费用，对应收应付的款项实行净额一次划转，相应增加或减少结算准备金。会员在期货交易所结算完成后，再按照同样的原则对客户进行结算。在实行会员分级结算制度的期货交易所，期货交易所只对结算会员结算；非结算会员由结算会员为其结算。如果会员、客户未能按要求及时补足保证金，期货交易所、会员在开市前对其交易采取限制开仓、强行平仓等措施。
- **涨跌停板制度**。期货合约在一个交易日中的交易价格不得高于或者低于规定的涨跌幅度，超出该涨跌幅度的报价将被视为无效，不能成交。涨跌停板制度的实施使期货交易所、会员的损失被控制在一定幅度内，为保证金制度的实施创造了有利条件。
- **持仓限额制度**。持仓限额制度是期货交易所为了防范操纵市场价格的行为和防止期货市场风险的过度集中，对会员及客户的持仓数量进行限制的制度，超过限额的将被禁止开新仓或者强制平仓。持仓限额一般可以根据不同情形作一定调整。如：可以根据会员、客户资信情况和保证金水平，适当调整其持仓限额；可以根据某种合约距离交割月份的远近来确定其持仓限额。中国期货交易实行客户编码管理制度，贯彻一户一码的具体管理规定，对期货公司代理的客户实行编码下的持仓限额，即每一个交易编码下的持仓不得超过一定限额，客户在不同会员处开户的，要合并计算。

◆ **大户持仓报告制度。**在实施持仓限额制度的前提下，当某一会员或者客户的持仓量达到了期货交易所规定的限额时，必须向期货交易所报告，报告的内容一般包括其开户情况、交易情况、资金来源、交易动机等。实行大户持仓报告制度，可以使期货交易所更好地检查市场持仓集中的情况，防范大户操纵市场价格，进而更好地控制市场风险。

◆ **风险准备金制度。**风险准备金用于为维护期货市场正常运转提供财务保障和弥补不可预见的风险带来的亏损，期货交易所、期货公司、非期货公司结算会员应当按照中国证监会和财政部的规定提取、管理和使用风险准备金。

◆ **结算担保金制度。**实行分级结算制度的期货交易所建立结算担保金制度。结算担保金包括基础结算担保金和变动结算担保金，由结算会员以自有资金向期货交易所缴纳，属于结算会员所有，用于应对结算会员违约风险。结算担保金制度作为一种联保制度，可以增强期货交易所抵御风险的能力。

◆ **股指期货投资者适当性制度。**借鉴国际市场的经验，结合中国资本市场“新兴加转轨”的特定国情，中国证监会在股指期货市场引入和建立了投资者适当性制度。其核心理念是：通过在开户端设置适当的程序和要求，综合评估投资者对股指期货的认知程度、接受程度和风险承受程度，从源头上深化投资者风险教育，有效避免投资者盲目入市，切实保护投资者合法权益，保障股指期货市场稳健运行。主要内容是设定了投资者，特别是个人投资者开户的硬性标准，要求期货公司建立以了解客户和分类管理为核心的客户管理和服务制度，结合投资者年龄、学历、相关投资经历、财务状况和诚信状况进行适当性综合评估，明确了相关监管要求，确保适当性制度落到实处。

◆ **期货保证金安全存管制度。**为加强对期货公司客户保证金的管理，2004 年中国证监会发布了《期货经纪公司保证金封闭管理运行办法》，要求期货公司客户保证金必须全额存入从事期货交易结算业务的商业银行，严禁挪作他用。期货公司分设账户，使自有资金与客户保证金严格分离，客户保证金在指定账户间封闭运行。保证金封闭管理实行后，期货公司保证金管理水平得到了较大提高，但客户保证金安全问题还是未得到彻底解决。在这种情况下，中国证监会决定通过外部监管方式建立有效的保证金监管机制。2006 年，中国证监会成立中国期货保证金监控中心有限责任公司，由期货保证金监控中心对期货公司保证金实施监控，核对期货公司、交易所、银行三方上报的数据，对发现的期货公司保证金缺口、自有资金缺口、客户连续两个交易日以上保证金为负、交易持仓不一致、客户资金不连续等情况进行预警，并将相关问题向各地派出机构反馈，派出机构及时进行检查，消除风险隐患。同时，投资者可以登录保证金监控中心网站查询自己的账单，可以与期货公司账单进行核对，以随时发现存在的问题，保证客户权益。期货保证金安全监控制度实施以来，在实践中取得了良好效果。

A2.7.2 期货公司监管

A2.7.2.1 业务许可制度

根据《期货交易管理条例》等有关规定，期货公司业务实行许可制度，由中国证监会按照其商品期货、金融期货业务种类颁发许可证；期货公司除申请经营境内期货经纪业务外，还可以申请经营境外期货经纪、期货投资咨询等业务。

A2.7.2.2 公司治理

根据《公司法》的基本要求，结合期货公司的经营特点和期货业务的风险特征、《期货交易管理条例》、《期货公司管理办法》，以及《期货公司首席风险官管理规定（试行）》等，对期货公司治理作出全面系统的规定。

期货公司应当按照明晰职责、强化制衡、加强风险管理的原则，建立并完善公司治理。具体要求包括：

- 期货公司应设立董事会和监事会或监事，应当合理设置业务部门及其职能，对关键岗位及业务实施重点控制，确保前、中、后台业务分开。
- 期货公司应与其控股股东在业务、人员、资产、财务、场所等方面严格分开，独立经营，独立核算。
- 期货公司对营业部实行统一结算、统一风险管理、统一资金调拨、统一财务管理和会计核算。
- 期货公司应当设首席风险官，负责对期货公司经营管理行为的合法合规性、风险管理进行监督、检查，首席风险官发现涉嫌占用、挪用客户保证金等违法违规行为或者可能发生风险的，应当立即向中国证监会派出机构、公司董事会报告。
- 具有实行会员分级结算制度期货交易所结算业务资格的期货公司和独资期货公司等应当设独立董事。

A2.7.2.3 客户资产保护

为保护期货投资者资产安全，在总结期货保证金封闭运行和期货保证金安全存管监控前期实践的基础上，《期货公司管理办法》（第五章）对客户资产保护作出规定：一是强化期货保证金归客户所有的法律属性，除期货公司依法划转外，禁止任何单位或者个人以任何形式占用、挪用；期货保证金要与期货公司自有资产分别管理，不得被非法查封、冻结、扣划或者强制执行；期货公司破产或者清算时，客户的保证金不属于破产财产或者清算财产。二是明确了期货公司对期货保证金账户的备案、披露等管理要求，严禁期货公司在规定账户之外存放客户保证金，期货公司应及时报送期货保证金安全监控信息。三是客户从事期货交易实行实名制，客户要报备存取保证金的期货结算账户，保证金必须通过转账方式存取划转。四是明确提出了期货公司以自有资金缴存结算担保金、最低结算准备金的缴纳义务，以及期货公司在客户违约保证金不足时的垫付义务。

为保护期货投资者的资金安全，从制度上防止期货公司挪用投资者保证金，按照安全优先、兼顾效率的总体原则，中国证监会建立了期货保证金安全存管系统，设立中国期货保证金监控中心，利用技术系统每日对交易所、结算银行和期货公司三方的保证金数据进行核对，并提供客户直接查询保证金数据。

为建立投资者救助和利益补偿机制，国家设立了期货投资者保障基金。对于由于期货公司出现严重违法违规或者风险控制不力等导致保证金出现缺口的，根据《期货投资者保障基金管理暂行办法》，由保障基金对无辜客户遭受的保证金损失进行一定比例的补偿。

A2.7.2.4 风险监管指标标准

期货公司代理客户从事期货交易，吸收客户资金，风险突发性较强，因此需要持续符合风险监管指标标准，确保具有抵御风险的能力。中国证监会于2007年4月19日发布实施的《期货公司风险监管指标管理试行办法》要求，期货公司应当持续符合以下风险监管指标标准：

- 净资本不得低于人民币1 500万元。
- 净资本不得低于客户权益总额的6%。
- 净资本按营业部数量平均折算额（净资本/营业部家数）不得低于人民币300万元。
- 净资本与净资产的比例不得低于40%。
- 流动资产与流动负债的比例不得低于100%。
- 负债与净资产的比例不得高于150%。
- 规定的最低限额的结算准备金要求。

期货公司委托其他机构提供中间介绍业务的，净资本不得低于人民币3 000万元；从事交易结算业务的期货公司，净资本不得低于人民币4 500万元。从事全面结算业务的期货公司，净资本不得低于以下标准：（1）人民币9 000万元；（2）客户权益总额与其代理结算的非结算会员权益或者非结算会员客户权益之和的6%。

A2.8 会计和财务信息披露监管制度

A2.8.1 《企业会计准则》体系及与国际会计准则的趋同

2006年2月，财政部颁布了新《企业会计准则》（以下简称新会计准则）。新会计准则包括1项基本准则和38项具体准则，以及配套的应用指南、解释公告、讲解和实施问题专家工作组意见。新会计准则与国际会计准则实现了实质性趋同。继2006年与国际会计准则委员会签订会计准则趋同联合声明后，2007年12月，中国会计准则委员会与香港会计师公会就两地会计准则签署了等效联合声明。2010年4月，财政部发布了《中国企业会计准则与国际财务报告准则持续全面趋同路线图》。以上均标志着中国会计准则的等效工作取得了实质性进展。中国会计准则与其他国家或地区的会计准则等效工作也正在积极推进中。中国会计准则与境外上市地的会计准则等效后，中国企业按中国会计准则编制的报表将直接被境外资本市场接受，有利于促进跨境经济活动的开展和推动国际监管合作。

在会计准则执行监管层面，中国证监会建立了相关业务部门和专业部门、辖区证监局、证券交易所构成的综合动态监管体系，全面加强对会计准则的执行监管。新会计准则执行以来，中国证监会不断推动完善上市公司内部控制，增加内在约束力，还通过出具监管函件和印发《上市公司执行企业会计准则监管问题解答》的方式统一会计监管标准，同时继续与会计准则制定机构保持密切沟通协调，保证了会计准则的执行效果，提高了资本市场会计信息质量。

A2. 8. 2　上市公司财务信息披露规范

上市公司需按照中国证监会制定的相关信息披露规范的要求，在定期报告中披露有关财务信息。目前的信息披露规范体系中，涉及财务相关信息披露的规范涵盖了财务报告的一般规定、净资产收益率和每股收益的计算及披露、非标准无保留审计意见及其涉及事项的处理、财务信息的更正及披露等内容，以及以信息披露解释公告的方式对涉及非经常性损益、中高级管理人员奖励基金、累计亏损的弥补、会计估计差异等内容进行了说明和规范。

A2. 8. 3　企业内部控制规范体系

为加强上市公司的规范化运作和管理，增强财务信息的真实性、可靠性和提高披露质量，2008 年 5 月 22 日，财政部、中国证监会、审计署、银监会、保监会（以下简称五部委）联合发布了《企业内部控制基本规范》（以下简称《基本规范》），内容涵盖建立健全内部控制应遵循的基本原则、完整的内部控制框架体系应包括的内部环境、风险评估、控制活动、信息与沟通，以及内部监督的基本要求等。

继 2008 年《企业内部控制基本规范》发布之后，五部委又联合制定并于 2010 年 4 月 26 日正式发布了企业内部控制配套指引（以下简称配套指引），包括 18 项应用指引、1 项评价指引和 1 项审计指引，为企业实施内部控制体系建设提供了具体的操作指南。配套指引自 2011 年 1 月 1 日起首先在境内外同时上市的公司施行，自 2012 年 1 月 1 日起扩大到在上海证券交易所、深圳证券交易所主板上市的公司施行；在此基础上，择机在中小板和创业板上市公司施行。按照内部控制规范体系的要求，实施范围内的企业应以基本规范提供的框架体系为基础，建立健全内部控制制度，同时企业的董事会或类似机构应当对内部控制的建立和运行情况披露自我评价报告，外部审计师应对公司与财务报告相关的内部控制有效性发表鉴证意见。

A2. 8. 4　首席会计师联席会议制度

2007 年，中国证监会建立了首席会计师联席会议制度。首席会计师联席会议由中国证监会首席会计师召集，成员来自中国证监会发行部、上市部等 12 个部门和上海、深圳证券交易所。首席会计师联席会议将作为加强证券监管系统专业沟通和交流的平台，进一步促进资本市场财务信息披露质量的提高。

A2.8.5 证券监管系统会计专业技术小组

中国证监会的派出机构，各证券、期货交易所和中国登记结算公司均于2005年成立了会计专业技术小组（以下简称会计小组），并于2008年重新完善了会计小组的架构。中国证监会会计部具体负责证券监管系统会计专业标准制定、技术指导和工作协调。会计小组是非行政性专业机构，负责证券市场会计专业监管工作，主要职责包括：就日常证券市场监管过程中遇到的重点和难点问题进行沟通，统一相关问题的处理标准；定期召开证券市场会计专业技术协调会，通报证券市场中执行会计准则、会计制度等方面的重点、难点问题，探讨相应的处理标准；开展证券监管系统会计专业培训，提高证券监管人员的会计专业水平。会计小组成立以来，在统一证券监管系统会计专业监管标准、增强监管系统会计监管的协调性，以及提高监管人员专业素质方面发挥了积极作用，有助于加强会计监管、提高上市公司会计信息质量和促进资本市场稳定健康发展。

A2.8.6 上市公司年报会计信息监管

对上市公司年报会计信息进行监管一直是中国证监会的工作重点，经过多年监管实践，已经形成了包括“事前”、“事中”和“事后”三个环节的行之有效的监管方式。年报披露前，中国证监会在以前年度财务报告监管经验的基础上，针对当年经济环境的变化和会计准则的执行情况，指出年度财务报告编制和披露中应重点关注的交易或事项。在年报披露期间，中国证监会进行严格督导，安排专人负责跟踪上市公司年报的披露，及时解决发现的会计处理和财务信息披露问题。在年报披露结束后，中国证监会对年报监管过程中发现的会计和财务信息披露问题进行总结分析，形成上市公司执行企业会计准则监管报告，在主要证券媒体上发布，同时，对于年报监管过程中发现会计处理和财务信息披露存在明显问题的上市公司采取相应的监管措施。

A2.9 审计和资产评估监管制度

A2.9.1 中国审计准则与国际审计准则的趋同

2005年年底，中国审计准则委员会与国际审计与鉴证准则理事会（International Auditing and Assurance Standard Board，以下简称IAASB）签署了联合声明，高度认可了中国在审计准则国际趋同方面所做的努力和取得的重大进展。2006年初，财政部颁布了《中国注册会计师鉴证业务基本准则》。该基本准则在内容上充分吸收了国际审计准则的基本原则和核心程序，在审计的目标与原则、风险的评估与应对、审计证据的获取和分析、审计结论的形成和报告，以及注册会计师执业责任等重大方面与国际审计准则保持一致。2007年年底，中国审计准则委员会与香港会计师公会发布了联合声明，宣布内地审计准则与香港审计准则等效。2009年11月3日，国际会计师联合会（IF-

AC）在其公布的《世界各国（地区）采用国际审计准则情况的报告》中指出，中国已基本采用了国际审计准则，并对其作出了必要的调整，所作的调整符合 IAASB 公布的调整政策。

在国际审计准则完成明晰性项目后，为保持中国审计准则体系和国际审计准则的持续全面趋同，中国注册会计师协会于 2010 年 11 月正式发布了修订后的中国审计准则，实现了与明晰化后的国际审计准则的实质性趋同，修订后的审计准则自 2012 年 1 月 1 日起在所有会计师事务所施行。

A2. 9. 2　审计与评估机构的监管体系

中国证监会 2009 年修订了《会计师事务所与资产评估机构证券期货相关业务监管责任制》（以下简称辖区监管责任制），进一步加强和完善了独具特色的审计监管模式——辖区监管责任制。

在辖区监管责任制的框架下，中国证监会会计部负责组织检查组对具有证券期货相关业务资格的会计师事务所和资产评估机构（以下简称审计与评估机构）进行全面检查、专项检查，并进行持续性的监督。会计部实施的全面检查是针对审计与评估机构内部治理、业务质量控制体系及具体执业质量进行的定期检查，检查重点包括：（1）内部治理的合法性和有效性。（2）业务质量控制体系的完备性和有效性。（3）具体项目执业质量。专项检查可根据特定需求，针对上述任何内容进行特定的检查。截至 2010 年年底，会计部已经完成了对所有从事证券、期货相关业务会计师事务所的现场检查。

证监局针对具体项目执业质量进行业务检查，主要检查审计与评估机构是否按照《中国注册会计师执业准则》、《资产评估准则》实施了必要的审计（评估）程序，获取了充分、适当的审计证据（评估依据），形成了恰当的审计意见（评估结论）。在业务检查中，可以对有证券期货资格的相关机构进行延伸检查。必要时，可延伸检查审计（评估）机构的内部治理、业务质量控制体系。

2010 年 11 月，中国证监会增加了上海、深圳证券监管专员办事处（以下简称专员办）审计与评估机构检查职责。专员办审计与评估机构检查工作初期，主要在会计部的业务领导下，按照会计部下达的任务，做好对审计与评估机构的现场检查、跨境监管合作试点和案例分析等工作。

A2. 9. 3　监管信息系统

为了不断增强监管透明度，掌握审计与评估机构的持续、实时信息，中国证监会建立了审计与评估机构监管信息系统。系统内容分为两部分：一部分是审计与评估机构人员和业务信息；另一部分是监管部门的检查信息、对审计与评估机构采取的监管措施、行政处罚和市场禁入等信息。

A2. 9. 4　跨境监管合作

2010 年 12 月 7 日，中国证监会、财政部内地会计师事务所从事 H 股企业审计业务审核推荐委员会，与香港财经事务及库务局、香港中国证监会、香港联合交易所有限公司、香港财务汇报局、香港会计师公会在深圳举行会议，就落实内地与中国香港在对方上市的公司可选择以本地会计准则编制财务报表并由本地会计师事务所按照本地审计准则进行审计的事宜达成共识。以此为标志，内地大型会计师事务所获准自2010年12月15日或以后完结的会计年度期间，可以采用内地审计准则为内地在港上市公司（H股企业）提供审计服务，H股“双重审计”政策将被取消，内地与香港地区会计交流与合作达到新的水平。

另外，中国证监会在相互尊重主权、法律体系和对等互信的基础上，会同财政部等相关部门积极地与美国公众公司会计监察委员会（PCAOB）和欧盟等国家和地区会计监管机构进行跨境监管合作谈判，进一步加强监管合作。2011年1月19日，欧盟已认定中国等10个国家审计监管与欧盟的审计监管模式等效，可以互相依赖。

A2.10 证券执法制度

2011年，稽查局（首席稽查办公室）、稽查总队和派出机构稽查力量分工协作，行政处罚委员会专司审理的证券执法工作机制继续发挥着重要作用，有效保障了资本市场的稳定健康运行证券执法程序见附图2。

A2.10.1 案件稽查

案件的立案和调查权由中国证监会稽查部门执行。首席稽查负责统一协调、指挥全系统稽查工作。稽查局（首席稽查办公室）负责拟订证券期货执法的法规、规章和规则，组织非正式调查，办理立案、撤案等事宜，组织重大案件查办，协调、指导、督导案件调查及相关工作，复核案件调查报告，统一负责案情发布，协调跨境案件的办理，组织行业反洗钱工作，办理稽查边控、查封、冻结等强制手续，组织、协调行政处罚的执行，组织稽查培训、考评、奖励，负责案件统计工作。稽查总队承办跨区域的重大案件及紧急、敏感、复杂类案件，负责所承办案件的调查、内审和移送，负责总队干部的培训，负责与承办案件相关的课题研究。派出机构负责辖区内市场主体违法违规行为的立案和调查，承办稽查局交办的案件，办理协助调查事项，负责协同反洗钱工作，落实行政处罚的执行。

A2.10.2 案件审理

行政处罚委员会负责向其移交的证券违法违规案件的审理工作，并负责试点派出机构行政处罚工作的业务监督和指导。行政处罚委员会的主要职责包括草拟行政处罚案件审理、听证等工作的规则、实施细则；进行行政处罚案件的审理、听证，对行政处罚案件提出处罚建议；调查研究、监督指导全系统行政处罚工作；对重大行政处罚案件进行执法协调；根据规定开展与行政处罚工作有关的国际合作交流活动等。行政处罚委员会下设办公室作为日常办事机构。行政处罚委员会的案件审理主要由委员完成。目前，委员由两部分人员构成：一部分是专职的内部委员，另一部分是由法院系统引入的法官担任的外部委员。

根据《关于发布〈中国证券监督管理委员会派出机构行政处罚试点工作规定〉的通知》，自2010年10月26日起，上海监管局、广东监管局和深圳监管局三家派出机构进行行政处罚试点工作，对自办案件进行审理、听证，实施行政处罚，但案情重大复杂、涉及司法移送，以及其他可能对当事人权益造成较大影响的案件除外。

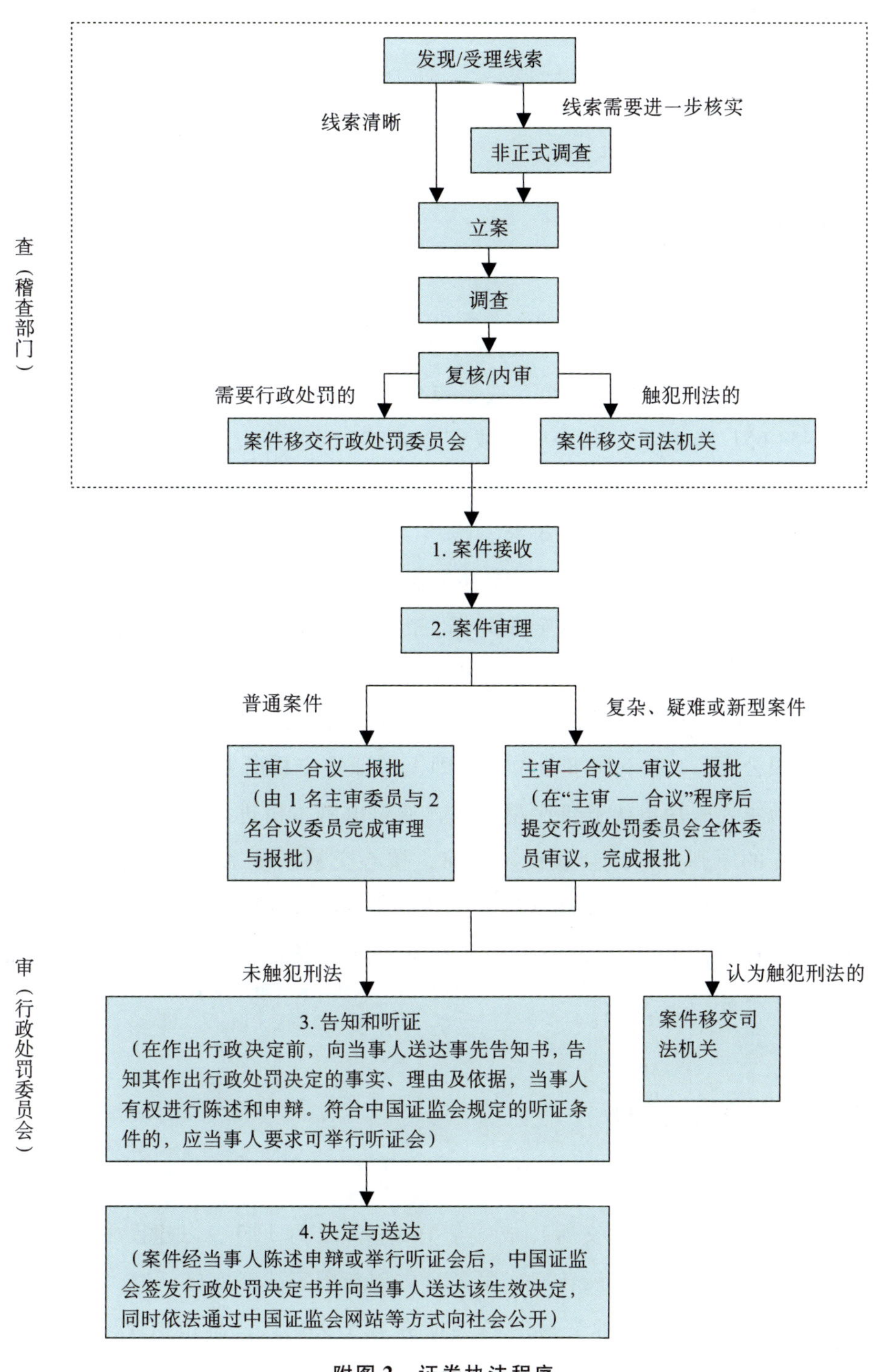

附图2　证券执法程序

附录3 自律机构简介

A3.1 上海证券交易所

上海证券交易所（以下简称上交所）成立于1990年11月26日。截至2011年年底，上交所共有上市公司931家，上市证券1 691个，股票市价总值148 376.22亿元。2011年全年，上交所证券总成交金额454 651.56亿元，其中股票成交金额237 560.45亿元，债券成交金额210 714.87亿元；筹资总额5 489.75亿元，其中股票筹资3 199.69亿元，债券筹资2 293.80亿元。上交所现有证券类会员109家，境外特别会员3家。

上交所下设办公室、人事（组织部）、党办纪检办、交易管理部、发行上市部、公司管理部、会员部、债券业务部、国际发展部、基金业务部、市场监察部、法律部、投资者教育部、系统运行部、技术开发部、技术规划与服务部、信息中心、北京中心、财务部、稽核部、行政服务中心（保卫部）、基建工作小组等22个部门，以及2家全资子公司，即上海证券通信有限责任公司、上交所信息网络有限公司，1家下属事业单位，即上海证券交易所发展研究中心。

上交所市场交易主要采用电子竞价交易方式，通过电脑主机进行公开申报竞价，由主机按照价格优先、时间优先的原则自动撮合成交。目前，核心交易系统A股日累计可申报上限1.8亿笔，日累计成交上限1.8亿笔；B股日累计可申报上限400万笔，日累计成交上限1 125万笔；持续申报处理能力超过9万笔/秒。另外，上交所还支持大宗交易及固定收益类产品的报价、协议申报交易。

A3.2 深圳证券交易所

深圳证券交易所（以下简称深交所）成立于1990年12月1日，以建设中国多层次资本市场体系为使命，全力服务中国经济发展转型，服务自主创新国家战略实施。

截至2011年年底，深交所挂牌交易的各类证券有1 938只，总市值12万亿元。上市公司1 411家，股票总市值6.6万亿元，其中主板A股、中小企业板和创业板上市公司数分别为472家、646家、281家，总市值分别为3.1万亿元、2.7万亿元和0.7万亿元，另有仅发行B股的上市公司 12 家；报价转让系统共有挂牌公司 149 家，其中有 97 家中关村科技园区非上市公司；基金产品 151 只（封闭式基金 59 只，开放式基金 78 只，交易型开放式指数基金 14 只）；债券 334 只（企业债 106 只，国债 222 只，可转换债券 6 只）；资产证券化产品 1 只。

A3.3 上海期货交易所

上海期货交易所（以下简称上期所）成立于 1999 年 12 月，其前身为上海金属交易所、上海粮油商品交易所、上海商品交易所。上期所目前上市交易的有黄金、铜、铝、锌、铅、螺纹钢、线材、燃料油、天然橡胶 9 种期货合约。

上期所现有会员 208 家（其中经纪公司会员 162 家，占 77.9%），签约指定交割仓库 42 家，在全国各地开通远程交易终端 661 个。2011 年全年，上期所总成交金额为 43.45 万亿元（单边计算，下同），同比下降 29.62%；总成交量为 3.08 亿手，同比下降 50.44%。虽然全年交易规模同比下降，但 8 月以后市场呈现出明显的企稳回升趋势，市场份额回升明显。

A3.4 大连商品交易所

大连商品交易所（以下简称大商所）成立于 1993 年 2 月 28 日。成立以来，大商所规范运营、稳步发展，已经成为中国重要的期货交易中心之一。目前在大商所上市的有大豆 1 号、大豆 2 号、玉米、豆粕、豆油、棕榈油、线型低密度聚乙烯（LLDPE）、聚氯乙烯（PVC）和焦炭 9 个期货品种。

截至 2011 年年底，大商所共有会员单位 185 家，投资者开户数约 138.7 万户。2011 年全年，大商所共成交期货合约 2.89 亿手（单边）、同比下降 28.31%，成交金额 16.88 万亿元，同比下降 19.07%。

A3.5 郑州商品交易所

郑州商品交易所（以下简称郑商所）成立于 1990 年 10 月 12 日，是经国务院批准的首家期货市场试点单位，目前全国 4 家期货交易所之一。郑商所现上市交易的有普麦、强筋小麦、棉花、白糖、精对苯二甲酸（PTA）、菜籽油、早籼稻和甲醇 8 个期货品种。

截至 2011 年年底，郑商所共有会员 213 家，指定交割仓库 131 家，投资者开户约 139 万户。全年累计成交量 4 亿手，累计成交金额超过 32 万亿元。据美国期货业协会（FIA）统计，郑商所 2011 年 1～10 月份成交量在全球 81 家衍生品交易所中排名第 11 位。

A3.6 中国金融期货交易所

中国金融期货交易所（以下简称中金所）成立于2006年9月8日，是中国境内唯一一家从事金融期货、期权交易的公司制交易所，由上海期货交易所、郑州商品交易所、大连商品交易所、上海证券交易所和深圳证券交易所共同发起设立。

2010年4月16日，中国第一个金融期货产品——沪深300股票指数期货在中金所正式上市交易。沪深300股指期货上市以来，市场运行总体平稳、理性、规范、成熟，市场监管严格，交易秩序良好，市场功能初步发挥，顺利实现了平稳起步和安全运行的预期目标。截至2011年年底，中金所共有会员146家，其中全面结算会员15家，交易结算会员61家，交易会员70家。2011年全年，中金所沪深300股指期货共成交5 041万手，累积成交金额43.77万亿元。

A3.7 中国证券登记结算有限责任公司

中国证券登记结算有限责任公司（以下简称中国结算）成立于2001年3月30日，是不以营利为目的的法人，其维护的证券登记结算系统是证券市场的主要基础设施，是支撑和保障证券市场稳定运行的后台中枢。按照《证券法》和《证券登记结算管理办法》的相关规定，中国结算依法履行证券账户的设立和管理、证券集中登记、存管等职能，并以结算参与人为单位，提供多边净额和全额等多种结算服务。

截至2011年年底，中国结算管理的投资者股票账户约16 546.90万户；登记存管证券3 304只，总市值约为22.53万亿元；全年日均处理过户约1 954.81万笔；日均结算总额约10 816.26亿元。

A3.8 中国证券投资者保护基金有限责任公司

2005年6月，国务院批准中国证监会、财政部、中国人民银行发布《证券投资者保护基金管理办法》（以下简称《管理办法》），同意设立国有独资的中国证券投资者保护基金有限责任公司（以下简称保护基金公司），并批准了公司章程。2005年8月30日，保护基金公司在国家工商总局注册成立，由国务院出资，财政部一次性拨付注册资金63亿元。保护基金公司归口中国证监会管理。

公司主要职责包括筹集、管理和运作证券投资者保护基金；监测证券公司风险，参与证券公司风险处置工作；证券公司被撤销、关闭和破产或被中国证监会采取行政接管、托管经营等强制性监管措施时，按照国家有关政策规定对债权人予以偿付；组织、参与被撤销、关闭或破产证券公司的清算工作；管理和处分受偿资产，维护基金权益；发现证券公司经营管理中出现可能危及投资者利益和证券市场安全的重大风险时，向中国证监会提出监管、处置建议；对证券公司运营中存在的风险隐患会同有关部门建立纠正机制。

保护基金公司立足于服务资本市场监管的大局，积极拓宽工作思路，探索保护投资者，特别是中小投资者合法权益的新举措和新途径，提升投资者教育和服务效果，推进证券市场投资者保护长效机制建设，在继续做好证券公司风险处置收尾工作、切实履行保护基金运作管理职责的基础上，拓展了公司的业务，致力于建设证券市场交易结算资金监控系统和资本市场电子化信息披露系统，全面加强对证券市场的风险监测，同时致力于建设包含投资者教育、投资者呼叫、投资者调查、投资者保护网、投资者保护状况评价、证券市场舆情监测等的综合性投资者服务体系，全面推动投资者保护工作法制建设和国际交流与合作，不断提高投资者保护能力、水平和效果，为促进我国资本市场健康稳定发展作出贡献。

A3.9　中国期货保证金监控中心有限责任公司

中国期货保证金监控中心有限责任公司（简称中国期货保证金监控中心）是经国务院同意、中国证监会决定设立，于 2006 年 3 月 16 日在国家工商行政管理总局注册登记的非营利性公司制法人。其股东单位有上海期货交易所、郑州商品交易所、大连商品交易所及中国金融期货交易所，2009 年 1 月成立中国期货保证金监控中心上海总部。中国期货保证金监控中心主管部门是中国证监会，其业务接受中国证监会领导、监督和管理。其主要职能是：

- 建立和完善期货保证金监控、预警机制，及时发现并向监管部门报告影响期货保证金安全的问题。
- 为期货投资者提供有关期货交易结算信息查询及其他服务。
- 代管期货投资者保障基金，参与期货公司风险处置。
- 负责期货市场运行监测监控系统建设，并承担期货市场运行的监测、监控及研究分析等工作。
- 承担期货市场统一开户工作。
- 为监管机构、交易所等提供信息服务。
- 中国证监会规定的其他职能。

A3.10　中国证券金融股份有限公司

中国证券金融股份有限公司（以下简称证券金融公司）成立于 2011 年 10 月 28 日，是经国务院决定，中国证监会批准，由上海证券交易所、深圳证券交易所和中国证券登记结算有限责任公司共同发起设立的证券类金融机构。

证券金融公司注册资本金75亿元人民币，不以营利为目的，下设综合管理部、交易管理部、结算管理部、市场监测部和信息技术部等部门。证券金融公司的主要职责包括：为证券公司融资融券业务提供资金和证券的转融通服务，对证券公司融资融券业务运行情况进行监控，监测分析全市场融资融券交易情况，运用市场化手段防控风险。

A3.11 中国证券业协会

中国证券业协会（以下简称中证协）成立于1991年8月28日。作为中国证券业自律性组织和非盈利性社会团体法人，中证协在中国证监会指导和监督下行使职能，并接受国家民政部的指导和管理。

中证协的最高权力机构是由全体会员组成的会员大会，理事会为其执行机构。理事会由会员理事和非会员理事组成。在理事会闭会期间，由常务委员会代行理事会的日常职权。中证协实行会长负责制。会长办公会负责协会日常工作，会长办公会由会长、专职副会长、秘书长和副秘书长组成。

中证协的主要职责包括：（1）协助证券监督管理机构教育和组织会员遵守证券法律、行政法规；（2）依法维护会员的合法权益，向证券监督管理机构反应会员的建议和要求；（3）收集整理证券信息，为会员提供服务；（4）制定会员应遵守的规则，组织会员单位的从业人员业务培训，开展会员间的业务交流；（5）对会员之间、会员与客户之间发生的证券业务纠纷进行调解；（6）组织会员就证券业的发展、运作及有关内容进行研究；（7）监督、检查会员行为，对违反法律、行政法规或者协会章程的，按照规定给予纪律处分；（8）国务院证券监督管理机构赋予的其他职责及协会根据行业规范发展需要行使的其他涉及自律、服务、传导的自律管理职责。

为更好地履行职责，协会目前设立了14个专业委员会。专业委员会是会员参与协会工作的交流平台、议事平台和办事平台，在协会工作中发挥了重要作用。

截至2011年年底，协会共有会员240家，其中，证券公司109家，证券投资咨询公司84家，金融资产管理公司1家，资信评估机构6家，特别会员40家（其中地方证券业协会36家，证券交易所2家，证券登记结算公司1家，投资者保护基金公司1家）。

A3.12 中国期货业协会

中国期货业协会（以下简称中期协）成立于2000年12月29日，是根据《社会团体登记管理条例》和《期货交易管理条例》成立的全国期货业自律性组织，是非营利性社会团体法人，接受业务主管单位中国证监会和社团登记管理机关国家民政部的业务指导和监督管理。

会员大会是中期协的最高权利机构。理事会是会员大会闭会期间中期协的常设权利机构，对会员大会负责。理事会下设纪律、申诉、信息技术、研究发展、期货分析师5个专业委员会。中期协设会长一名、专职副会长若干名、兼职副会长若干名、秘书长一名，实行会长负责制。中期协常设办公室、会员部、培训部（投资者教育办公室）、研究部、合规调查部、资格考试与认证部、信息技术部7个办事机构。

中期协的宗旨是：在国家对期货业实行集中统一监督管理的前提下进行期货业自律管理；发挥政府与期货业间的桥梁和纽带作用，为会员服务，维护会员的合法权益；坚持期货市场的公开、公平、公正，维护期货业的正当竞争秩序，保护投资者利益，推动期货市场的规范发展。

截至2011年年底，中期协共有会员200家，其中期货公司会员163家，期货交易所特别会员4家，地方协会联系会员33家。

附表

附表 1　中国证券市场的主要统计数据（2000 ~ 2011 年）

指　标	2000 年	2001 年	2002 年	2003 年	2004 年	2005 年	2006 年	2007 年	2008 年	2009 年	2010 年	2011 年
境内上市公司数（A、B 股）（家）	1 088	1 160	1 224	1 287	1 377	1 381	1 434	1 550	1 625	1 718	2 063	2 342
境内上市外资股（B 股）（家）	114	112	111	111	110	109	109	109	109	108	108	108
境外上市公司数（家）	52	60	75	93	111	122	143	148	153	159	165	171
股票总发行股本（亿股）	3 791.71	5 218.01	5 875.45	6 428.46	7 149.43	7 629.51	14 926.35	22 416.85	24 522.85	26 162.85	33 184.35	36 095.52
其中：流通股本	1 354.26	1 813.17	2 036.90	2 269.92	2 577.18	2 914.77	3 444.50	10 331.52	12 578.91	19 759.53	25 642.03	28 850.26
股票市价总值（亿元）	48 090.94	43 522.20	38 329.12	42 457.72	37 055.57	32 430.28	89 403.89	327 140.89	121 366.44	243 939.12	265 422.59	214 758.10
其中：股票流通市值	16 087.52	14 463.17	12 484.55	13 178.52	11 688.64	10 630.53	25 003.64	93 064.35	45 213.9	151 258.65	193 110.41	164 921.30
股票成交金额（亿元）	60 826.65	38 305.18	27 990.46	32 115.27	42 333.95	31 663.16	90 468.92	460 556.22	267 112.64	535 986.74	545 633.54	421 646.74
上证综合指数（收盘）	2 073.48	1 645.97	1 357.65	1 497.04	1 266.50	1 161.06	2 675.47	5 261.56	1 820.81	3 277.14	2 808.08	2 199.42
深证综合指数（收盘）	635.73	475.94	388.76	378.62	315.81	278.74	550.59	1 447.02	553.30	1 201.34	1 290.87	866.65
投资者开户数（万户）	6 154.53	6 965.90	7 202.16	7 344.41	7 215.74	7 336.07	7 849.27	13 887.02	15 198.01	17 149.67	18 858.28	20 259.39
交易所债券成交金额（亿元）	19 119.16	20 417.76	33 249.53	62 136.36	50 323.50	28 367.85	18 279.32	20 667.21	28 884.94	40 635.06	76 011.5	216 349.51
证券投资基金只数（只）	34	51	71	95	161	218	307	346	439	557	704	915
证券投资基金规模（亿份）	560.00	811.26	1 330.36	1 632.76	3 308.79	4 714.92	6 220.69	22 339.84	25 741.25	24 535.89	25 200.75	26 510.37
证券投资基金成交金额（亿元）	2 465.79	2 561.88	1 166.58	682.65	728.58	773.13	1 879.05	8 620.10	5 831.06	10 249.58	8 996.43	6 365.80
期货总成交量（万手）	5 461.07	12 046.35	13 943.37	27 992.43	30 569.76	32 287.41	44 947.41	72 800	136 396	215 743	313 368.83	210 817.73
期货总成交额量（亿元）	16 082.29	30 144.98	39 490.28	108 396.59	146 935.32	134 462.71	210 046.32	410 000.00	719 173.35	1 305 107.20	3 080 592.41	2 750 268.50

注：1. 数据来源：中国证监会，各证券、期货交易所，中国证券业协会，中国期货业协会。

2. 本表中有关股票的指标数值均涵盖 A 股、B 股。

附表 2　外资参股证券公司一览表

序号	公司名称	境外股东名称
1	中国国际金融有限责任公司	新加坡政府投资公司
		TPG Aisa V Delaware, L. P.
		KKR Institutions Investments L. P.
		大东方人寿保险有限公司
		名力集团控股有限公司
2	中银国际证券有限责任公司	中银国际控股有限公司
3	光大证券有限公司	中国光大控股有限公司
4	财富里昂证券有限公司	法国里昂证券资本市场公司
5	海际大和证券有限公司	日本大和证券公司
6	高盛高华证券有限公司	高盛（亚洲）有限公司
7	瑞银证券有限责任公司	瑞士银行有限公司
		国际金融公司
8	瑞信方正证券有限责任公司	瑞士信贷
9	中德证券有限责任公司	德意志银行
10	华英证券有限责任公司	苏格兰皇家银行公众有限公司
11	摩根士丹利华鑫证券有限责任公司	摩根士丹利（亚洲）有限公司
12	第一创业摩根大通证券有限责任公司	摩根大通经纪（香港）有限公司
13	东方花旗证券有限公司	花旗环球金融亚洲有限公司

注：经中国证监会批准，长江巴黎百富勤证券有限公司外资方法国巴黎银行已于 2006 年 12 月 8 日将所持的 33% 股权全部转让给长江证券，长江巴黎百富勤证券有限公司从而成为长江证券的全资子公司。

附表 3　外资参股基金管理公司一览表

序号	公司名称	境外股东名称
1	国泰基金管理有限公司	意大利忠利集团
2	华夏基金管理有限公司	加拿大鲍尔公司
3	鹏华基金管理有限公司	意大利欧利盛资本资产管理股份公司
4	嘉实基金管理有限公司	德意志资产管理（亚洲）公司
5	长盛基金管理有限公司	新加坡星展资产公司
6	富国基金管理有限公司	加拿大蒙特利尔银行
7	融通基金管理有限公司	日兴资产管理公司
8	国投瑞银基金管理有限公司	瑞银集团
9	泰达宏利基金管理有限公司	宏利资产管理（香港）有限公司
10	金鹰基金管理有限公司	东亚联丰投资管理有限公司
11	招商基金管理有限公司	荷兰国际集团
12	华宝兴业基金管理有限公司	领先资产管理有限公司
13	摩根士丹利华鑫基金管理有限公司	摩根士丹利国际控股公司
14	国联安基金管理有限公司	德国安联集团

续表

序号	公司名称	境外股东名称
15	海富通基金管理有限公司	法国巴黎投资管理 BE 控股公司
16	景顺长城基金管理有限公司	美国景顺资产管理公司
17	兴业全球基金管理有限公司	荷兰全球人寿保险国际公司
18	申万菱信基金管理有限公司	三菱 UFJ 信托银行株式会社
19	中海基金管理有限公司	法国爱德蒙得洛希尔银行
20	上投摩根基金管理有限公司	摩根富林明资产管理有限公司
21	光大保德信基金管理公司	美国保德信投资管理有限公司
22	中银基金管理公司	贝莱德投资管理（英国）有限公司
23	国海富兰克林基金管理有限公司	美国坦伯顿国际股份有限公司
24	华泰柏瑞基金管理有限公司	柏瑞投资有限责任公司
25	工银瑞信基金管理有限公司	瑞士信贷
26	交银施罗德基金管理有限公司	施罗德投资管理公司
27	信诚基金管理有限公司	英国保诚集团股份有限公司
28	建信基金管理有限责任公司	美国信安金融服务公司
29	汇丰晋信基金管理有限公司	汇丰环球投资管理（英国）有限公司
30	信达澳银基金管理有限公司	康联首域集团有限公司
31	诺德基金管理有限公司	美国诺德·安博特公司
32	中欧基金管理有限公司	意大利意联银行股份合作公司
33	金元比联基金管理有限公司	比利时联合资产管理公司
34	浦银安盛基金管理有限公司	法国安盛投资管理公司
35	农银汇理基金管理有限公司	东方汇理资产管理公司
36	民生加银基金管理有限公司	加拿大皇家银行
37	纽银梅隆西部基金管理有限公司	纽约银行梅隆资产管理国际有限公司
38	平安大华基金管理有限公司	大华资产管理有限公司
39	方正富邦基金管理有限公司	富邦证券投资信托股份有限公司

附表 4　外资参股期货公司一览表

	境内期货公司	境外股东名称
1	银河期货经纪有限公司	苏皇金融期货亚洲有限公司
2	中信新际期货经纪有限公司	新际经纪香港有限公司
3	摩根大通期货有限公司	摩根大通经纪（香港）有限公司

附表 5　合格境外机构投资者一览表

序号	合格境外机构投资者（QFII）名称	批准时间	注册地
1	瑞士银行	2003 年 5 月 23 日	瑞士
2	野村证券株式会社	2003 年 5 月 23 日	日本
3	花旗环球金融有限公司	2003 年 6 月 5 日	英国
4	摩根士丹利国际股份有限公司	2003 年 6 月 5 日	英国
5	高盛公司	2003 年 7 月 4 日	美国
6	德意志银行	2003 年 7 月 30 日	德国
7	香港上海汇丰银行有限公司	2003 年 8 月 4 日	中国香港
8	荷兰安智银行股份有限公司	2003 年 9 月 10 日	荷兰
9	摩根大通银行	2003 年 9 月 30 日	美国
10	瑞士信贷（香港）有限公司	2003 年 10 月 24 日	中国香港
11	日兴资产管理有限公司	2003 年 12 月 11 日	日本
12	渣打银行（香港）有限公司	2003 年 12 月 11 日	中国香港
13	美林国际	2004 年 4 月 30 日	英国
14	恒生银行有限公司	2004 年 5 月 10 日	中国香港
15	大和证券资本市场株式会社	2004 年 5 月 10 日	日本
16	雷曼兄弟国际（欧洲）公司	2004 年 7 月 6 日	英国
17	比尔及梅林达盖茨信托基金会	2004 年 7 月 19 日	美国
18	景顺资产管理有限公司	2004 年 8 月 4 日	英国
19	荷兰银行有限公司	2004 年 9 月 2 日	荷兰
20	法国兴业银行	2004 年 9 月 2 日	法国
21	巴克莱银行	2004 年 9 月 15 日	英国
22	德国商业银行	2004 年 9 月 27 日	德国
23	富通银行	2004 年 9 月 29 日	比利时
24	法国巴黎银行	2004 年 9 月 29 日	法国
25	加拿大鲍尔公司	2004 年 10 月 15 日	加拿大
26	东方汇理银行	2004 年 10 月 15 日	法国
27	高盛国际资产管理公司	2005 年 5 月 9 日	英国
28	新加坡政府投资有限公司	2005 年 10 月 25 日	新加坡
29	马丁可利投资管理有限公司	2005 年 10 月 25 日	英国
30	柏瑞投资有限责任公司	2005 年 11 月 14 日	美国
31	淡马锡富敦投资有限公司	2005 年 11 月 15 日	新加坡
32	JF 资产管理有限公司	2005 年 12 月 28 日	中国香港
33	日本第一生命保险相互会社	2005 年 12 月 28 日	日本
34	新加坡星展银行	2006 年 2 月 13 日	新加坡
35	安保资本投资有限公司	2006 年 4 月 10 日	澳大利亚
36	加拿大丰业银行	2006 年 4 月 10 日	加拿大
37	比联金融产品英国有限公司	2006 年 4 月 10 日	英国
38	法国爱德蒙得洛希尔银行	2006 年 4 月 10 日	法国

续表

序号	合格境外机构投资者（QFII）名称	批准时间	注册地
39	耶鲁大学	2006年4月14日	美国
40	英国保诚资产管理（香港）有限公司	2006年7月7日	中国香港
41	摩根士丹利投资管理公司	2006年7月7日	美国
42	斯坦福大学	2006年8月5日	美国
43	通用电气资产管理公司	2006年8月5日	美国
44	大华银行有限公司	2006年8月5日	新加坡
45	施罗德投资管理有限公司	2006年8月29日	英国
46	汇丰环球投资管理（香港）有限公司	2006年9月5日	中国香港
47	瑞穗证券株式会社	2006年9月5日	日本
48	瑞银环球资产管理（新加坡）有限公司	2006年9月25日	新加坡
49	三井住友资产管理株式会社	2006年9月25日	日本
50	挪威中央银行	2006年10月24日	挪威
51	百达资产管理有限公司	2006年10月25日	英国
52	哥伦比亚大学	2008年3月12日	美国
53	保德信资产运用株式会社	2008年4月7日	韩国
54	荷宝基金管理公司	2008年5月5日	荷兰
55	道富环球投资管理亚洲有限公司	2008年5月16日	中国香港
56	铂金投资管理有限公司	2008年6月2日	澳大利亚
57	比利时联合资产管理有限公司	2008年6月2日	比利时
58	未来资产基金管理公司	2008年7月25日	韩国
59	安达国际控股有限公司	2008年8月5日	美国
60	魁北克储蓄投资集团	2008年8月22日	加拿大
61	哈佛大学	2008年8月22日	美国
62	三星投资信托运用株式会社	2008年8月25日	韩国
63	联博有限公司	2008年8月28日	英国
64	华侨银行有限公司	2008年8月28日	新加坡
65	首域投资管理（英国）有限公司	2008年9月11日	英国
66	大和证券投资信托委托株式会社	2008年9月11日	日本
67	壳牌资产管理有限公司	2008年9月12日	荷兰
68	普信国际公司	2008年9月12日	美国
69	瑞士信贷银行股份有限公司	2008年10月14日	瑞士
70	大华资产管理有限公司	2008年11月28日	新加坡
71	阿布达比投资局	2008年12月3日	阿联酋
72	德盛安联资产管理卢森堡	2008年12月16日	卢森堡
73	资本国际公司	2008年12月18日	美国
74	三菱日联摩根士丹利证券股份有限公司	2008年12月29日	日本
75	韩华投资信托管理株式会社	2009年2月5日	韩国
76	新兴市场管理有限公司	2009年2月10日	美国

续表

序号	合格境外机构投资者（QFII）名称	批准时间	注册地
77	DWS投资管理有限公司	2009年2月24日	卢森堡
78	韩国产业银行	2009年4月23日	韩国
79	韩国友利银行股份有限公司	2009年5月4日	韩国
80	马来西亚国家银行	2009年5月19日	马来西亚
81	罗祖儒投资管理（香港）有限公司	2009年5月27日	中国香港
82	邓普顿投资顾问有限公司	2009年6月5日	美国
83	东亚联丰投资管理有限公司	2009年6月18日	中国香港
84	日本住友信托银行股份有限公司	2009年6月26日	日本
85	韩国投资信托运用株式会社	2009年7月21日	韩国
86	霸菱资产管理有限公司	2009年8月6日	英国
87	安石投资管理有限公司	2009年9月14日	英国
88	纽约梅隆资产管理国际有限公司	2009年11月6日	英国
89	宏利资产管理（香港）有限公司	2009年11月20日	中国香港
90	野村资产管理株式会社	2009年11月23日	日本
91	东洋资产运用（株）	2009年12月11日	韩国
92	加拿大皇家银行	2009年12月23日	加拿大
93	英杰华投资集团全球服务有限公司	2009年12月28日	英国
94	常青藤资产管理公司	2010年2月8日	美国
95	达以安资产管理公司	2010年4月20日	日本
96	法国欧菲资产管理公司	2010年5月21日	法国
97	安本亚洲资产管理公司	2010年7月6日	新加坡
98	KB资产运用	2010年8月9日	韩国
99	富达基金（香港）有限公司	2010年9月1日	中国香港
100	美盛投资（欧洲）有限公司	2010年10月8日	英国
101	香港金融管理局	2010年10月27日	中国香港
102	富邦证券投资信托股份有限公司	2010年10月29日	中国台湾
103	群益证券投资信托股份有限公司	2010年10月29日	中国台湾
104	蒙特利尔银行投资公司	2010年12月6日	加拿大
105	瑞士宝盛银行	2010年12月14日	瑞士
106	科提比资产运用株式会社	2010年12月28日	韩国
107	领先资产管理	2011年2月16日	法国
108	宝来证券投资信托股份有限公司	2011年3月4日	中国台湾
109	忠利保险有限公司	2011年3月18日	意大利
110	西班牙对外银行有限公司	2011年5月6日	西班牙
111	国泰证券投资信托股份有限公司	2011年6月9日	中国台湾
112	复华证券投资信托股份有限公司	2011年6月9日	中国台湾
113	亢简资产管理公司	2011年6月24日	法国
114	东方汇理资产管理香港有限公司	2011年7月14日	中国香港

续表

序号	合格境外机构投资者（QFII）名称	批准时间	注册地
115	贝莱德机构信托公司	2011 年 7 月 14 日	美国
116	GMO 有限责任公司	2011 年 8 月 9 日	美国
117	新加坡金融管理局	2011 年 10 月 8 日	新加坡
118	中国人寿保险股份有限公司（台湾）	2011 年 10 月 26 日	中国台湾
119	新光人寿保险股份有限公司	2011 年 10 月 26 日	中国台湾
120	普林斯顿大学	2011 年 11 月 25 日	美国
121	新光投信株式会社	2011 年 11 月 25 日	日本
122	加拿大年金计划投资委员会	2011 年 12 月 9 日	加拿大
123	泛达公司	2011 年 12 月 9 日	美国
124	瀚博环球投资公司	2011 年 12 月 13 日	美国
125	安耐德合伙人有限公司	2011 年 12 月 13 日	美国
126	泰国银行	2011 年 12 月 16 日	泰国
127	科威特政府投资局	2011 年 12 月 21 日	科威特
128	北美信托环球投资公司	2011 年 12 月 21 日	英国
129	台湾人寿保险股份有限公司	2011 年 12 月 21 日	中国台湾
130	韩国银行	2011 年 12 月 21 日	韩国
131	安大略省教师养老金计划委员会	2011 年 12 月 22 日	加拿大
132	韩国投资公司	2011 年 12 月 28 日	韩国
133	罗素投资爱尔兰有限公司	2011 年 12 月 28 日	爱尔兰
134	迈世勒资产管理有限责任公司	2011 年 12 月 31 日	德国
135	华宜资产运用有限公司	2011 年 12 月 31 日	韩国

附表 6　合格境外机构投资者托管行一览表

序号	QFII 托管行中文名称	序号	QFII 托管行中文名称
1	汇丰银行（中国）有限公司	9	中国光大银行股份有限公司
2	花旗银行（中国）有限公司	10	中国招商银行股份有限公司
3	渣打银行（中国）有限公司	11	德意志银行（中国）有限公司
4	中国工商银行股份有限公司	12	新加坡星展银行
5	中国银行股份有限公司	13	中国中信银行股份有限公司
6	中国农业银行股份有限公司	14	上海浦东发展银行股份有限公司
7	交通银行股份有限公司	15	中国民生银行股份有限公司
8	中国建设银行股份有限公司	—	—

附表7 境外证券类机构驻华代表处一览表

序号	机构名称	辖区
1	野村证券株式会社上海代表处	上海
2	法国巴黎资本（亚洲）有限公司上海代表处	上海
3	美林国际有限公司上海代表处	上海
4	里昂证券有限公司上海代表处	上海
5	新鸿基投资服务有限公司上海代表处	上海
6	摩根士丹利亚洲有限公司上海代表处	上海
7	高盛（中国）有限责任公司上海代表处	上海
8	巴克莱证券有限公司上海代表处	上海
9	苏皇证券亚洲有限公司上海代表处	上海
10	友利投资证券公司上海代表处	上海
11	瑞银证券亚洲有限公司上海代表处	上海
12	群益国际控股有限公司上海代表处	上海
13	元大证券（香港）有限公司上海代表处	上海
14	韩国现代证券公司上海代表处	上海
15	元富证券（香港）有限公司上海代表处	上海
16	日盛嘉富证券国际有限公司上海代表处	上海
17	永丰金证券（亚洲）有限公司上海代表处	上海
18	星展唯高达香港有限公司上海代表处	上海
19	星展亚洲融资有限公司上海代表处	上海
20	兆丰资本（亚洲）有限公司上海代表处	上海
21	花旗环球金融亚洲有限公司上海代表处	上海
22	凯基证券亚洲有限公司上海代表处	上海
23	洛希尔中国控股有限公司上海代表处	上海
24	海通国际证券有限公司上海代表处	上海
25	统一证券（香港）有限公司上海代表处	上海
26	韩国三星证券公司上海代表处	上海
27	大华证券（香港）有限公司上海代表处	上海
28	香港上海汇丰银行有限公司（证券业务）上海代表处	上海
29	韩华证券股份有限公司上海代表处	上海
30	内藤证券公司上海代表处	上海
31	摩根大通证券（亚太）有限公司上海代表处	上海
32	卓亚（企业融资）有限公司上海代表处	上海
33	法国兴业银行（香港）有限公司上海代表处	上海
34	宝来证券股份有限公司上海代表处	上海
35	瑞士信贷（香港）有限公司上海代表处	上海
36	日本瑞穗证券股份有限公司上海代表处	上海
37	德意志银行股份有限公司（证券业务）上海代表处	上海
38	富邦综合证券股份有限公司上海代表处	上海

续表

序号	机构名称	辖区
39	渣打证券（香港）有限公司上海代表处	上海
40	杰富瑞投资银行上海代表处	上海
41	派杰公司上海代表处	上海
42	冈三证券股份有限公司上海代表处	上海
43	威廉—博莱有限责任公司上海代表处	上海
44	美国罗仕证券有限责任公司上海代表处	上海
45	麦格理证券（澳大利亚）股份有限公司上海代表处	上海
46	致富证券有限公司上海代表处	上海
47	东洋证券股份有限公司上海代表处	上海
48	韩国大信证券股份有限公司上海代表处	上海
49	益华证券有限公司上海代表处	上海
50	新韩金融投资股份有限公司上海代表处	上海
51	蓝泽证券股份有限公司上海代表处	上海
52	韩国爱思开证券股份有限公司上海代表处	上海
53	联昌国际证券（香港）有限公司上海代表处	上海
54	盈透证券有限公司上海代表处	上海
55	华南永昌综合证券股份有限公司上海代表处	上海
56	韦仕投资银行集团有限合伙上海代表处	上海
57	明富环球新加坡私人有限公司（证券业务）上海代表处	上海
58	大宇证券股份有限公司上海代表处	上海
59	香港博大证券有限公司上海代表处	上海
60	香港第一金和昇证券有限公司上海代表处	上海
61	大和投资管理（香港）有限公司上海代表处	上海
62	三井住友资产管理股份有限公司上海代表处	上海
63	马丁可利投资管理有限公司上海代表处	上海
64	英国施罗德集团上海代表处	上海
65	英杰华投资集团全球服务有限公司上海代表处	上海
66	荷宝基金管理公司上海代表处	上海
67	未来资产迈普斯资产运用株式会社上海代表处	上海
68	新加坡东京海上国际资产管理有限公司上海代表处	上海
69	新加坡安本亚洲资产管理有限公司上海代表处	上海
70	科提比资产运用株式会社上海代表处	上海
71	日本大和住银投信投资顾问株式会社上海代表处	上海
72	道富环球投资管理亚洲有限公司上海代表处	上海
73	德盛安联资产管理香港有限公司上海代表处	上海
74	新加坡利安资金管理公司上海代表处	上海
75	富达基金（香港）有限公司上海代表处	上海
76	法国巴黎投资管理亚洲有限公司上海代表处	上海

续表

序号	机构名称	辖区
77	韩国投资信托运用株式会社上海代表处	上海
78	韩国华宜资产运用株式会社上海代表处	上海
79	台湾复华证券投资信托股份有限公司上海代表处	上海
80	台湾宝来证券投资信托股份有限公司上海代表处	上海
81	野村投资管理香港有限公司上海代表处	上海
82	日本野村证券株式会社北京代表处	北京
83	大和证券资本市场株式会社北京代表处	北京
84	三菱日联证券股份有限公司北京代表处	北京
85	瑞士信贷（香港）有限公司北京代表处	北京
86	高盛（中国）有限责任公司北京代表处	北京
87	美林国际有限公司北京代表处	北京
88	花旗环球金融中国有限公司北京代表处	北京
89	摩根士丹利亚洲有限公司北京代表处	北京
90	瑞银证券亚洲有限公司北京代表处	北京
91	台湾宝来证券股份有限公司北京代表处	北京
92	里昂证券有限公司北京代表处	北京
93	苏皇融资亚洲有限公司北京代表处	北京
94	法国巴黎资本（亚洲）有限公司北京代表处	北京
95	汇富金融服务有限公司北京代表处	北京
96	渣打证券（香港）有限公司北京代表处	北京
97	洛希尔中国控股有限公司北京代表处	北京
98	金鼎综合证券（香港）有限公司北京代表处	北京
99	京华山一国际（香港）有限公司北京代表处	北京
100	香港上海汇丰银行有限公司（证券业务）北京代表处	北京
101	兆丰资本（亚洲）有限公司北京代表处	北京
102	香港国浩资本有限公司北京代表处	北京
103	新百利有限公司北京代表处	北京
104	台湾摩根大通证券（亚太）有限公司北京代表处	北京
105	元大证券股份有限公司北京代表处	北京
106	德意志银行股份有限公司（证券业务）北京代表处	北京
107	日本瑞穗证券股份有限公司北京代表处	北京
108	香港星展亚洲融资有限公司北京代表处	北京
109	香港第一上海融资有限公司北京代表处	北京
110	中银国际控股有限公司北京代表处	北京
111	蒙特利尔银行利时证券公司北京代表处	北京
112	法国外贸银行（证券业务）北京代表处	北京
113	中央三井信托银行株式会社（证券业务）北京代表处	北京
114	韩国未来资产证券株式会社北京代表处	北京

续表

序号	机构名称	辖区
115	加皇投资理财有限公司北京代表处	北京
116	交银国际控股有限公司北京代表处	北京
117	韩国友利投资证券股份有限公司北京代表处	北京
118	城市信贷投资银行有限公司北京代表处	北京
119	韩国大宇证券股份有限公司北京代表处	北京
120	现汽投资证券股份有限公司北京代表处	北京
121	布朗兄弟哈里曼（香港）有限公司北京代表处	北京
122	加拿大帝国商业银行世界市场公司（证券业务）北京代表处	北京
123	太平洋顶峰证券有限公司北京代表处	北京
124	摩乃科斯证券股份有限公司北京代表处	北京
125	富邦综合证券股份有限公司北京代表处	北京
126	韩亚大投资证券股份有限公司北京代表处	北京
127	香港致富证券有限公司北京代表处	北京
128	施罗德集团北京代表处	北京
129	宏富投资管理有限公司北京代表处	北京
130	美国先锋投资管理公司北京代表处	北京
131	邓普顿国际股份有限公司北京代表处	北京
132	信安环球投资有限公司北京代表处	北京
133	标准人寿投资公司北京代表处	北京
134	法国巴黎资产管理有限公司北京代表处	北京
135	英国纽约银行梅隆资产管理国际有限公司北京代表处	北京
136	东方汇理基金管理公司北京代表处	北京
137	香港景顺投资管理有限公司北京代表处	北京
138	瑞银环球资产管理（香港）有限公司北京代表处	北京
139	香港摩根资产管理有限公司北京代表处	北京
140	香港威灵顿环球投资管理有限公司北京代表处	北京
141	新加坡富敦资金管理公司北京代表处	北京
142	安智投资管理亚太（香港）有限公司北京代表处	北京
143	富达基金（香港）有限公司北京代表处	北京
144	香港贝莱德资产管理北亚有限公司北京代表处	北京
145	法盛全球资产管理公司北京代表处	北京
146	澳大利亚罗素投资集团有限公司北京代表处	北京
147	新加坡摩根士丹利投资管理公司北京代表处	北京
148	美国桥水投资公司北京代表处	北京
149	法国安盛投资管理巴黎公司北京代表处	北京
150	新鸿基投资服务有限公司深圳代表处	深圳
151	苏皇融资亚洲有限公司深圳代表处	深圳
152	里昂证券有限公司深圳代表处	深圳

续表

序号	机构名称	辖区
153	兆丰资本（亚洲）有限公司深圳代表处	深圳
154	凯基证券亚洲有限公司深圳代表处	深圳
155	元富证券（香港）有限公司深圳代表处	深圳
156	金鼎综合证券（香港）有限公司深圳代表处	深圳
157	致富证券有限公司深圳代表处	深圳
158	富昌证券有限公司深圳代表处	深圳
159	宝来证券（香港）有限公司深圳代表处	深圳
160	恒生投资管理有限公司深圳代表处	深圳
161	宝来证券股份有限公司广州代表处	广东
162	新鸿基投资服务有限公司（证券业务）广州代表处	广东
163	统一综合证券股份有限公司厦门代表处	厦门
164	富邦综合证券股份有限公司厦门代表处	厦门
165	元富证券（香港）有限公司厦门代表处	厦门
166	新鸿基投资服务有限公司（证券业务）南京代表处	江苏
167	香港华富嘉洛证券有限责任公司沈阳代表处	辽宁
168	结好证券有限公司宁波代表处	宁波

附表 8　境外交易所设立驻华代表处一览表

序号	境外交易所名称	序号	境外交易所名称
1	香港交易及结算所有限公司	6	新加坡交易所有限公司
2	纽约证券交易所有限责任公司	7	伦敦证券交易所有限责任公司
3	纳斯达克股票市场股份有限公司	8	德国德意志交易所股份有限公司
4	东京证券交易所株式会社	9	多伦多证券交易所公司
5	韩国交易所	—	—

附表 9　在香港特别行政区设立分支机构的内地证券公司一览表

序号	公司名称	序号	公司名称
1	中金公司	11	国信证券
2	招商证券	12	国都证券
3	中信证券	13	安信证券
4	国泰君安	14	东方证券
5	国元证券	15	中国建银投资证券
6	广发证券	16	长江证券
7	华泰证券	17	光大证券
8	申银万国	18	银河证券
9	海通证券	19	兴业证券
10	平安证券	20	财通证券

附表 10　在香港特别行政区设立分支机构的内地基金管理公司一览表

序号	公司名称	序号	公司名称
1	南方基金	9	华安基金
2	易方达基金	10	广发基金
3	嘉实基金	11	上投摩根基金
4	华夏基金	12	国投瑞银基金
5	汇添富基金	13	诺安基金
6	大成基金	14	工银瑞信基金
7	博时基金	15	华宝兴业基金
8	海富通基金	—	—

附表 11　在香港特别行政区设立分支机构的内地期货公司一览表

序号	公司名称	序号	公司名称
1	格林期货	4	中国国际期货
2	浙江永安	5	金瑞期货
3	广发期货	6	南华期货

附录 12　双边监管合作谅解备忘录一览表

序号	时间	境外监管机构名称	备忘录名称	签署地
1	1993 年 6 月 19 日	香港证券暨期货事务监察委员会	监管合作备忘录	北京
2	1994 年 4 月 28 日	美国证券与交易委员会	关于合作、磋商及技术协助的谅解备忘录	北京
3	1995 年 7 月 4 日	香港证券暨期货事务监察委员会	有关期货事宜的监管合作备忘录	北京
4	1995 年 11 月 30 日	新加坡金融管理局	关于监管证券和期货活动的相关合作与信息互换的备忘录	新加坡
5	1996 年 5 月 23 日	澳大利亚证券委员会	证券期货监管合作谅解备忘录	堪培拉
6	1996 年 10 月 7 日	英国财政部、证券与投资委员会	证券期货监管合作谅解备忘录	北京
7	1997 年 3 月 18 日	日本大藏省	谅解备忘录	东京
8	1997 年 4 月 18 日	马来西亚证券委员会	证券期货监管合作谅解备忘录	北京
9	1997 年 11 月 13 日	巴西证券委员会	证券监管合作谅解备忘录	北京
10	1997 年 12 月 22 日	乌克兰证券与股市委员会	证券监管合作谅解备忘录	北京
11	1998 年 3 月 4 日	法国证券委员会	证券期货监管合作谅解备忘录	北京
12	1998 年 5 月 18 日	卢森堡证券委员会	证券期货监管合作谅解备忘录	北京
13	1998 年 10 月 8 日	德国联邦证券监管委员会	证券监管合作谅解备忘录	法兰克福
14	1999 年 11 月 3 日	意大利国家证券监管委员会	证券期货监管合作谅解备忘录	罗马
15	2000 年 6 月 22 日	埃及资本市场委员会	证券监管合作谅解备忘录	邮寄方式
16	2001 年 6 月 19 日	韩国金融监督委员会	证券期货监管合作安排	北京

续表

序号	时间	境外监管机构名称	备忘录名称	签署地
17	2002 年 1 月 18 日	美国商品期货交易委员会	期货监管合作谅解备忘录	华盛顿
18	2002 年 6 月 27 日	罗马尼亚国家证券委员会	证券期货监管合作谅解备忘录	北京
19	2002 年 10 月 29 日	南非共和国金融服务委员会	证券期货监管合作谅解备忘录	比勒陀利亚
20	2002 年 11 月 1 日	荷兰金融市场委员会	证券期货监管合作谅解备忘录	邮寄方式
21	2002 年 11 月 26 日	比利时银行及金融委员会	证券期货监管合作谅解备忘录	北京
22	2003 年 3 月 21 日	加拿大证券监管机构初始参与成员	证券期货监管合作谅解备忘录	邮寄方式
23	2003 年 5 月 22 日	瑞士联邦银行委员会	证券期货监管合作谅解备忘录	邮寄方式
24	2003 年 12 月 9 日	印度尼西亚资本市场监管委员会	关于相互协助和信息交流的谅解备忘录	雅加达
25	2004 年 2 月 20 日	新西兰证券委员会	证券期货监管合作谅解备忘录	惠灵顿
26	2004 年 10 月 14 日	印度尼西亚商品期货交易监管局	期货监管合作谅解备忘录	北京
27	2004 年 10 月 26 日	葡萄牙证券市场委员会	证券期货监管合作谅解备忘录	蒙特利尔
28	2005 年 6 月 14 日	尼日利亚证券交易委员会	证券期货监管合作谅解备忘录	北京
29	2005 年 6 月 27 日	越南证券委员会	证券期货监管合作谅解备忘录	北京
30	2006 年 9 月 15 日	印度共和国证券交易委员会	证券期货监管合作谅解备忘录	北京
31	2006 年 9 月 20 日	阿根廷国家证券委员会	证券期货监管合作谅解备忘录	上海
32	2006 年 9 月 20 日	约旦证券委员会	证券期货监管合作谅解备忘录	上海
33	2006 年 9 月 26 日	挪威金融监管委员会	证券期货监管合作谅解备忘录	奥斯陆
34	2006 年 11 月 10 日	土耳其资本市场委员会	证券期货监管合作谅解备忘录	伊斯坦布尔
35	2006 年 11 月 21 日	印度远期市场委员会	商品期货监管合作谅解备忘录	新德里
36	2006 年 12 月 6 日	阿联酋证券商品委员会	证券期货监管合作谅解备忘录	邮寄方式
37	2007 年 4 月 12 日	泰国证券交易委员会	证券期货监管合作谅解备忘录	孟买
38	2008 年 1 月 15 日	列支敦士登金融管理局	证券期货监管合作谅解备忘录	北京
39	2008 年 1 月 24 日	蒙古金融监督委员会	证券监管合作谅解备忘录	北京
40	2008 年 8 月 8 日	俄罗斯联邦金融市场监督总局	证券期货监管合作谅解备忘录	北京
41	2008 年 9 月 27 日	迪拜金融服务局	证券期货监管合作谅解备忘录	迪拜
42	2008 年 10 月 23 日	爱尔兰金融服务监管局	证券期货监管合作谅解备忘录	北京
43	2008 年 10 月 30 日	奥地利金融市场管理局	证券期货监管合作谅解备忘录	邮寄方式
44	2009 年 10 月 6 日	西班牙国家证券市场委员会	证券期货监管合作谅解备忘录	巴塞尔
45	2009 年 11 月 16 日	中国台北金融监督管理委员会	海峡两岸证券及期货监督管理合作谅解备忘录	邮寄方式
46	2010 年 1 月 26 日	马耳他金融服务局	证券期货监管合作谅解备忘录	瓦莱塔
47	2010 年 5 月 5 日	科威特股票交易所委员会	证券期货监管合作谅解备忘录	科威特城
48	2010 年 12 月 17 日	巴基斯坦证券交易委员会	证券期货监管合作谅解备忘录	伊斯兰堡
49	2011 年 3 月 29 日	以色列证券监管局	证券期货监管合作谅解备忘录	北京
50	2011 年 4 月 7 日	卡塔尔金融市场管理局	证券期货监管合作谅解备忘录	北京
51	2011 年 9 月 19 日	老挝证券交易委员会	证券期货监管合作谅解备忘录	北京

联系方式

中国证券监督管理委员会

总　　机：010－88061000
主席热线：010－66210182
投诉电话：010－88060124
传　　真：010－66210119
电子邮件：csrcbgt@csrc.gov.cn
网　　址：www.csrc.gov.cn
地　　址：北京市西城区金融大街19号富凯大厦A座（100033）

上海证券交易所

联系电话：021－68808888
传　　真：021－68804868
电子邮件：webmaster@secure.sse.com.cn
网　　址：www.sse.com.cn
地　　址：上海市浦东南路528号证券大厦（200120）

深圳证券交易所

联系电话：0755－82083333
传　　真：0755－82083947
电子邮件：cis@szse.cn
网　　址：www.szse.cn
地　　址：广东省深圳市深南东路5045号（518010）

上海期货交易所

联系电话：021－68400000
传　　真：021－68401198
电子邮件：info@shfe.com.cn
网　　址：www.shfe.com.cn
地　　址：上海市浦东新区浦电路500号（200122）

大连商品交易所

联系电话：0411－84808888
传　　真：0411－84808588
电子邮件：dce@dce.com.cn
网　　址：www.dce.com.cn
地　　址：辽宁省大连市会展路129号（116023）

郑州商品交易所

联系电话：0371－65610069
传　　真：0371－65613068
电子邮件：zhaorong@czce.com.cn
网　　址：www.czce.com.cn
地　　址：河南省郑州市未来大道69号（450008）

中国金融期货交易所

联系电话：021－50160666
传　　真：021－50160618
电子邮件：rd@cffex.com.cn
网　　址：www.cffex.com.cn
地　　址：上海市浦东新区世纪大道1600号浦项广场6楼（200122）

中国证券登记结算有限责任公司

联系电话：010－58598888
传　　真：010－66210938
电子邮件：zbshi@chinaclear.com.cn
网　　址：www.chinaclear.com.cn
地　　址：北京市西城区金融街27号投资广场22－23层（100140）

中国证券投资者保护基金有限责任公司

联系电话：010－66580788
传　　真：010－66580616
网　　址：www.sipf.com.cn
电子邮件：tzzbhw@sipf.com.cn
地　　址：北京市西城区金融大街5号新盛大厦B座22层（100033）

中国期货保证金监控中心有限责任公司

联系电话：010－66555088
传　　真：010－66555038
网　　址：www.cfmmc.com
电子邮件：cfmmc@cfmmc.com
地　　址：北京市西城区金融大街5号新盛大厦B座17层（100033）

中国证券金融股份有限公司

联系电话：010－63211666
传　　真：010－63211601
电子邮件：report2@csf.com.cn
网　　址：www.csf.com.cn
地　　址：北京市西城区丰盛胡同28号太平洋保险大厦（100032）

中国证券业协会

联系电话：010－66575897
传　　真：010－66575991
电子邮件：ird@sac.net.cn
网　　址：www.sac.net.cn
地　　址：北京市西城区金融大街19号富凯大厦B座2层（100033）

中国期货业协会

联系电话：010－88087239
传　　真：010－88087060
电子邮件：cfa@cfachina.org
网　　址：www.cfachina.org
地　　址：北京市西城区金融街33号通泰大厦C座8层（100140）

后　记

在《中国证券监督管理委员会年报》（2011）的编写过程中，我们得到了中国证监会领导的关心和指导，也得到了会内外有关单位的大力支持和配合，他们为我们提供了大量资料。在此，我们诚挚地感谢中国证监会会机关各部门及年报写作小组全体成员为年报的如期付梓作出的辛苦努力；还要特别感谢年报领导小组的各位成员对有关内容提出了中肯的意见和建议。另外，中国财政经济出版社在年报的编辑、出版及发行过程中也给了我们大力支持，在此表示衷心感谢。

作为统稿者和译校人员，我们深知年报质量还有不断提高的余地。若对年报内容有何疑问、意见或建议，欢迎发送邮件至中国证监会国际合作部（intl@csrc.gov.cn），我们将及时给予反馈。感谢以下人员对年报编写工作作出的贡献：

年报领导小组：童道驰（组长）

赵争平　刘春旭　张思宁　冯鹤年　谢　庚　欧阳昌琼
杨　华　王　林　宋安平　季向宇　张慎峰　黄　炜
焦津洪　贾文勤　高卫兵　瞿秋平　谢世坤　韩　萍
卢嘉红

年报写作小组（按姓氏笔画排序）：

丁　韬　王　玥　王　瑶　毛　君　邓寰乐　左　丁
左　岳　田　斌　刘　鹏　李　松　李　迪　李　霄
杨艺新　杨胜平　杨　蓓　肖建学　吴国舫　张亚专
张　达　张廷波　张啸川　陈华文　陈凯元　范雅婷
罗　娟　竺　煜　岳新宇　周小舟　周宏达　周　璇

庞魁霞　郑　凯　赵　然　赵慧文　胡经生　胡益民
祝　欢　顾顶远　倪改琴　隋　强　景　艳　焦彩霞
刘世盛

中国证监会国际合作部

China Securities Regulatory Commission

ANNUAL REPORT 2011

Message from the Chairman

Mr. GUO Shuqing
Chairman of CSRC

The year of 2011 raised the curtain for China's 12th Five-Year Plan. Throughout the year, we were faced with a slowdown in the global economic recovery, an exacerbation of the European debt crisis, persistent volatility in international financial markets and increasing domestic difficulties and uncertainties. China Securities Regulatory Commission (CSRC), under the guidance of the scientific outlook on development, pushed ahead with the reform, innovation and opening up of China's capital market, enhanced regulatory effectiveness and efficiency, which helped ensure the market to develop in a sound manner and function better in allocating resources and serving the real economy and social development. Our efforts were made mainly in the following aspects:

- **Continuing the reform and development of the stock market.** The CSRC deepened the reform of the new share issuance system, improved the review and approval mechanism for offerings and strengthened market discipline and the regulation of sponsorship. Meanwhile, the CSRC reinforced the infrastructure of the Main Board, the SME Board and the Growth Enterprise Board (GEB) and carried on the pilot program of Agency Share Transfer System. In 2011, there were 282 IPOs and 220 follow-up offerings on the A-share market, raising a total amount of more than RMB 500 billion.

- **Promoting the interconnection of bond markets.** The CSRC optimized the review and approval process for bond financing and launched a bond placement program for GEB-listed companies. In 2011, listed companies raised a record high of RMB 170. 74 billion through bond issuance, making it an effective financing channel. Moreover, the CSRC also stepped up coordination with the National Development and Reform Commission (NDRC) and the People's Bank of China (PBoC) to jointly develop corporate bond markets, where a total amount of RMB 1. 37 trillion was raised in 2011. The CSRC also pushed ahead with the pilot program of the re-entry of listed commercial banks into the exchange-traded bond market. 16 banks have opened bond trading accounts at the exchanges.

- **Facilitating the reform and innovation of the futures market.** In 2011, the CSRC launched new commodity futures contracts including lead, coke and methanol, modified the contract terms and delivery rules of natural rubber, fuel oil and palm oil and pushed forward the pilot projects of reforming lead and gold hedging rules and delivering copper and aluminum in bonded warehouses. Meanwhile, the CSRC encouraged Qualified Foreign Institutional Investors (QFIIs) and trust companies to participate in the business of stock index futures. Thanks to the CSRC's efforts of intensifying market surveillance and preventing excessive speculation, the futures market operated smoothly and was ranked among one of the world's largest futures markets in terms of trading volume.

- **Improving the quality of listed companies.** The CSRC urged listed companies to improve their corporate governance and decision-making mechanisms, clarify plans of shareholder return and increase transparency in dividend payment. The CSRC also launched a pilot program of improving internal control in 287 listed companies. Furthermore, the CSRC amended the rules for major asset restructuring and subsequent financing, standardized the administrative approval system for M&As, and encouraged the listing of the whole business of enterprises. The CSRC also pushed forward the reform of the delisting mechanism. As of the end of 2011, Shanghai Stock Exchange (SSE) and Shenzhen Stock Exchange (SZSE) had a total number of 2,342 listed companies, with a combined market capitalization of RMB 21. 5 trillion, the third largest in the world.

- **Enhancing the compliance and development of intermediaries.** The CSRC strengthened its monitoring of securities firms' risk management through standardized industrywide stress tests, increased the transparency of the administrative approval for securities firms' business activities and adopted differentiated review and approval procedures for fund products. The CSRC also turned the pilot program of margin trading and securities financing into a common line of business and set up China Securities Finance Corporation. We encouraged third party payment institutions to engage in mutual fund distribution on a pilot basis, standardized the supervision of securities investment advisory businesses and organized on-site inspections of audit and appraisal firms, all in an effort to facilitate the sound development of the intermediaries. By the end of 2011, 109 securities firms, 69 fund management companies and 163 futures firms had been incorporated in China; the total assets of the securities industry had reached RMB 5 trillion.

◆ **Strengthening investor protection.** Investigation and enforcement is the most direct and effective approach to protect investors' interests. Therefore, the CSRC upholds a "zero tolerance" policy in the crackdown on insider trading and other securities and futures violations. In 2011, the CSRC received 290 cases of alleged violations including insider trading, market manipulation and false disclosure, opened investigations into 209 cases, made 57 decisions on administrative sanctions and 11 decisions on ban of market entry, referred 25 suspected criminal violations to public security authorities and enforced fines and confiscations of RMB 348 million. In the same year, the CSRC established the Investor Protection Bureau, which is responsible for the general planning, organization, supervision and inspection of activities concerning investor education and protection.

◆ **Opening up the capital market to the outside world.** The CSRC pushed forward the opening up of the securities industry. In 2011, 29 overseas financial institutions were granted QFII status, 70% of which manage long-term capital. A pilot project was launched to allow Renminbi Qualified Foreign Institutional Investors (RQFIIs) to invest in the domestic capital market, with 9 fund management companies and 12 securities firms licensed. Furthermore, We continued to encourage domestic companies to tap into overseas capital markets. A total amount of USD 11. 32 billion was raised overseas by 11 domestic companies in the year.

◆ **Engaging in international financial regulatory reform and cooperation.** The CSRC has actively participated in the relevant work of international organizations and multilateral cooperative mechanisms such as the Group of 20 (G20), the Financial Stability Board (FSB) and the International Organization of Securities Commissions (IOSCO), making policy proposals, implementing relevant action plans and taking part in G20 peer reviews on macroeconomic policies. By involving itself in bilateral, multilateral and regional economic and financial dialogues and consultations, the CSRC has played a constructive role in facilitating the reform and standard-setting of international financial regulation. Under the framework of the IOSCO Multilateral Memorandum of Understanding Concerning Consultation and Cooperation and the Exchange of Information (MMoU) and bilateral MoUs on regulatory cooperation, the CSRC has constantly enhanced cross-border cooperation on securities regulation and enforcement assistance with overseas regulators, joining forces in the fight against securities violations, protecting the lawful interests of investors and ensuring fair, transparent and efficient markets.

As a crucial period of implementing the 12th Five-Year Plan, 2012 holds both opportunities and challenges for China's capital market, but the opportunities will exceed the challenges. China's capital market has huge potential and bright prospects. We, at the CSRC, will stick to the scientific outlook on development, seize opportunities and tackle challenges. We will push forward reform and opening up, accelerate innovation and development, improve the structure and functions of the capital market to make it better serve the needs of economic transformation, especially the financing needs of SMEs, the agricultural sector and innovative start-ups, so as to make due contributions to the sustainable, rapid and sound growth of the Chinese economy.

In May 2012, the CSRC will host the 37th IOSCO Annual Conference in Beijing. Together with our international colleagues, we will discuss the emerging issues, trends and tasks facing the global capital markets and financial regulation in the post-crisis era. We aim to facilitate the establishment of an international financial system that is more rational and inclusive, speed up the reform of international financial governance and intensify cross-border regulatory cooperation in order to ensure the stability of international financial markets and boost global economic recovery.

We welcome colleagues and friends from all over the world to join the Annual Conference and look forward to making it a great success.

Welcome to Beijing!

郭树清

Chairman of CSRC

Table of Contents

1. Overview of the CSRC

The China Securities Regulatory Commission (CSRC) was established in October 1992. As a ministry-level government agency, the CSRC is under direct direction of the State Council, the Chinese cabinet. With due authorization of the State Council, the CSRC carries out regulation and supervision of the securities and futures markets nationwide pursuant to the *Securities Law of the People's Republic of China* (hereinafter referred to as the "*Securities Law*"), the *Securities Investment Fund Law of the People's Republic of China* (hereinafter referred to as the "*Securities Investment Fund Law*"), the *Regulations for the Supervision and Administration of Securities Firms*, the *Regulations for the Administration of Futures Trading* and other applicable laws and regulations for the purpose of maintaining fair, efficient and transparent operation of the securities and futures markets.

Headquartered in Beijing, the CSRC comprises 22 functional departments①, 4 affiliated institutions and 4 special committees. Its executive management consists of 1 Chairman, 5 Vice Chairmen and 3 Assistant Chairmen. The CSRC also has 36 regional offices located in various provinces, autonomous regions, direct-controlled municipalities and independent-budget cities and 2 securities supervision offices stationed at the Shanghai Stock Exchange (SSE) and the Shenzhen Stock Exchange (SZSE) respectively (See Figure 1-1 CSRC Organization Chart).

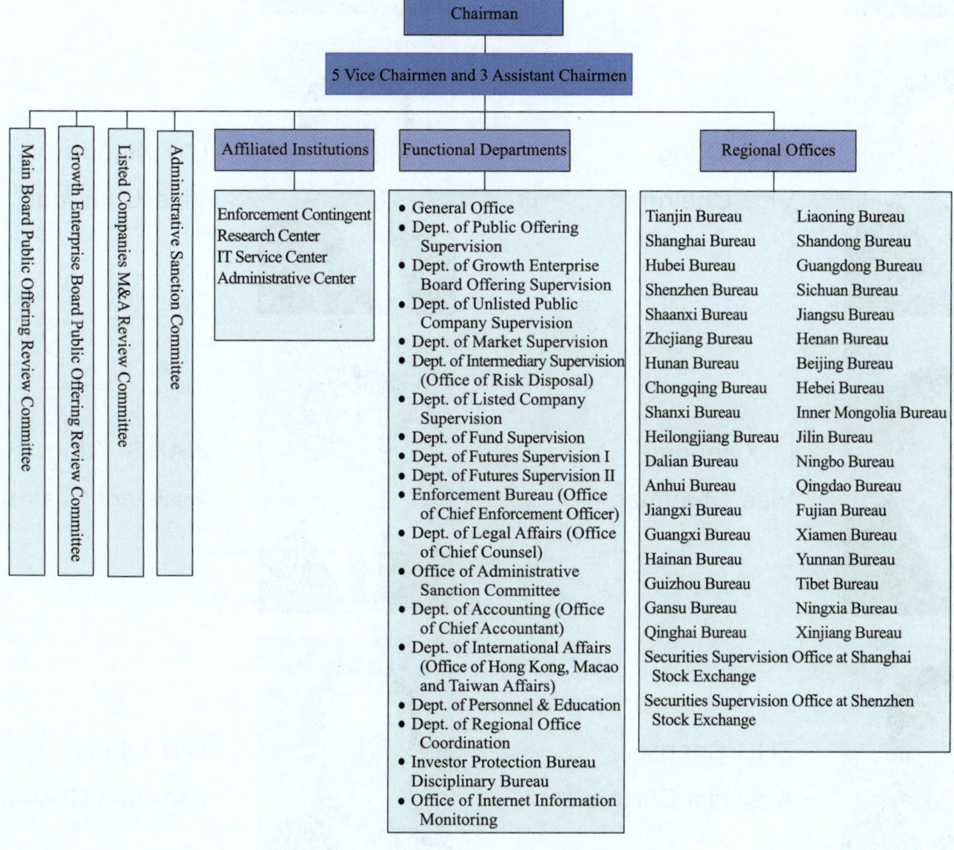

Figure 1-1 CSRC Organization Chart

① Please refer to www. csrc. gov. cn for the functions of each of these departments.

1.1 Executive Management

GUO Shuqing
Chairman

GUI Minjie
Vice Chairman

ZHUANG Xinyi
Vice Chairman

YAO Gang
Vice Chairman

LIU Xinhua
Vice Chairman

LI Xiaohong
Vice Chairman

JIANG Yang
Assistant Chairman

ZHU Congjiu
Assistant Chairman

WU Lijun
Assistant Chairman

1.2 International Advisory Council (IAC)

The International Advisory Council (IAC) of the CSRC was set up in June 2004 upon the approval of the State Council. The IAC is tasked with keeping the CSRC up-to-date with the latest developments and trends of overseas securities markets and advising the CSRC on how to further open up China's securities market and bolster its sound development, taking into account the stage of development of China's securities market. As an ad-hoc advisory body, the IAC is chaired by the CSRC Chairman and has one vice chairman. The Council's meeting is held once a year. Members of the Council include former senior executives of securities regulatory bodies in major international markets, industry leaders and experts from the academia, and are appointed for a renewable two-year term. As of the end of 2011, the IAC comprised 17 members, including 16 from overseas.

Chairman

Mr. GUO Shuqing

Chairman, CSRC

Vice Chairperson

Mrs. Laura M. CHA SBS, JP

Former Vice Chairperson, CSRC

Former Vice Chairperson, Securities and Futures Commission, Hong Kong (SFC)

Members (in alphabetical order of family names)

Mr. Thaddeus T. BECZAK

Chairman, Latitude Capital Group

Former Member of Advisory Committee, Hong Kong SFC

Mr. Alan CAMERON

Former Chairman, Australian Securities and Investment Commission

Former Chairman, Executive Committee of IOSCO

Mr. Linin DAY

Former Chairman, Securities and Exchange Commission (presently known as Financial Supervisory Commission), Chinese Taipei

Mr. Peter J. DEY

Former Chairman, Ontario Securities Commission, Canada

Former Chairman, Morgan Stanley Canada Limited

Mrs. Jane DIPLOCK

Former Chairperson, Securities Commission of New Zealand

Former Chairperson, Executive Committee of IOSCO

Mr. William DONALDSON

Former Chairman, U. S. Securities and Exchange Commission

Former Chairman and CEO, New York Stock Exchange

Mr. Hasung JANG
Dean and Professor of Finance, Business School of Korea University
Advisor, Financial Services Commission, Korea

Mr. Reuben JEFFERY
Former Chairman, U. S. Commodity Futures Trading Commission
Former United States Under Secretary of State
CEO, Rockefeller & Co.

Mr. Leo MELAMED
Lifelong Honorary Chairman, CME Group

Mr. Anthony F. NEOH
Former Chief Advisor, CSRC
Former Chairman, Securities and Futures Commission of Hong Kong (SFC)

Mr. Michel PRADA
Former Chairman, Autorité des Marchés Financiers (AMF), France
Former Chairman, Executive Committee of IOSCO
Former Chairman, Technical Committee of IOSCO

Mr. John L. THORNTON
Professor, Tsinghua University, China
Director, HSBC Holding plc
Former President and Co-Chief Operating Officer, Goldman Sachs Group. Inc.

Mr. John S. WADSWORTH, Jr.
Honorary Chairman, Morgan Stanley Asia Limited

Mr. Weiguo ZHANG
Full-Time Member, International Accounting Standards Board (IASB)
Former Chief Accountant, Director-General of Department of Accounting and Department of International Affairs, CSRC

Mrs. Zhonghui ZHOU
Former Chief Accountant, CSRC
Senior Partner, PricewaterhouseCoopers

1.3 Funding

All revenues and expenses of the CSRC are included in the fiscal budget of the central government. Therefore, the supervision fees levied by the CSRC on securities and futures market participants are paid directly into the national Treasury, and costs of the CSRC are funded by appropriations under the aforementioned budget.

1.4 Human Resources

As of the end of 2011, the CSRC employed 2,745 staff members, of which 745 or 27.1% worked in the Beijing headquarters and the rest 2,000 or 72.9% in regional offices. The CSRC is staffed with highly educated professionals with an average age of 34.7 years. In terms of education background, 65.2% of all staff in the CSRC hold a Bachelor's degree or above, 58.3% of the employees in headquarters hold a Master's degree or above, while 18.2% hold a Doctorate degree. Professionals in fields of accounting, legal affairs, finance and IT concerning securities and futures regulation account for 67.1% of the entire staff. In addition, 94 or 12.6% of the employees in headquarters had studied or worked overseas.

1.5 Statutory Regulatory Duties

1.5.1 Article 179 of the *Securities Law*. This Article provides that the CSRC shall perform the following functions in the supervision and regulation of the securities market according to the law:

- Formulating, according to the law, rules and regulations related to the supervision and regulation of the securities market and lawfully exercising its authority of approval;
- Supervising and regulating, according to the law, the offering, listing, trading, registration, securities depository and clearing services;
- Supervising and regulating, according to the law, the securities-related business activities of issuers, listed companies, securities firms, securities investment fund management firms, securities service providers, stock exchanges, and securities depository and clearing agencies;
- Formulating, according to the law, qualification criteria and code of conduct for practitioners in the securities industry, and supervising the implementation thereof;
- Supervising and inspecting, according to the law, information disclosures in connection with securities offering, listing and trading;
- Providing guidance to and supervising activities of the securities industry associations according to the law;
- Investigating into and imposing sanctions on violations of laws and administrative regulations on the supervision and administration of the securities market; and

- Other duties provided by laws and administrative regulations.

The CSRC may establish cooperation programs with securities regulators from other jurisdictions for the purpose of cross-border supervision and enforcement.

1. 5. 2 Article 76 of the *Securities Investment Fund Law*. This Article provides that the CSRC shall perform the following functions in the supervision and regulation of the securities investment fund market:

- Formulating, according to the law, rules and regulations related to the supervision and regulation of the activities of securities investment funds and lawfully exercising the authority of approval;
- Handling registration of funds;
- Supervising and regulating the securities investment fund management activities by fund managers, fund custodians and other institutions, and investigating into and imposing sanctions on violations and making the violations and sanctions known to the public;
- Formulating professional qualifications and code of conduct for practitioners in fund industry and supervising the implementation thereof;
- Supervising and inspecting disclosure of fund-related information;
- Providing guidance to and supervising activities of the fund associations; and
- Other duties provided by laws and admin-istrative regulations.

1. 5. 3 Article 50 of the *Regulations for the Administration of Futures Trading*. This Article provides that the CSRC shall perform the following functions in the supervision and regulation of the futures market:

- Formulating rules and regulations related to the supervision and regulation of the futures market and exercising its authority of approval according to the law;
- Supervising and regulating the listing, trading, clearing and settlement, and delivery of futures products and the related activities;
- Supervising and regulating the futures business activities of futures exchanges, futures firms and any other entities that are engaged in futures-related businesses, clearing members other than futures firms, institutions in charge of monitoring the safekeeping of futures margins, depository banks where margins are deposited, delivery warehouses and any other relevant market participants;

- Formulating qualification criteria and administrative measures in respect of the practitioners in the futures industry and supervising the implementation thereof;
- Supervising and inspecting the information disclosures related to futures trading;
- Providing guidance to and supervising the activities of the futures industry associations;
- Investigating into and imposing sanctions on violations of laws and administrative regulations on the supervision and administration of the futures market;
- Carrying out international exchanges and cooperation on the supervision and regulation of the futures market; and
- Other duties provided by laws and administrative regulations.

1.6 Statutory Regulatory Measure

1.6.1 Article 180 of the *Securities Law*. In the discharge of its statutory duties regarding supervision and regulation of the securities market, the CSRC has the right to take the following actions:

- Conducting on-site inspections on securities issuers, listed companies, securities firms, securities investment fund management firms, securities service providers, stock exchanges and securities depository and clearing agencies;
- Entering the premises where a violation is suspected to have been committed in order to conduct investigation and take evidence;
- Inquiring the parties concerned and any entity and individual involved in the matter under investigation, and requiring them to provide statements in respect of such matter;
- Examining and making copies of the property rights registrations and communication records and any other materials in connection with the subject matter under investigation;
- Examining and making copies of the securities trading records, records of securities registrations and transfers, financial and accounting information and any other relev-ant documents and materials of the parties concerned and any entity and individual involved in the subject matter under investig-ation, and sealing the documents and materials which are likely to be transferred, concealed or destroyed;
- Examining the cash accounts, securities accounts and bank accounts of the parties concerned

and any entity and individual involved in the subject matter under investig-ation; freezing or seizing such accounts upon due approval by a CSRC senior executive, where there is evidence to substantiate signs of transfer or concealment of illegal funds, securities or any other properties, or where key evidence has been or may be concealed, forged or destroyed; and

- Restricting, upon due approval by a CSRC senior executive, securities trading of the parties concerned for the purpose of inves-tigating major violations of securities-related laws or regulations, such as market man-ipulation and insider trading, for a period of up to 15 trading days, which may be extended for another 15 trading days as required in complex cases.

1.6.2 Article 77 of the *Securities Investment Fund Law*. This Article provides that the CSRC, in the discharge of its statutory duties regarding supervision and regulation of the securities investment fund market, has the right to take the following actions:

- Entering the premises where a violation is suspected to have been committed in order to conduct investigation and take evidence;
- Inquiring the parties concerned and any entity and individual involved in the matter under investigation, and requiring them to provide statements in respect of such matter;
- Examining and making copies of the records of securities transactions, records of securities registrations and transfers, financial and accounting information and any other related documents and materials of the parties concerned and any entity and individual involved in the subject matter under investigation, and sealing the documents and materials which are likely to be transferred, concealed or destroyed;
- Examining the cash accounts, securities accounts and fund accounts of the parties concerned and any entity and individual involved in the subject matter under investigation; applying to a judicial authority for freezing the accounts in question where there is evidence to substantiate transfer or concealment of illegal funds and securities; and
- Any other actions provided by laws and administrative regulations.

1.6.3 Article 51 of the *Regulations for the Administration of Futures Trading*. This Article provides that the CSRC, in the discharge of its statutory duties regarding supervision and regulation of the futures market, has the right to take the following actions:

- Conducting on-site inspections on futures exchanges, futures firms as well as any other entities which engage in futures-related businesses, clearing members other than futures firms, institutions in charge of monitoring the safekeeping of futures margins and delivery warehouses;

- Entering the premises where a violation is suspected to have been committed in order to conduct investigation and take evidence;
- Inquiring the parties concerned and any entity and individual involved in the matter under investigation, and requiring them to provide statements in respect of such matter;
- Examining and making copies of such materials as registration of property rights in connection with the subject matter under investigation;
- Examining and making copies of the futures trading records and financial and accounting information of the parties concerned and any entity and individuals involved in the subject matter under investigation, as well as other relevant documents and materials; sealing the documents and materials which are likely to be transferred, concealed, or destroyed;
- Inquiring about the margins accounts and the bank accounts of the entities involved in the subject matter under investigation;
- Restricting, upon due approval by a CSRC senior executive, futures trading of the parties concerned for the purpose of investigating major violations of futures-related laws or regulations, such as futures price manipulation and insider trading, for a period of up to 15 trading days, which may be extended to 30 trading days as required in complex cases; and
- Any other actions provided by laws or administrative regulations.

1.7 Regulatory Framework

China adopts a sector-based regulation model for its financial industry, with securities, banking, trusts and insurance sectors under separate supervision by the CSRC, China Banking Regulatory Commission (CBRC) and China Insurance Regulatory Commission (CIRC) respectively.

As authorized by the State Council, the CSRC is competent for the supervision and regulation of all the securities and futures markets nationwide. The CSRC headquarters is placed in charge of formulating, amending and improving regulations and rules governing the securities and futures markets; preparing market development plans; granting approvals in connection with some major issues; guiding and coordinating actions in risk disposal; organizing the investigation into and sanction on major market abuses as well as guiding, inspecting, overseeing and coordinating supervision efforts nationwide. The regional offices are responsible for front-line regulation within the provincial-level jurisdictions by focusing on the following three aspects: 1) gaining a deeper understanding of the local markets and identifying and addressing risks therein; 2) conducting ongoing supervision by performing both on-site and off-site inspections and driving the development of fundamental rules governing the operation of the market participants; and 3) cracking down, as directed by the headquarters, on market abuses in the securities and futures markets and to protect investors' lawful interests.

Constituting as an important part of the regulatory framework, the self-regulatory organizations (SROs) supplements greatly the efforts of the CSRC. By far, the SROs in China include securities and futures exchanges, the China Securities Depository & Clearing Corporation Limited (SD&C), the China Securities Investor Protection Funds Corporation Limited (SIPF), the China Securities Finance Corporation (SFC), the China Futures Margin Monitoring Center Corporation Limited (CFMMC), the Securities Association of China (SAC) and the China Futures Association (CFA), which conduct front-line and self-regulatory supervision over securities and futures trading activities of their members or listed companies.

2. Overview of China's Capital Markets[①] in 2011

① This Annual Report does not cover the securities markets in Hong Kong SAR, Macau SAR and Taiwan Province of China.

The policy of "Reform and Opening Up", since its commencement in the late 1970s, has been the major driving force behind the development of China's capital markets. In 1990, the Shanghai Stock Exchange (SSE) and the Shenzhen Stock Exchange (SZSE) were established, marking the formation of national capital markets. In the following over 20 years, the fledgling markets have enjoyed rapid growth. As the market size steadily expands and the relevant rules and systems become more sophisticated, together with gradually evolving financial intermediari-es and investors, China's capital markets have transformed into market places with legal systems, trading rules and regulatory frameworks that comply with international standards.

At present, there are two stock exchanges (Shanghai Stock Exchange and Shenzhen Stock Exchange), three commodity futures exchanges (Dalian Commodity Exchange, Shanghai Futures Exchange and Zhengzhou Commodity Exchange) and one financial futures exchange (China Financial Futures Exchange). China has shown its commitment to building a multi-tiered securities market which consists of Main Boards (including the SME Board), a Growth Enterprise Board (GEB) and the Stock Transfer Agent System ("STAS", an over-the-counter share transfer system), all of which are running smoothly.

The securities products which are currently available in China include stocks, bonds, securities investment funds, warrants, stock index futures and commodity futures. Stocks are divided into A-shares, B-shares and H-shares① while bonds fall into the categories of Treasury bonds, financial bonds, corporate bonds, enterprise bonds, convertible bonds and asset-backed securities. Bond trading methods include spot

---------- Glossary 1 ----------

A-shares: RMB-denominated ordinary shares issued by PRC-incorporated companies and traded on the Shanghai Stock Exchange and Shenzhen Stock Exchange. Trading of A-shares is restricted to individual or institutional investors from Mainland China (Taiwan, Hong Kong SAR and Macau SAR investors not included).

B-shares: also known as "foreign-invested shares listed in China", refers to shares issued by PRC-incorporated joint stock limited companies and listed and traded in foreign currencies on stock exchanges within Chinese territory. B-shares are issued to investors both home and abroad.

H-shares: also known as "foreign-invested shares listed overseas", refers to shares issued by PRC-incorporated companies and listed on stock exchanges outside Chinese territory.

---

① Please refer to Section 4.1.1 for information on H shares.

trading and repo trading.

2.1 Equity Offering on the A-share Market

Over the past year, through the issuance of equity or bonds, 596 companies raised RMB 678.048 billion of proceeds in China's domestic capital markets, among which 502 companies issued A-shares, raising an aggregate of RMB 507.308 billion (See Figure 2-1). RMB 101.441 billion, RMB 101.920 billion and RMB 79.147 billion was raised through 39 IPOs on the Main Boards, 115 IPOs on the SME Board and 128 IPOs on the GEB (See Figure 2-2 for proceeds raised by new listings in 2011) respectively. 190 companies raised a combined amount of RMB 166.450 billion through private placement, 14 raised RMB 13.205 billion through follow-on public offerings and 15 raised a total of RMB 42.196 billion via rights issues. RMB 2.949 billion was raised from exercise of warrants by one issuer. In addition to this, RMB 170.740 billion was raised by 94 companies through bond issue, among which 84 companies issued an aggregate of RMB 126.220 billion of corporate bonds, 9 issuers raised a total of RMB 41.320 billion through convertible bond issue, and one issuer raised RMB 3.2 billion through warrant bond issue.

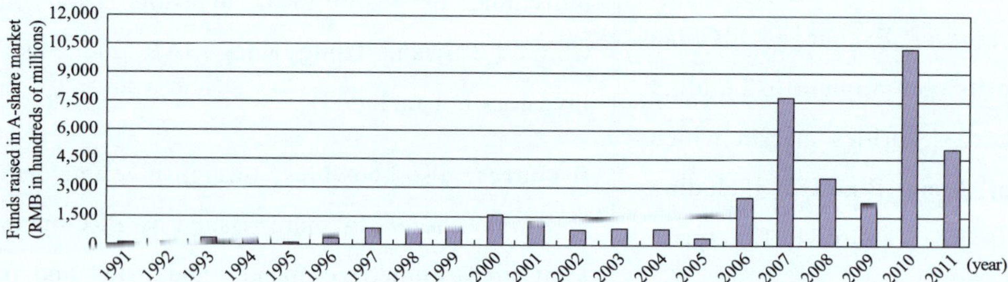

Figure 2-1 Proceeds Raised on A-share Market (1991 ~ 2011)

Notes: 1. Figures refer to the capital raised on A-share market through IPOs, follow-on offerings and rights issues.
2. Source: CSRC.

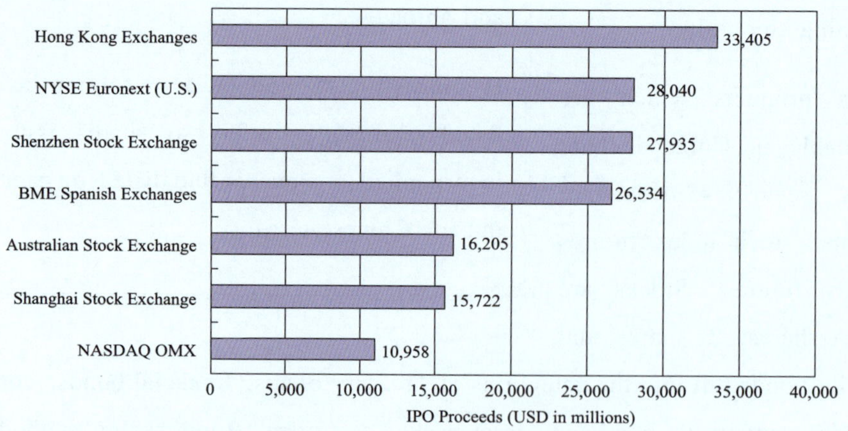

Figure 2-2 IPO Proceeds in 2011 by Exchange

Note: 1. Figures are based on the value raised on the date of issue.
2. Source: World Federation of Exchanges (WFE).

2.2 Equity Market

In 2011, China's equity market experienced a downturn after the initial increase prior to April, with a noticeable decrease in trading volume compared with 2010. The CSI 300 Index opened the year at 3,155.56 points and closed at 2,345.74 with a decrease of 25.01% compared with the closing figure at the end of 2010 (See Figure 2-3); whereas the SSE Composite Index opened the year at 2,825.33 points and closed the year at 2,199.42 points with a 21.68% decrease compared with the closing figure at the end of the previous year. The SZSE Composite Index opened the year at 1,298.59 points and closed at 866.65 points, 32.86% lower than the closing figure in 2010. Total equity turnover in value and average daily turnover in value for the year were RMB 42.17 trillion and RMB 172.807 billion respectively, down 22.72% and 23.36% from 2010. The stamp duty reached a total of RMB 42.17 billion last year, down 22.72% from 2010. See Figure 2-4 for Stock Turnover in 2011 by Exchange.

Figure 2-3 CSI 300 Index in 2011

Source: Wind.

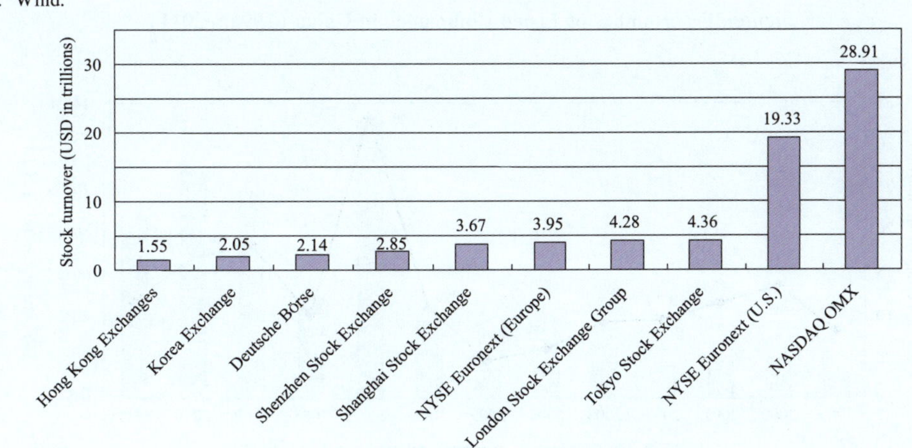

Figure 2-4 Stock Turnover in 2011 by Exchange

Source: WFE.

Over the course of the year, the Chinese listed companies have witnessed steady growth in number yet rather substantial decline in market capitalization. By the year end, there were 2, 342 companies listed on the Shanghai Stock Exchange and the Shenzhen Stock Exchange (See Figure 2-5), 279 more than the end of 2010. In specific, the SME Board brought 115 new issuers, resulting in 646 listed companies in total; the number of businesses listed on the GEB rose by 128, amounting to 281 in total. The combined market capitalization on the Shanghai Stock Exchange and the Shenzhen Stock Exchange reached RMB 21. 48 trillion, and their combined free-float capitalization reached RMB 16. 49 trillion, down 19. 09% and 14. 60% from the end of 2010 respectively. In the past year, the aforementioned combined market capitalization represents 45. 55% of GDP (See Figures 2-6 and 2-7), ranking China the world's third largest stock market after the US and Japan in terms of combined market capitalization. The combined free-float capitalization accounted for 76. 79% of the combined market capitalization, up by 4. 03 percentage points compared with the end of 2010. The SME Board and the GEB reached RMB 2. 74 trillion and RMB 743. 38 billion respectively in total market capitalization and RMB 1. 43 trillion and RMB 250. 41 billion respectively in free-float capitalization.

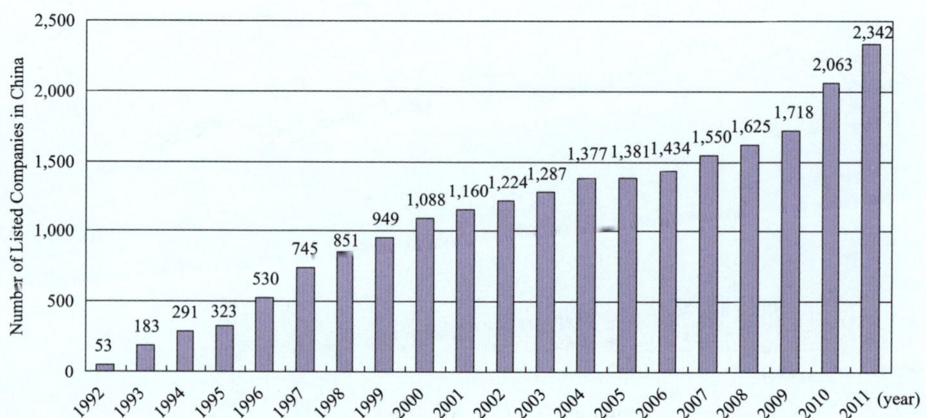

Figure 2-5 Number of Listed Companies in China (1992 ~ 2011)

Source: CSRC.

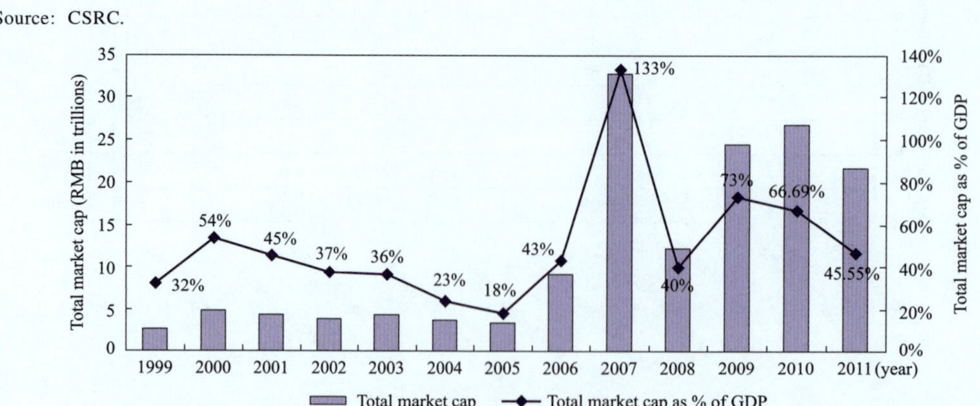

Figure 2-6 Total Market Capitalization and as Percentage of GDP (1999 ~ 2011)

Source: CSRC.

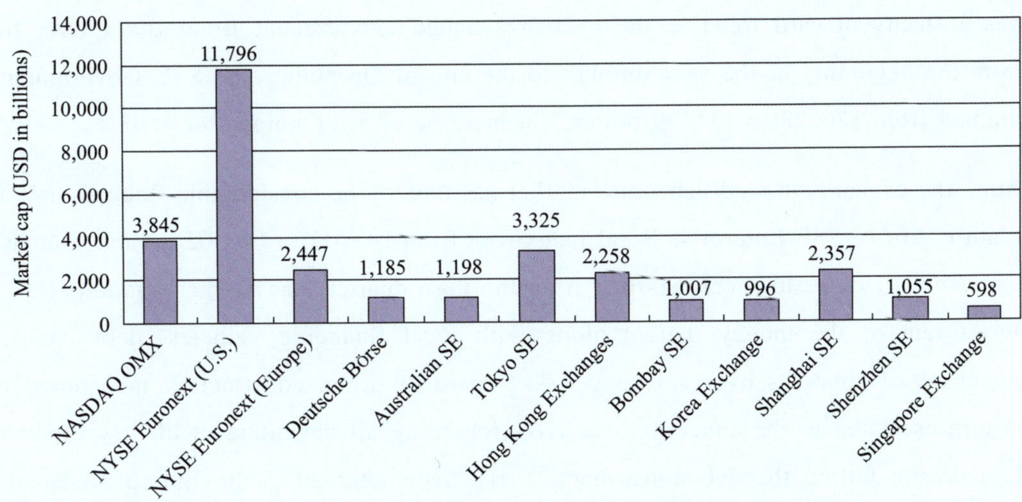

Figure 2-7 Total Market Cap by Exchange (by the end of 2011)

Source: WFE.

2.3 Exchange-traded Bond Market

China's bond market comprises of an inter-bank market, an exchange-traded market and a commercial bank OTC market. In 2011, the exchange-traded bond market achieved a turnover of RMB 683.99 billion for spot transactions (See Table 2-1 for data of different bond categories). This represents a year-on-year growth of 17.28%, while the turnover for repo transactions amounted to RMB 20.95 trillion, with an increase of 197.71% YOY.

Table 2-1 Spot Turnover of Exchange-traded Bond by Category in 2011

Category	Turnover(RMB in billions)	As % of Total Turnover	Change YOY
Government bond	125.313	18.3%	-24.6%
Enterprise bond	153.871	22.5%	32.1%
Corporate bond	130.181	19.0%	48.4%
Warrant bond	52.829	7.7%	-7.0%
Convertible bond	221.795	32.5%	42.1%
Total	683.989	100%	17.28%

Source: SSE and SSE.

By the end of 2011, the number of bond categories available for spot transaction reached 640, up by 177 as compared with the end of 2010. Among these 640 bonds, there were 109 Treasury bonds, 4 local government bonds, 322 enterprise bonds, 166 corporate bonds, 20 convertible bonds and 19 warrant bonds. The nominal value of the spot bond transactions stood at RMB 842.8 billion, with an RMB 215 billion growth, and the market capitalization of the same reached RMB 825.3 billion, up by RMB 195.2 billion, both compared with the end of 2010.

There was a steady upward trend in the exchange-traded Government Bond Index over the past year. From the beginning of the year through to the end of December, the SSE Government Bond Index climbed from 126. 28 to 131. 39 points, an increase of 5. 11 points, or 4. 05%.

Meanwhile, the exchange-traded debenture market has undergone considerable fluctuations. During the first half of 2011, SSE Enterprise Bond Index rose from 143. 45 to 146. 02 points, increasing by 2. 57 points, or 1. 79%. However, starting from the third quarter, the market was impacted by the high interest rate of the money market along with local financing veihcles' debt issues. This development raised concerns over solvency risks regarding urban construction investment bonds, which in turn escalated to the concerns over risks regarding all debentures with low credit ratings and led to drastic fall in the debenture market. By September 29th, the Enterprise Bond Index dropped by 1. 51%, compared with the end of June of the same year, to 143. 72 points. Due to the noticeable recovery of the entire debenture market from October onwards, the Enterprise Bond Index rose again to 148. 48 points by the end of December, up 5. 03 points, or 3. 51%, in contrast to the beginning of the year.

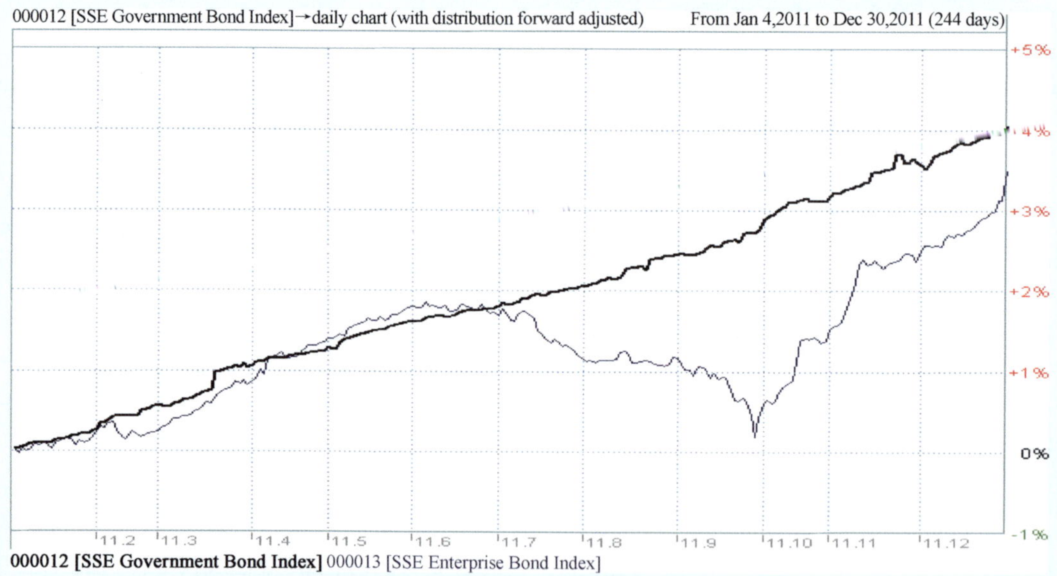

Figure 2-8 SSE Government Bond Index and Enterprise Bond Index in 2011

Source: Wind.

2. 4 Futures Market

By the end of 2011, 26 commodity products and one financial futures product were available for trade on China's futures exchanges, providing an increasingly wider range of futures assets.

Table 2-2 **Futures Products Traded in China**

Exchange	Futures Products
Shanghai Futures Exchange	Copper, aluminium, zinc, lead, gold, natural rubber, fuel oil, steel robber and steel wire rod
Zhengzhou Commodity Exchange	Hard white wheat, strong gluten wheat, cotton, white sugar, rapeseed oil, PTA, early long-grain non-glutinous rice and methanol
Dalian Commodity Exchange	Soybean No. 1, soybean No. 2, corn, soybean meal, soybean oil, LLDPE, RBD palm oil, PVC and coke
China Financial Futures Exchange	CSI 300 Stock Index Futures

Source: The aforementioned futures exchanges.

In 2011, the futures market in China has maintained its upward trend. Trading volume throughout the year reached 1.054 billion lots with a turnover of RMB 137.52 trillion, a year-on-year decrease of 32.72% and 11.03% respectively (See Figure 2-9). 1.004 billion lots of commodity futures were traded with a turnover of RMB 93.75 trillion, down 34.01% in trading volume and 17.4% in turnover compared to the previous year, and the trading of stock index futures reached 50.4119 million lots with a turnover of RMB 43.77 trillion. The trading volume of commodity futures in China made up 38.03% of the world's total in 2011.

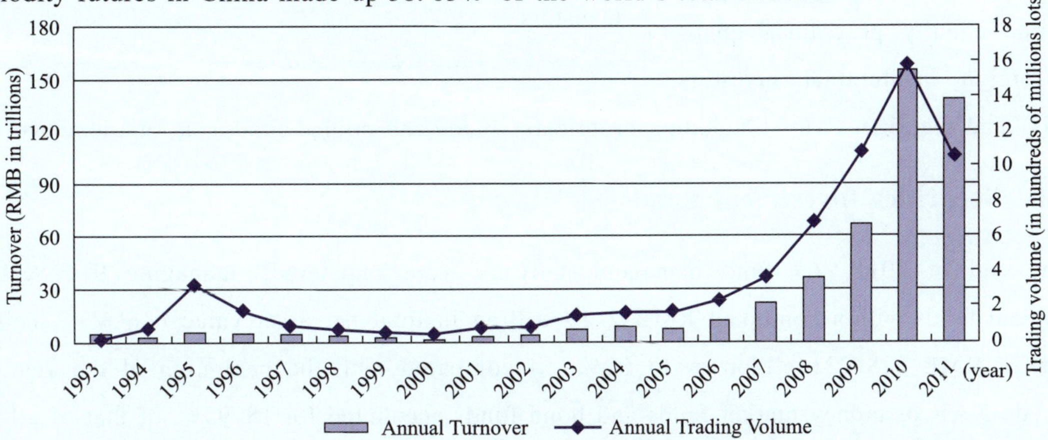

Figure 2-9 Turnover and Trading Volume of China's Futures Markets (1993 ~ 2011)

Source: CSRC.

2.5 Institutional Investors

China has witnessed a tremendous growth in the number of securities investors throughout the course of the past few years. China's capital markets have become an important platform for public wealth management. At the end of 2011, the number of securities and closed-end funds investor accounts was as high as 203 million, which was an increase of 14.01 million or 7.43%, compared with the figure at the end of 2010. Among these accounts, 686, 800 belong to institutional investors and

202 million to individual investors, while the A-shares held through institutional investor accounts made up 73.45% of the total free-float market capitalization.

Glossary 2

Securities investment funds are established through a process whereby the proceeds are raised through a public offering of fund units and held on custody with a custodian. The proceeds raised are managed and used by fund managers for the benefit of fund unit holders. A portfolio approach is applied to such securities investment. At present, all securities investment funds in China are contractual funds and can be classified into closed-ended funds and open-ended funds. Open-ended funds include such types of funds as equity funds, bond funds, money market funds, hybrid funds and QDII funds, each with a different underlying asset category. Umbrella funds, exchange-traded funds and listed open-ended funds are also available for offer to investors.

Expanding the institutional investor base has been one of the key items on the CSRC's agenda of reform and development of China's capital markets. The capital markets have seen the emergence of institutional investors, with securities investment funds contributing the largest share of turnover, followed by Social Security Fund, insurance firms, corporate annuity programs, qualified foreign institutional investors (QFIIs) and securities firms (including proprietary funds and pooled funds) as supplements.

2.5.1 Securities Investment Funds

By the end of 2011, 69 fund management firms were registered, managing 914 securities investment funds with a combined RMB 2.19 trillion in total net asset value (NAV). This is a decline of RMB 328.221 billion or 13.02%, if compared with the beginning of the year. The aggregate NAV of money market funds and bond funds accounted for 18.95% of that of all funds combined. At the end of 2011, stocks held by securities investment funds came to a total of RMB 1.29 trillion, accounting for 7.82% of the combined free-float market capitalization of the Shanghai and Shenzhen markets (See Figure 2-10).

2.5.2 QFII

By the end of last year, 135 foreign institutions (See Figure 2-11) were issued the QFII licenses, 29 of which obtained their licenses over the annual period. These 135 foreign institutions were approved to invest up to USD 21.64 billion in total, an increase of USD 1.92 billion compared with the beginning of the year. QFIIs' total assets reached the amount of RMB 253 billion, among which RMB 221.5 billion or 87.55% was securities assets. Stocks held by QFIIs accounted for 1.07% of the combined free-float market capitalization of A-share market.

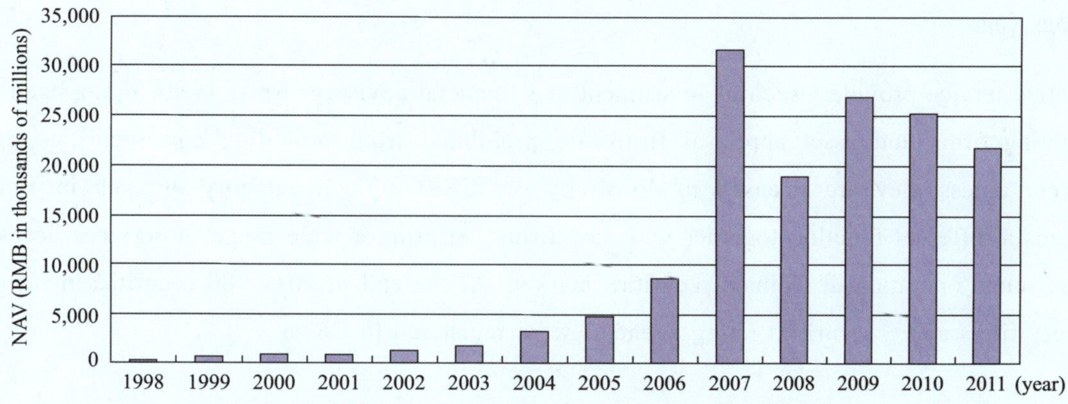

Figure 2-10 Net Assets Value of Securities Investment Funds (2001 ~ 2011)

Source: CSRC.

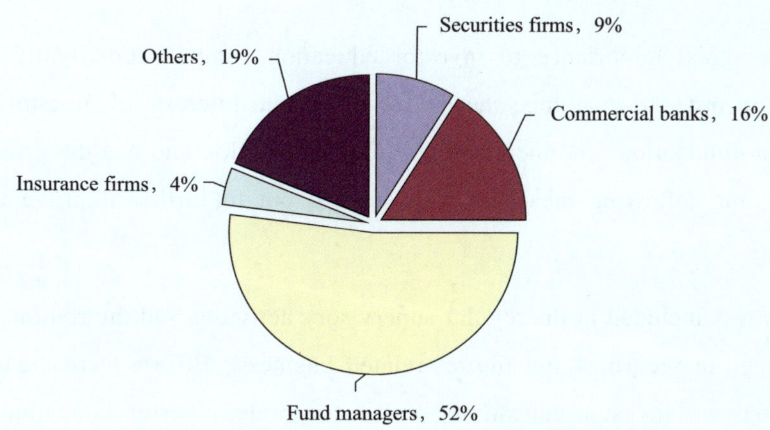

Figure 2-11 Breakdown of QFIIs

Source: CSRC.

2.6 Market Intermediaries

The growing capital markets and the effective regulatory measures in place over the past few years have made market intermediaries increasingly competitive and sophisticated in terms of capital as well as operation. By the end of 2011, a total of 109 securities firms conducted business in China, bringing a total asset of RMB 1.57 trillion, a net asset of RMB 630.3 billion, a net capital of RMB 463.4 billion, an operating income of RMB 136 billion, and a net profit of RMB 39.4 billion in aggregate.

By the end of 2011, 161 futures firms operated throughout the country and their total assets, net assets and net capital were RMB 40.223 billion (customers' assets not included), RMB 35.882 billion and RMB 32.881 respectively, up 32.28%, 32.83% and 30.87% respectively YOY. The customer margin deposits of these firms came to RMB 148.602 billion, down 8.1% YOY. The total profits of all futures firms combined decreased by 12% to RMB 2.546 billion from the previous year.

Securities service providers such as investment and financial advisory firms, credit rating agencies, accounting firms and asset appraisal firms are prohibited from providing any securities-related services, unless they are licensed to do so by the CSRC. Each category of such institutions performs a different function together with law firms, offering a wide range of services necessary for the sound operation of China's securities market. At the end of 2011, 88 securities investment advisory firms and 6 securities rating agencies were registered in China.

2.7 Investor Education

The CSRC attaches great importance to investor education, and is consistently concerned about investor education in order to guarantee the lawful rights and interests of investors, as well as the consolidation of the foundation, the increasingly orderly operation and healthy growth of the capital markets. In 2011, the following measures were carried out to further improve the promotion of investor education:

Investor education was included in the regular supervisory activities and the routine operations of the entities which engage in securities-and futures-related business. Efforts were made to improve the laws and regulations on investor education, and incorporate investor education to the relevant business rules, regulatory and self-regulatory requirements. Meanwhile, stricter supervision and inspection were imposed on entities which engage in securities-and futures-related business in relation to their implementation of regulatory requirements for investor education, and active measures were taken to establish assessment system as well as incentive and discipline mechanisms for investor education.

A multi-tiered system for investor education has been established through the joint efforts of entities which engage in securities-and futures-related business, self-regulatory bodies including exchanges and associations as well as the media. The purpose was to enable investors to form an objective understanding, make rational decisions in participating in capital markets' investment and financing activities.

Public awareness in terms of investor education have continually been promoted by organizing a wide range of activities, such as On-Line Academy for Investor Education, Open Day and Open Week for Investors, the "first to learn and then to serve" contest for top investor educators, etc.. Popular investor education tools include the on-line game "Fortune Paradise", TV series "Dancing Candlesticks", the cartoon documentary "Warnings on Insider Trading".

3. Major Regulatory Policies and Measures

In 2011, due to the current complexities of the global economic and financial situations, China witnessed an increasing number of uncertainties in domestic economic operations. The CSRC has been committed to implementing the principle of scientific approach to development, the policy of reform and opening up, and enhancing market supervision and regulation. As a result, the securities and futures market operations remain stable and sound, with all due functions operating well. As the basis of all factor markets, the capital market has played a better role in efficiently allocating resources and facilitating economic transformation.

3.1 Continuing to Develop and Improve the Stock Market

3.1.1 Pursuing the Reform of New Share Issuance through Promoting the Accountability of Market Participants and Improving Market Discipline

In order to improve the rules concerning the issuance of new shares and strengthen market discipline, in 2011, the CSRC has increased the flexibility of its procedure, allowing a longer time period between the date of approval and the date of effective issuance of new shares and permitting the issuer and the underwriter to choose any day within the valid timeframe specified in the approval document to launch the issuance. This move has received a positive response from the markets in general. Consequently, the reform of new share issuance has yielded a positive result, making the market more developed and mature by consolidating and deepening it. The specific measures include, to eliminate the risk-free return in the subscription of new shares; to let the market perform self-adjustment in the pricing of new shares; to make the inherent risks of primary market begin to emerge, giving rise to the first case of issuance suspension. The reform has considerably raised the awareness of all the market participants to value and make the full use of the market mechanism, and has led all participants to perform their due duties. All these efforts have laid a solid basis for the steady development of the capital market.

3.1.2 Implementing the Accountability System for Sponsored Projects and Strengthening the Supervision over the Conduct of Sponsors

In May 2011, the CSRC launched the sponsored projects accountability program, applicable to IPOs in the first stage. Under this program, upon receipt of application for financing, the review and approval officer shall arrange to meet the principal of the sponsor along with their representatives as well. In the meeting, the review and approval officer shall inquire about and remind the sponsor of their performance of due diligence obligation and demand sponsor representatives to assure the relevant undertakings. The establishment and delivery of the program have widen the range of regulatory means regarding sponsorship, enhanced the supervision of the quality of sponsors' practice during the review and approval process and supported the improvement of the sponsors' and their representatives' performance.

3.1.3 Developing the GEB in a stable manner and Facilitating the Growth of Emerging Industries with Strategic Significance

In the past year, the CSRC has spent great efforts in the supervision of issuance on the GEB, gradually expanding the market scale. Through the publication of the *Rules of Practice for the Expert Advisory Committee of the Growth Enterprise Board (Trial Implementation)*, the CSRC strived to utilize the advice provided by the experts to determine the market position of the GEB. In addition, the CSRC has researched and then formulated the system of refinancing on GEB, aiming to reinforce the underlying market rules. Throughout the year, the CSRC has received 246 applications for IPO on the GEB and reviewed 134 companies, approving 112 or 83.58% of them. It also called 85 meetings of the approval committee. In the past year, the GEB had 128 new listings, raising RMB 79.16 billion in total. By the end of 2011, there were 281 companies in total listed on the GEB, covering strategically significant and emerging industries, with new energy, new materials, environmental protection and energy efficiency, electronic industry and IT, advanced manufacturing and bio-pharmaceuticals taking up a share of 88.19%. High-tech enterprises and private enterprises accounted for 92.17% and 95.73% respectively.

3.1.4 Steadily Pushing Forward the Development of the OTC Market

In 2011, the CSRC continued its progress in developing the OTC market with all the preparatory tasks being conducted in an orderly manner, including laying down the general plan for the development of the OTC trading market and reinforcing the overall framework and detailed procedures.

3.2 Coordinating and Standardizing the Development of Bond Market

- **Substantially enhanced efficiency in the review and approval of bond issuance.** To follow the set rules of the bond market and the principle of market-orientation, separate the review and approval processes for bond financing and equity financing By doing so, the CSRC has optimized the mechanism and procedure of bond approval, obviously enhancing its efficiency.

- **Promote the listed companies to optimize their financing structure; expand the scale of**

corporate bonds. Based on the value of funds raised on the date of IPOs, in 2011, a record high of 126.22 billion yuan was raised through corporate bonds with a growth of 65.92 billion yuan compared with 2010.

◆ **The listed companies on the GEB have launched non-public issuance of bonds**. This measure has presented an alternative solution to the financing difficulties of SMEs, improving the structure of investment and financing products offered on the GEB. By the end of 2011, the CSRC has received three applications for non-public issuance of corporate bonds.

◆ **Listed commercial banks have finally entered the exchange-traded bond market**. Ever since September 30th 2010, listed commercial banks have been permitted to re-enter the exchange-traded bond market for spot trading, setting the stage for linkage between the inter-bank bond market and the exchange-traded bond market. By the end of 2011, all of the 16 listed commercial banks have opened securities accounts at the exchanges.

◆ **The inter-ministerial coordination program concerning corporate debentures was established**. The CSRC strengthened coordination and communication with the NDRC and the PBC, pushing forward the unification of rules and standards for corporate debentures. The system of inter-ministerial coordination has been primarily established. A consensus was reached among relevant institutions in regards to market access, information disclosure, investor appropriateness arrangement, risk prevention and so on.

3.3 Dynamic Reform and Innovation in Futures Market

3.3.1 Continuing to Encourage Innovation in Futures Products and Applicable Rules

◆ **The listing of three new contracts including lead, coke and methanol has increased the range of the functions of the futures market for the benefit of the cash market**. In designing the contracts and their business rules, the contract size was enlarged on a pilot basis, position limitations rules were strictly enforced and hedging activities were optimized, which were consistent with the principle of letting the market play a larger role and improving its quality of operation.

◆ **Reinforcing the supervisory framework in order to further standardize the regulatory actions**. In the past year, the CSRC has published 5 guidelines on the supervision over the business conducts of futures exchanges. In accordance with its aim to strengthen market oversight and strengthen the investigation and prosecution of violations, the CSRC took regulatory actions on 592 trading irregularities and investigated and prosecuted 59 violations. Progress was also made in the establishment of the Futures Market Surveillance and Monitoring System.

◆ **Promoting innovation in delivery**. In August 2011, the first physical delivery was completed under the pilot scheme of delivery in the bonded area for copper and aluminium futures. Pilot reforms of hedging rules have been conducted in regards to lead, fuel oil, gold and natural rubber futures. Keeping in line with the principles of reflecting the real economy and serving the enterprises engaging in cash commodity trading, the CSRC has organized modification of delivery rules regarding wheat, palm oil and PVC futures.

3. 3. 2 Promoting the Infrastructure of Futures Market

In the previous year, the CSRC took the following initiatives to formulate the fundamental rules governing the futures market: 1) implementing the real identity system for account opening and regulating account opening system in an unified manner, launching the examination and disposition of accounts the holders of which failed to submit the complete set of documents required; 2) encouraging and guiding the development of institutional investors, adopting the guidelines on the QFIIs' participation in Stock Index Futures Trading and urging the CBRC to promulgate the administrative measures on trust companies' participation in stock index futures business; and 3) establishing an indicators system for assessing the performance of the future contracts' due functions, and completing the first assessment report.

3. 4 Further Enhancing the Quality of Listed Companies

Listed companies are the cornerstones of the capital market. Over the past year, the CSRC centered its work in this area on the information disclosure regulation, with the objectives to increase the transparency of listed companies and to urge listed companies to further develop corporate governance and decision-making mechanism, and to specify the reward planning and dividend policy so as to increase transparency in dividend distribution. The CSRC has also launched the first stage of internal control pilot project among 287 listed companies. Furthermore, it has amended the regulations on material asset restructuring and the related financing rules in connection with listed companies, fostering the capital market to better support the M&A activities and promoting the initiative of "Mitigating Peer Competition between affiliated companies and Curbing Related Party Transac-tions". In addition, the CSRC encouraged some restructured listed companies to become fully listed as a whole. Among 136 key enterprises, 92 have completed restructuring and reform, 24 large-sized enterprise groups made comprehensive planning of and commitment to becoming fully listed, with an aggregate high-quality asset injection of 325. 8 billion yuan.

◆ **Standardizing the administrative approval of M&A of listed companies**. In the previous year, the CSRC made their review and approval criteria public, promulgating the *15 Major Concerns on the Review and Approval Comments on Issues Commonly Observed in M&A and Restructuring Activities* and *Answers to 37 FAQ* in order to increase transparency in M&A regulation. Throughout the year, the CSRC has approved 69 listed companies' asset restructuring cases with a combined transaction value of 236. 9 billion yuan.

◆ **Steadily moving ahead with the reform of delisting procedure for listed companies**. Sound delisting procedure for listed companies is an indispensable component of the multi-tiered capital market. To solve the problems existing in the current delisting system, the CSRC has taken into account the inputs from the various groups of entities concerned. After carrying out in-depth research, the CSRC has specified the general guidelines of the delisting procedure, clarified the objectives to be reached and the actions to be taken in order to achieve these objectives. Eventually, after proper preparations, the CSRC promulgated the *Plan on Improving the Proce-dure Applicable to Delist from the Growth Enterprise Board (Interim Version for Public Consultations)*, which raises the threshold for restructuring by any company contemplating to initiate delisting procedure and set standards for listings through shell companies. By doing so, the CSRC has steadily launched the pilot program of reforming the delisting system.

◆ **Accelerating to establish the regulatory arrangements for the non-listed public companies**. In recent years, the CSRC has been committed to developing the *Interim Measures for the Administration of non-listed Public Companies* and the regulations and rules thereunder, clarifying the following issues: focus and scope of regulation, corporate governance, information disclosure, access to the public share transfer system, private placement of shares, and supervision and monitoring. A regulatory proposal was also drafted covering joint stock enterprises with over 200 shareholders.

3. 5 Improving the Healthy and Steady Development of Various Intermediaries

3. 5. 1 Guiding securities firms to enhance risk prevention capabilities and to be more professional in service-delivery.

◆ **Adjusting and optimizing administrative licensing**. Having made information on the course of the entire review and approval process public in 2010, the CSRC has dispatched the review and approval responsibilities to the regional offices in a steady manner, which has further improved regulatory efficiency. By the year end, the CSRC has delegated the authority of granting administrative permissions to securities firms in five situations to all its regional offices, including the review and approval of changes in major terms of the bylaws of concerning enterprises.

◆ **The removal of the pilot status of margin trading and securities financing**. Since March 2010, 25 securities firms have been approved to carry out margin trading and securities financing as a pilot program. Drawing from the experience of the pilot project, the CSRC revised and published the *Measures for the Administration of Margin Trading and securities financing by Securities Firms* and the *Guidelines on the Internal Control of Margin Trading and securities financing of Securities Firms*, turning these successful pilot activities into regular practice. Meanwhile, in order to strengthen the detailed mechanisms for margin trading and securities financing, the CSRC published the *Trial Measures for the Supervision and Administration of Refinancing Business*, laying down the fundamental framework for relevant rules and preparing for the launch of refinancing activities. By the end of the year, the aggregate margin trading and securities financing transactions amounted to 587. 1 billion yuan, with an outstanding balance of 38. 3 billion yuan; a total of 2, 156 securities firms' branches had been involved in margin trading and securities financing, with 350, 000 accounts opened to trade securities with borrowed funds or stocks.

◆ **Strengthening the supervision of securities firms' risk exposure**. Using the latest models in risk exposure supervision adopted by IOSCO, the CSRC has required securities firms to incorporate stress tests into their risk management program and to establish a sound stress test system. The CSRC has organized unified stress and scenario testing throughout the industry as a whole. The results indicate that the overall risk exposures of the securities industry under various stress scenarios are still within the acceptable boundaries, with no major systemic risks that might affect the financial stability. Furthermore, the CSRC assessed the existing risk control indicators, proposing a comprehensive approach built upon a "counter-cycle" adjustment mechanism and an improved risk control indicators system. Making full use of a wide range of means and measures, the CSRC has enhanced its systematic surveillance and analysis of risk exposure over the full array of the business activities of securities firms, in particular those related to new business sectors like stock index futures and margin trading and securities financing, with the objective of preventing the spreading of cross-market risks.

◆ **Urging securities firms to improve compliance management**. The CSRC has required securities firms to put in place and rigorously implement the Chinese Wall system in a targeted manner, so as to prevent conflicts of interests and insider trading between the firms and customers or among customers. The CSRC has guided securities firms in improving the assessment of compliance management effectiveness by means of self-examination and correction with the aim to consolidate the compliance management system. The *Code of Corporate Governance for Securities Firms (Trial Implementation)* and the *Guidelines on the Internal Control for Securities Firms* were revised to incorporate effective experience and approaches so as to strengthen the governance structure and internal control in securities firms.

◆ **Promoting the upgrading of customer services in securities firms**. After assessing the existing policies in regards to newly established securities firms' branches, the CSRC has formulated a policy proposal to support the securities firms' differentiation strategy in the development and management of branches. The CSRC also offered its guidance to the Securities Association of China in drafting the *Customer Service Guidelines for Securities Firms*, facilitating the securities firms to develop its customer classification and the system of multi-tiered management over the products and services, as well as to improve customer appropriateness management. The *Measures for the Administration of Customers' Transaction Settlement Funds* was revised, stipulating to further standardize the management over settlement funds of customers so as to protect their legitimate rights.

◆ **Supporting innovative development of securities firms**. Drawing from the analysis of industry innovations, the CSRC promulgated the *Guidelines on Business (Product) Innovation for Securities Firms*, specifying the necessary mechanisms for market access for innovative business, risk prevention, incentives and supervision. Under the guidance of the CSRC, eight securities firms implemented three innovative pilot projects respectively on the repurchase through quotation and upon mutual agreement as well as the cash management products. The qualified securities firms were encouraged to go public and conduct M&A in their growth strategy. In 2011, three securities firms were newly-listed, with the total number of listed Chinese securities firms reaching 18 by the end of the year. Moreover, based on the experience from the direct investment pilot project, all direct investment projects have subsequently been placed under the CSRC's routine supervision. Four subsidiaries were established by securities firms injecting direct investment therein, raising the total number of companies in this category to 34 by the end of 2011.

3.5.2 Fostering the Steady Development of Fund Industry

◆ The CSRC has continued the review of funds by product category, and introduced a separate review procedure for index-linked equity funds to facilitate its development. By the end of the year, the CSRC reviewed 52 applications for the establishment of an index fund and approved 45 of them. 54 index funds completed fund raising, bringing index products into a new stage of rapid development.

◆ Exploring the establishment of a fast track review system for innovative funds in order to improve the specific measures to support product innovation. In 2011, the CSRC further specified the rules and procedures to determine innovative products, and provided six-month protection period for such products.

◆ The CSRC has been actively promoting the pilot project in which third party payment institutions participate in fund distribution and substantive progress has been made. By December 2011, China PnR and AllIn Pay have engaged in such cooperation with 42 and 29 fund management companies respectively.

◆ Rules relating to the management of customer assets through separate accounts by fund managers were revised, whereby the thresholds for managing customers assets through separate accounts were lowered, the range of firms eligible for engaging in such business on a pilot basis was expanded and relevant business rules were optimized, thus facilitating the differentiation strategy of fund management companies.

◆ To meet the market demand, the CSRC sped up the review and approval process for the establishment of fund management firms. Throughout the year, the CSRC approved 6 fund management companies' applications for establishment. By the end of 2011, there are a total of 69 fund management firms in China, managing 914 securities investment funds with a net combined funds asset value of 2. 19 trillion yuan and holding shares with an aggregate market capitalization of 1. 29 trillion yuan.

3. 5. 3 Strengthening the Capabilities of Futures Firms through Innovative Development

◆ **The investment advisory business of futures firms was successfully launched.** With the investment advisory service among futures firms initiated in March 2011, the futures firms are now allowed to adopt a diversified business model along with the basic futures brokerage activities, providing clients with professional advisory services concerning futures investment. The new business was developed in response to the demands of national economy, and advisory services are provided primarily to enterprises conducting business in real economy, futures industry professionals and institutional investors. By the end of 2011, 47 futures firms have been authorized to engage in investment advisory services.

◆ **The CSRC has been committed to promoting the innovative pilot project pertaining to futures firms' overseas futures brokerage services.** To implement the relevant requirements in the *Regulations for the Administration of Futures Trading* as well as to meet the needs of domestic enterprises trading on the spot market to manage risks through overseas commodity futures market, the preparation tasks for such a pilot project started in May 2011. This pilot project aims to keep risks under control, and includes a limited number of market participants with an ultimate aim to gradually apply to the whole industry. Further research was also carried out upon customer asset management services among futures firms.

◆ **Continuing the development of fundamental rules governing the futures industry and identifying the regulatory criteria applicable to futures firms' branches**. The CSRC placed the regulation of branches high on its agenda in 2011. The *Provisions for the Administration of Futures Firms' Branches* was adopted, providing requirements concerning facilities criteria, executives' performance, internal control and compliance management.

◆ **Improving the regulatory system structured by futures firm category, and organizing the category-based evaluation in 2011.** Based on the supervisory practices, the CSRC revised the related rules, taking into consideration such major indicators as corporate competitiveness, nurture and development of institutional investors, etc. Under the guidance of the CSRC, futures firms further strengthened their role as an intermediary; successful futures firms were encouraged to grow through M&A and restructuring, to better serve the real economy. Meanwhile, in order to increase transparency of the aforementioned evaluation process and make full use of the evaluation results in guiding the investors, such results were made public for the first time on the website of the China Futures Association in 2011.

◆ **Further strengthening the routine oversight on futures firms, and ensuring the implementation of supervisory policies**. The CSRC organized a comprehensive examination of all futures firms and part of their branches between July and November 2011, focusing on the risk control capability and the level of information technologies, in order to adopt a more efficient, targeted and pro-active approach in the regulatory work.

3.5.4 Reinforcing On-Site Inspection of Audit and Appraisal Firms

◆ **Improving internal mechanism and coordination**. The CSRC strengthened its accounting department's functions in organizing, guiding and coordinating on-site inspections. The Securities Supervision Offices at the SSE and the SZSE formed an inspection team composed of full-time staff to conduct inspections.

◆ **Targeting the Inspection on Certain Audit and Appraisal Firms to Help Improve the Level of Practice**. According to problems of audit and appraisal firms identified by the regional offices, the CSRC closely examined the potential risks and focused its inspection actions on a number of audit and appraisal firms which were found to have weak quality control system and obvious risk exposures, so as to help them improve their practice.

◆ **Expanding the scope of and going into details in on-site inspections**. The CSRC stepped up its efforts in the inspections of the futures firm branches, and reinforced the examination of such elements as integrated management of the head offices and branches, the quality control system and independence of branch offices. In addition, *ad-hoc* examinations were conducted on certain high-profile IPO projects in 2011. Based on the results of such *ad-hoc* examinations, the CSRC has also extended the inspection to concerning audited entities.

◆ **Striving for better coordinated and more effective supervision**. The CSRC further strengthened coordination with the Ministry of Finance and the Chinese Institute of Certified Public Accountants, introducing a mechanism of regular notification and consultation. The CSRC notified relevant regional offices about the problems in listed companies as identified during the inspection, requiring the regional offices to compel the listed companies in question to carry out corrections, which has improved its supervisory efficiency.

In 2011, the CSRC conducted a comprehensive on-site inspection program as well as 3 targeted inspection actions over 5 accounting firms and 4 asset appraisers, effectively contributing to the enhancement of internal control and practice quality among auditors and appraisers.

3.6 Reinforcing the Rule of Law and Market Integrity

3.6.1 Toughening the Crackdown on Insider Trading and Other Violations

◆ **Concentrating on the investigation of insider trading cases**. In 2011, the CSRC reinforced its actions in identifying clues of insider trading and disposing corresponding cases, emphasizing prompt investigations and sanctions, and striving for the prosecution of criminal liability upon insider trading. Throughout the year, the CSRC processed 129 alleged insider trading cases, initiated informal investigations on 70 cases and formal investigations on 48 filed cases, while transferring 20 suspected criminal insider trading cases to the relevant public security authorities. The CSRC also worked to secure convictions of major insider trading cases such as in the *Zhongshan Public Utilities Case* and the *Xinjiang Tianshan Wool Tex Stock Co., Ltd. Case,* with an effect of deterrence.

◆ **Strengthening the prevention of insider trading at its root**. In order to effectively prevent and curb insider trading and other violations, in November 2011, the CSRC started to apply the requirement of insider registration to all listed companies. All 36 regional offices under the CSRC established a coordinated prevention and control program with local governments, disciplinary authorities, state-owned asset administration and public security authorities. The number of insider trading cases and the proportion of major trading irregularities at the secondary market witnessed a decline in 2011.

◆ While cracking down on insider trading, the CSRC has also adopted stringent measures on market manipulation, fraudulent information disclosure by listed companies. In addition, the CSRC also promptly and effectively dealt with various newly-emerged violations in equities, futures, and fund management markets or cross-market context.

In the past year, the CSRC received 290 alleged violations and investigated 209 new cases. 57 administrative sanction decisions and 11 market banning decisions were made, including administrative sanctions on 13 listed companies, 2 accounting firms, 1 futures broker and 26 other institutions. Administrative sanctions on 198 individuals, revocation of the registration of 3 practitioners, as well as market banning of 16 persons were imposed. 25 suspected criminal violations were referred to relevant public security authorities, with a total amount of disgorgement of RMB 348 million. Those efforts have effectively safeguarded the stable and sound operation of the capital market.

3. 6. 2 Regulating Based on Laws, Strengthening Legal Framework and Integrity of the Capital Markets

◆ **Continuing the development of the legal framework**. In 2011, the CSRC participated in the revision of the *Securities Investment Fund Law* led by the Financial and Economic Affairs Committee of the National People's Congress (NPC), which added more content on the operation of mutual funds, and particularly inclu-ded the supervisory arrangements on private funds. The draft revision has already been reviewed by the Financial and Economic Affairs Committee and submitted to the standing committee of the NPC for review. In order to meet the requirements of the 12th Five Year Plan and market development, the CSRC is currently reviewing the experience and effects of the implementation of the *Securities Law*. Through this initiative, the CSRC expects to identify and address the material practical problems, including the functions of the capital markets, their operation mechanisms and enforcement issues. This initiative will provide grounds for future amendment of *the Securities Law*. Meanwhile, as a preparation for the formulation of the *Futures Law*, the CSRC has carried out a legislative research.

◆ **Issuing judicial interpretations to support the crackdown on violations in securities and futures markets**. By now, the Supreme People's Court, the Supreme People's Procuratorate, the Ministry of Public Security and the China Securities Regulatory Commission has jointly promulgated the *Opinions on Several Issues Relating to the Dealing with Securities- and Futures-related Criminal Offences*. Meanwhile, the Supreme People's Court and the Supreme People's Procuratorate will soon publish the *Interpretations on the Legal Provisions Applied to the Dealing with Insider Trading and Other Criminal Cases*. Such documents are intended to deal with difficulties in the identification of insider trading, enhancing centralized jurisdiction over, evidence transfer of and enforcement cooperation on securities and futures cases.

◆ **Continuing to reinforce the capital markets' integrity**. In 2011, the CSRC commenced its project of upgrading the market integrity database, broadening the range of integrity information to be reported. At present, over 9, 500 entries of integrity data relating to market entities and individuals have been entered into the database. Inquiry through terminal under the integrity system has begun, based upon the information-sharing platform with the PBC. The CSRC emphasizes the reference to integrity information, which has become an indispensable procedure for the CSRC during its review for administrative licensing. In 2011, the number of inquiries of such integrity information amounted to approximately 100 times a day. In addition, the CSRC has also been devoted to guiding the Securities Association of China and the China Futures Association to enhance the integrity management of their members and market practitioners.

3. 6. 3 Conducting the Examination and Rectification of Trading Venues in a Steady and Orderly Manner

In accordance with the *Decision of the State Council on Examining and Rectifying All Types of Trading Venues and Preventing Financial Risks* (Guo Fa [2011] No. 38), the CSRC led the inter-ministerial joint meeting regarding the rectification of various trading venues and coordinated with 23 agencies, including the Publicity Department of the CPC Central Committee, the Ministry of Commerce, the State-owned Asset Supervision and Administration Commission of the State Council (SASAC) and the State Administration for Industry and Commerce (SAIC). It also served as an organizer and coordinator in the rectification actions with relevant authorities and provincial governments, conducting a survey of various trading venues and supervising local governments in the establishment of rectification plans.

4. Opening Up and International Regulatory Cooperation

4. 1 Propelling the Opening Up of the Securities Market

The policy of "Opening Up" has been the major driving force for the development of China's capital markets. Adhering to the guideline of "placing greater attention on domestic market players to achieve steady and secure development where participants can compete, cooperate and enjoy mutual benefits", the CSRC is always dedicated to promoting the opening up of the securities industry. While honoring China's WTO commitments, the CSRC has also implemented proactive policy measures of opening up the securities industry and the capital markets with more involvement of participants from Hong Kong SAR, Macau SAR and Taiwan.

Over the past two decades, China's capital markets and securities industry experienced a gradual process of opening up, represented in the following four aspects: in terms of share issuance, the domestic companies went from issuing B-shares to H-shares then to issuing both A-shares and H-shares; as for foreign securities institutions, they started by setting up China offices and then moved on to joint ventures, while domestic securities firms increasingly branched out to overseas. Meanwhile, regarding licensing schemes, following the implementation of QFII and QDII schemes, RQFII was piloted; in terms of agreements reached, Mainland and Hong Kong Closer Economic Partnership Arrangement (CEPA) and Economic Cooperation Framework Agreement (ECFA) were followed by CEPA Supplementary Agreements and ECFA follow-up negotiations. With these gradual changes, China's capital markets and securities industry have enjoyed higher international exposure and participation.

4. 1. 1 Supporting Qualified Domestic Enterprises to Get Listed Overseas

Overseas listing of domestic enterprises is an essential approach and long-term policy in China for utilization of foreign investment. Qualified domestic enterprises enjoy the freedom of choosing the location for overseas listing. The CSRC encourages domestic enterprises to issue stocks and get listed in both domestic and foreign markets, so that they can make better use of resources from both markets, participate in international economic cooperation and improve their own international competitiveness.

As of the end of December 2011, 171 domestic companies were listed overseas, raising USD 174. 72 billion in total. Among these, 138 were listed on the HKEx's Main Board (including ten cross-listings in New York, four in London, and one in New York and London), 30 on the HKEx's GEM and 3 in Singapore. Of the 171 H-share companies, 73 had already issued A-shares and been listed.

4. 1. 2 Allowing Foreign Capital to Participate in China's Securities and Futures Industry

◆ **Foreign Shareholding in Securities Firms**. At present, joint venture is adopted as the main form of foreign investment in securities firms. To be specific, foreign shareholders mainly adopt two approaches: establishing joint ventures with Chinese partners and acquiring shares in listed securities firms as strategic partners. As of the end of 2011, 14 securities joint ventures, including China International Capital Corporation Limited (CICC), were established upon approval. Among these, one (Yangtze River's Paris Peregrine Securities Company Ltd.) has already terminated the joint venture partnership to register as a domestic-funded company. At present, 12 joint ventures are in operation, making up 11% of all 109 securities firms. Citi Orient Securities Co. , Ltd. has been newly approved in 2011 and is to be established. The foreign partner in this joint venture is Citigroup Global Markets Asia Limited, holding 33. 3% shares. In addition, in accordance with the administrative measures for QFIIs, foreign investors may acquire shares in listed securities firms through QFIIs pursuant to applicable laws and regulations.

◆ **Fund management firms with foreign shareholders**. As of the end of 2011, 39 fund management joint ventures were established upon approval, making up 57% of all 69 fund management firms. Foreign shareholders' participation reached the upper limit of 49% in 17 of these 39 joint ventures. In 2011, the establishment of Founder Fubon Fund Management Co. , Ltd. was approved, with its Taiwan shareholder Fubon Securities Investment Trust Co. , Ltd. holding 33% of the company's shares. Meanwhile, Power Corporation of Canada has acquired shares in China Asset Management Co. , Ltd. , holding 10% stakes.

◆ **Futures management firms with foreign shareholders**. By the end of 2011, in accordance with CEPA and relevant *Supplementary Agreements*, the CSRC had approved RBS Asia Futures Limited, Newedge Group, J. P. Morgan Broking (Hong Kong) Limited to invest in Galaxy Futures Broker Company Limited (presently known as Galaxy Futures Company Limited), CITIC Futures Brokerage Co. , Ltd. (now CITIC Newedge Futures Co. , Ltd.) and Zhongshan Futures Brokerage Co. , Limited (now J. P. Morgan Futures Co. , Ltd.), holding 16. 68%, 42% and 49% stakes in the three companies respectively.

◆ **Other statistics regarding market opening**. In accordance with China's WTO commitments for the opening up of the securities industry, as of the end of 2011, SSE and SZSE each had three special members, as well as 38 and 19 foreign securities institutions directly involved in B-share transactions respectively thereon. In addition, nine foreign securities exchanges established China offices upon approval, while 169 Chinese representative offices of foreign entities which engage in securities-related activities were established upon approval. Of these 169, 124 were established by foreign securities firms and 45 by foreign asset management firms.

4.1.3 Driving Chinese Securities Institutions to "Go Global"

◆ **Overseas branches of securities firms**. As of the end of December, 2011, 20 securities firms including CICC had established securities subsidiaries in Hong Kong ("Hong Kong Subsidiary" or "Hong Kong Subsidiaries") through new establishment or acquisition to conduct cross-border securities business. Among them, 16 have already started operation and are currently running soundly, mainly engaged in securities underwriting, brokerage, proprietary trading and asset management. CICC was the first to set up a Hong Kong Subsidiary upon the approval of the PBoC; the other 19 companies founded their Hong Kong Subsidiaries upon the CSRC's approval. In 2011, Industrial Securities and Caitong Securities were newly approved to establish Hong Kong Subsidiaries.

◆ **Overseas branches of fund management firms**. As of the end of 2011, 15 domestic fund management firms, including E Fund Management Co., Ltd., established wholly domestic subsidiaries or joint ventures upon approval. Among these, 13 were granted Hong Kong Type 4 license to provide securities-related advice and Type 9 license for asset management (two were even granted Type 1 license for securities trading). The three newly approved subsidiaries in 2011 belong to Lion Fund Management Co., Ltd., ICBC Credit Suisse Asset Management Co., Ltd. and Fortune SG Asset Management (Hong Kong) Co., Ltd. respectively.

◆ **Overseas branches of futures firms**. Since 2006, in accordance with relevant arrangements in *CEPA Supplementary Agreement II*, the CSRC has approved 6 futures firms including Yongan Futures to establish Hong Kong Subsidiaries. In 2011, the 6 Hong Kong Subsidiaries operated smoothly, meeting all the regulatory requirements of the Hong Kong SFC and providing positive experience of domestic futures firms going global.

4.1.4 Actively Implementing the Schemes of QFII, RQFII and QDII

◆ **The implementation of the QFII scheme. As the Chinese currency RMB is not yet fully convertible under the capital account,** the scheme of Qualified Foreign Institutional Investors (QFII) was introduced as a transitional arrangement. Since its implementation in 2002, QFIIs have operated smoothly, playing a vibrant role in ushering long-term capital into the market and promoting value investment.

In 2011, the CSRC pushed ahead with QFII licensing, the CSRC strengthened the supervision on QFII investment operations and published the *Guidelines for QFIIs' Participation in Stock Index Futures Trading*. Throughout the year, 29 new foreign firms were granted QFII status, bringing the total number of QFIIs to 135. Among the firms, 74% were long-term investment institutions such as asset management firms, insurance funds and endowment funds. The State Administration of Foreign Exchange (SAFE) approved USD 1.92 billion of QFII investment quota, raising the total quota to USD 21.64 billion. From this point on, the CSRC will enhance the supervision on QFII investment operations and speed up QFII review and approval, thus attracting more long-term capital and contributing to the sound development of the capital markets.

◆ **Launching the pilot project of RQFII investment in domestic capital markets.**

In order to push forward the opening up of China's domestic securities market, promote the cross-border business of fund management firms and securities firms, expand the Renminbi investment channels overseas and facilitate the steady growth of Hong Kong's financial market, on December 16th 2011, the CSRC, PBoC and SAFE jointly published the *Measures for Pilot Domestic Securities Investment by Renminbi Qualified Foreign Institutional Investors of Fund Management Firms and Securities Firms*, allowing Hong Kong Subsidiaries of qualified fund management firms and securities firms to channel Renminbi funds raised in Hong Kong into domestic securities investments within the approved RMB investment quota.

In the same year, the CSRC also published the *Provisions on Implementing the Measures for Pilot Domestic Securities Investment by Renminbi Qualified Foreign Institutional Investors of Fund Management Firms and Securities Firms*, allowing eligible Hong Kong Subsidiaries of fund management firms and securities firms to file applications for the RQFII status.

The pilot project of RQFII has been progressing smoothly. By the end of 2011, 9 Hong Kong subsidiaries of fund management firms and 12 Hong Kong subsidiaries of securities firms had obtained the license to participate in the pilot program with a total investment quota of RMB 20 billion. At present, most of these pilot firms have already started raising Renminbi funds in Hong Kong. The CSRC will draw experience from the pilot program and carry out research on further expansion of RQFII's scale and scope of investment.

◆ **The implementation of the QDII scheme. Qualified Domestic Institutional Investors**(QDII) refer to financial institutions with excellent securities investment capabilities, which, upon the approval of regulatory bodies, can invest in foreign securities markets with proprietary funds or money raised from domestic residents and enterprises. Given that the Renminbi is not fully convertible under the capital account, the QDII scheme was launched as a transitional arrangement to enable overseas securities investment in a regulated manner. In August 2006, with the consent of the State Council, the CSRC approved HuaAn International Allocation Fund to undertake private fund raising under the QDII pilot project. In June 2007, the CSRC published the *Trial Measures for the Administration of Overseas Securities Investment by Qualified Domestic Institutional Investors*

(the CSRC Decree No. 46) and related notice, launching the QDII pilot project for entities engaging in securities-related business.

By the end of 2011, 32 fund management firms and 10 securities firms had been granted QDII status to conduct securities investment in overseas financial markets. Among the approved 59 QDII fund products, 51 were established. Five QDII asset management plans were approved and then established. When combined, the approved QDII products embraced the net asset value of RMB 58. 2 billion. Within the year, 22 QDII funds and one QDII asset management plan were approved, while 24 QDII funds and three QDII asset management plans were established.

Since the launch of the pilot QDII scheme, the CSRC has always kept the scale of fund raising within reasonable limits and continually improved relevant regulations and rules in order to address difficulties arising from the international financial crisis. Generally, rules and regulatory framework governing the QDII scheme have already been established. Despite the losses caused by adverse international financial situations, the pilot project has made steady progress, achieving the preliminary objectives of expanding public investment channels, relieving the pressure of foreign exchange reserve increment and rendering securities institutions more international. Specifically speaking: 1) QDII products operated smoothly and withstood the grim challenges posed by the international financial crisis; 2) QDIIs had a wider product range, expanding investors' options in asset allocation; 3) QDII arrangements have raised the international exposure of entities engaging in securities-related businesses, promoting the implementation of the "going global" strategy; 4) the QDIIs has contributed to the orderly flow of cross-border capital, playing a positive role in improving international balance of payments (BOP) and the management methods of foreign exchange reserves.

To sum up, the opening-up policy has helped usher in long-term capital, advanced management experiences and techniques, facilitated market competition and financial innovation, thus enhanced the service efficiency and quality of China's securities industry, playing an active part in optimizing resource allocation in China's capital market and making the market serve the real economy and social development. The current policy of opening up China's capital markets and securities industry and its implementation are in step with the development of the capital markets and regulatory capabilities at present. The policy of steady and gradual opening up of the securities industry has withstood the test of the international financial crisis, and helped maintain market stability and financial security in China.

Centered on the actual demands within China's capital markets as well as the overall planning and arrangements of the opening up of China's financial industry, the CSRC will stick to the guideline of "placing greater attention on domestic market players to achieve steady and sound development where participants can compete, cooperate and enjoy mutual benefits", further open up domestic securities industry by allowing in market participants from Hong Kong SAR, Macau SAR and Taiwan first and gradually increase the internationalization of Chinese capital markets. The CSRC will speed up the pace to introduce into China institutions, talents, expertise and technologies from mature markets overseas, thus enhancing the overall service quality, efficiency and core competitiveness of the securities industry. Furthermore, the CSRC will: accelerate the opening up of the bond market by allowing qualified foreign institutions and enterprises to issue bonds in China; press ahead with formulating rules and regulations on allowing foreign enterprises to issue stocks and get listed in China, thus developing the international board market; promote the opening up of the futures market and launch new commodities futures contracts like crude oil, attract global investors in to build China into one of the global trading centers for commodities futures including energy in order to better facilitate the development of the national economy and safeguard the national financial security.

4.2 Cooperation with Hong Kong, Macao and Taiwan Securities Market

4.2.1 Hong Kong and Macao

In line with the *Mainland and Hong Kong Closer Economic Partnership Arrangement* (CEPA) and its *Supplementary Agreements*, the following opening-up measures have been implemented:

- As from January 1st 2004, Hong Kong Exchanges and Clearing Limited (HKEx) is permitted to set up a representative office in Beijing; procedures for professionals from Hong Kong and Macao to apply for securities and futures practitioner qualifications in the Chinese Mainland are simplified as they are required to take trainings and pass exams on mainland legal knowledge only and not on professional knowledge;

- As from January 1st 2005, qualified intermediaries from Hong Kong and Macao are allowed to hold up to 49% equity stake in futures brokerage firms in the Mainland;

- As from January 1st 2006, qualified Mainland securities firms participating in innovation pilot projects are permitted to set up subsidiaries in Hong Kong in accordance with relevant requirements. Qualified Mainland futures firms are now permitted to launch futures businesses, including setting up branches, in Hong Kong;

- As from January 1st 2008, qualified Mainland fund management firms are allowed to set up branches in Hong Kong to conduct businesses as authorized by law. The time period granted for those branches to complete the registration procedures is extended from six months to one year.

- As from October 1st 2009, qualified securities firms from Hong Kong and Macao are allowed to establish joint venture securities investment advisory firms in Guangdong Province with domestic securities firms that are qualified to set up subsidiaries. Such a joint venture firm is operated as a subsidiary of the domestic partner and is specialized in providing securities investment advisory services. Securities firms from Hong Kong or Macao can hold up to one third of the total shares of the joint ventures. The Mainland and Hong Kong are carrying out research on introducing H-share Exchange-traded Fund (ETF) to the Mainland.

- As from January 1st 2011, qualified Hong Kong Subsidiaries of Mainland futures firms are encouraged to conduct businesses in accordance with applicable laws and regulations in Hong Kong. The Mainland and Hong Kong are cooperating closer in terms of new financial services and product development and plan to launch cross-border ETFs tracking Hong Kong stocks at the right time.

- As from April 1st 2012, qualified securities institutions in the Mainland are encouraged to set up branches in Hong Kong and Macau and operate in accordance with relevant laws; cooperation is deepened between Hong Kong, Macao and the Mainland regarding new financial services and product development, permitting the RQFIIs to invest in domestic securities market.

By the end of 2011, the CSRC had approved three Hong Kong-based intermediaries to participate in Mainland futures firms. In addition, 20 securities firms, six futures firms and 15 fund management firms from the Mainland had been approved to set up branches in Hong Kong (See Tables 9 to 11 for lists thereof).

4.2.2 Taiwan

Under the framework of the *Cross-Strait Financial Cooperation Agreement*, on November 16th 2009, the CSRC signed the *Memorandum of Understanding Regarding Cross-Strait Regulatory Cooperation on Securities and Futures* with the financial regulator of Chinese Taipei, which entered into force on January 16th 2010, marking the inception of the program on cross-strait securities and futures regulatory cooperation and laying down a foundation for the cooperation between the securities and futures markets of both sides. In 2010, the CSRC took an active part in the negotiations on the *Economic Cooperation Framework Agreement* (ECFA), making three commitments on opening-up in the *ECFA Early Harvest List*:

- Facilitating Taiwan-funded financial institutions' application for QFII status in the Mainland;

- Taiwan Stock Exchange and Taiwan Futures Exchange shall be included as soon as possible in the list of exchanges on which QDIIs are permitted to invest in financial derivatives;

◆ Simplifying procedures for licensed securities professionals from Chinese Taipei to apply for practitioner qualifications in the Mainland.

By the end of 2011, the CSRC had approved eight Taiwan-funded financial institutions' QFII status, among which five were granted USD 100 million investment quota each.

4.3 International Exchanges and Cross-border Regulatory Cooperation

4.3.1 Active Participation in Multilateral and Bilateral Consultations to Strengthen International Cooperation

◆ **Deep involvement in the international financial and regulatory reform under the G20 and FSB framework.** Since the outbreak of the financial crisis, the G20 and the FSB have played an important role in pushing forward the reform of the international financial systems and regulatory cooperation. In 2011, the CSRC attached great importance to and actively participated in China's preparation for the G20 Summit in Cannes, and put forward relevant and proposals and recommendations. Meanwhile, the CSRC, together with other Chinese authorities concerned, committed itself to implementing the action plans under G20 and the FSB initiatives and engage in G20 peer review on macroe-conomic policies, in an effort to promote international financial regulatory cooperation and accelerate the international financial regulatory reform.

◆ **Participation in bilateral economic and financial dialogues and consultations.** In 2011, the CSRC participated in the third round of the Sino-US Strategic and Economic Dialogue (S&ED), the fourth Sino-UK Economic and Financial Dialogue (EFD), as well as bilateral consultations with the EU, Canada, Russia, India and Kazakhstan. The CSRC and its foreign counterparts shared information and thoughts on key issues in market development and regulatory policies, and enhanced cross-border cooperation in regulation and enforcement to safeguard the fairness, transparency and efficiency of the capital markets.

◆ **Engagement in the WTO trade policy review, FTA negotiations, Article IV consultations coordinated by the IMF, China's sovereign rating by Moody's and other related work.** The CSRC actively participated in the WTO trade policy review, answered questions from other members regarding China's securities and futures sector, offered suggestions for the Doha Round negotiations of rules concerning trade in services, sent representatives to attend relevant meetings organized by organs under the WTO Council for Trade in Services, as well as engaged in the work regarding FTA negotiations, Article IV consultations, China's sovereign rating by Moody's and the APEC Unilateral Action Plan. In addition, the CSRC also carried out various forms of cooperation with the EU under the program of "Sino-Europe Sustainable Investment and Trade" and maintained contact and cooperation with regional and international organizations including the OECD, the ADB and the World Bank.

◆ **Participation in IOSCO initiatives**. As a global forum for securities regulators and the international securities standard-setter, IOSCO issued a series of reports and policies to address the financial crisis, standing as a key force in the world's response to the crisis. Since joining IOSCO in 1995, the CSRC has become a member of all the major committees within IOSCO, including the Executive Committee (EC), the Technical Committee (TC), the Emerging Markets Committee (EMC), the Asia-Pacific Regional Committee (APRC), etc., with its efforts widely acknowledged by IOSCO members. In 2011, the CSRC continued to actively engage in various IOSCO endeavors, including attending EC meetings, sending staff to participate in research and standard-setting activities of Standing Committees and Task Forces under TC and EMC, drafting and revising relevant reports, and giving feedback to questionnaires. In revising and drafting IOSCO's new strategic direction and principles , the CSRC has played its due role.

In addition, the 2012 Annual Conference of IOSCO will be held in Beijing. This will be the first time for the CSRC to host an IOSCO Annual Conference. A full-time organizing committee has been set up to prepare for this event. Up till now, the preparations are well under way.

4. 3. 2 Regulatory MOUs and Cross-border Regulatory Cooperation

◆ **Bilateral MOUs on regulatory cooperation**. Signing bilateral memoranda of understanding (MOUs) is one of the major means for the CSRC to strengthen regulatory cooperation with overseas counterparts, and one of the preconditions for foreign financial institutions to engage in certain activities in China's capital markets, such as setting up joint-venture securities or fund management firms and applying for QFII or QDII status. In 2011, the CSRC signed *MOUs Regarding Securities and Futures Regulatory Cooperation*, respectively on March 29th with the Israel Securities Authority, on April 7th with Qatar Financial Market Authority and on September 19th with Laos Securities Exchange Commission. By the end of 2011, the CSRC had signed 51 MOUs with regulators from 47 jurisdictions.

◆ **Becoming a signatory to IOSCO's Multilateral Memorandum of Under-standing (MMoU)**. In April 2007, the CSRC became a signatory to IOSCO's *Multilateral Memorandum of Under-standing Concerning Consultation and Coopera-tion and the Exchange of Information* (MMOU) during the 32nd Annual Conference in Mumbai, India. In order to strengthen international securities regulatory cooperation and crack down on cross-border violations, IOSCO adopted the MMoU in May 2002, which provides that all signatories (under assistance from law enforcement authorities if necessary): 1) are entitled to access information on funds, asset records and actual controllers in connection with securities and derivatives transactions; 2) are entitled to provide the aforementioned materials to overseas regulators; 3) are entitled to receive statements from persons involved in relevant cases on voluntary or mandatory basis; 4) shall offer assistance upon request of overseas regulators regarding insider trading, market manipulation, fraudulent representation and other securities fraud or manipulation, regardless of whether the case violates domestic laws and regulations; 5) shall abide by regulations in relation to record keeping and confidentiality. By the end of 2011, 82 member institutions including the CSRC had signed the MMoU, and 32 had been included into Appendix B of the MMoU due to legal obstructions.

- **Cross-border enforcement assistance**. Under the framework of bilateral MoUs on regulatory cooperation and the IOSCO MMoU, the CSRC provides cross-border enforcement assistance to overseas securities regulators, which has facilitated the performance of their respective supervisory functions and the efficient crackdown on cross-border securities violations, protected investors' interests and maintained the fairness, transparency and efficiency of their respective markets. In 2011, the CSRC received 69 new requests and 17 requests carried over from 2010 from overseas regulators (including Hong Kong SAR, same below) for enforcement assistance and settled 60 cases. Meanwhile, five assistance requests were made to overseas regulators from the CSRC, of which four were settled in 2011.

- **Exploring other cross-border regulatory cooperation arrangements**. In recent years, the CSRC has carried out different forms of dialogues with overseas securities regulators and relevant competent authorities in areas such as regulation of accounting and auditing and credit rating agencies, discussing possibilities of establishing cross-border cooperation mechanisms.

4.3.3 Financial Sector Assessment Program (FSAP)

The FSAP is an assessment framework jointly initiated by the International Monetary Fund (IMF) and the World Bank in 1999, designed to strengthen the assessment and surveillance of financial vulnerability of their members, reduce chances of financial crises and promote financial reform and development around the world. So far, the FSAP has become a widely accepted framework for assessing financial stability in the international community. Chinese leaders have promised to implement the program in China at two G20 summits.

China officially launched its first FSAP in August 2009, which was coordinated by the PBoC. The CSRC collaborated in all relevant tasks, including in particular: the self-assessment of IOSCO

Objectives and Principles of Securities Regulation, the self-assessment of China's securities clearing and settlement systems against the *Recommendations for Securities Settlement Systems* (RSSS) jointly formulated by the Committee on Payment and Settlement Systems (CPSS) and IOSCO. The CSRC also participated in the on-site assessment of the China FSAP in 2010.

With the exercise now drawing to an end, the IMF and the World Bank have drafted a series of assessment reports, including the *People's Republic of China: Financial Sector Assessment Program-Detail Assessment Reports of Observance of International Standards and Code*, the *Chinese Financial System Stability Assessment Report (FSSA)* and the *Chinese Financial Sector Assessment Report (FSA)*①. The reports elaborated the status of compliance of international standards and principles in China's securities and futures industries, reflected the implementation of IOSCO objectives and principles and fully acknowledged the effectiveness of China's regulation on its capital markets.

---

① On November 15th 2011, the *Chinese Financial System Stability Assessment Report* and the *Chinese Financial Sector Assessment Report* were officially published on the websites of the IMF and the World Bank respectively.

Appendices

CHINA SECURITIES REGULATORY COMMISSION ANNUAL REPORT

Appendix 1 Chronicle of Events in Regulating the Securities Market of China in 2011

A1.1 Regulations Promulgated by the CSRC

◆ *Trial Measures on Futures Investment Advisory Business of Futures Firms*(March 23rd, 2011, CSRC Decree No. 70)

◆ *Decision on Amending the Measures of the China Securities Regulatory Commission for Implementation of Property Seizure and Freezing*(May 23rd, 2011, CSRC Decree No. 71)

◆ *Measures for the Administration of Sales Practice of Securities Investment Funds* (June 9th, 2011, CSRC Decree No. 72)

◆ *Decision on Amending the Provisions Relating to Listed Companies' Material Asset Restructuring and the Related Financing* (August 1st, 2011, CSRC Decree No. 73)

◆ *Measures for Pilot Business of Asset Management for Specific Customers of Fund Management Firms*(August 25th, 2011, CSRC Decree No. 74)

◆ *Trial Measures for the Supervision and Administration of Refinancing Business* (October 26th, 2011, CSRC Decree No. 75)

◆ *Measures for Pilot Domestic Securities Investment by Renminbi Qualified Foreign Institutional Investors of Fund Management Firms and Securities Firms*(Jointly Issued by the CSRC, the PBC and the SAFE, Decree No. 76)

A1.2 Regulatory Documents Promulgated by the CSRC

◆ *Opinion on the Scope of Application of Articles* 62 *under the Measures for the Administration of*

Acquisition of Listed Companies Regarding Material Financial Distress Faced by Listed Companies-Opinion No. 7 on Application of Securities- and Futures-related Laws and Regulations(January 10th, 2011, CSRC Announcement [2011] No. 1)

◆ *Opinion on Application of Articles 62 and 63 under the Measures for the Administration of Acquisition of Listed Companies Regarding Offering Exemption Application in Case where Both Articles Are Applicable - Opinion No. 8 on Application of Securities- and Futures-related Laws and Regulations*(January 17th, 2011, CSRC Announcement [2011] No. 2)

◆ *Opinion on Application of Article 74 under the Measures for the Administration of Acquisition of Listed Companies Regarding Determination of the Date Acquisition Consummation in Connection with Increase in the Holding of Equity Shares in Listed Companies through Call Auction Trading - Opinion No. 9 on Application of Securities- and Futures-related Laws and Regulations*(January 17th, 2011, CSRC Announcement [2011] No. 3)

◆ *Opinion on Application of Article 3 under the Measures for the Administration of Listed Companies' Material Asset Restructuring in the Case of Conversion of the Purported Assets - Opinion No. 10 on Application of Securities- and Futures-related Laws and Regulations*(January 17th, 2011, CSRC Announcement [2011] No. 4)

◆ *Opinion on Application of Article 12 under the Measures for the Administration of Listed Companies' Material Asset Restructuring Regarding the Computation of Financial Indicators in Case Where a Listed Company Acquires and Sells the Same or Associated Asset(s) within a 12 - Month Period - Opinion No. 11 on Application of Securities- and Futures-related Laws and Regulations*(January 17th, 2011, CSRC Announcement [2011] No. 5)

◆ *Decision on Delegating to the CSRC's Regional Offices the Authority to Review Certain Matters of Entities Engaging in Securities Business Which are Subject to Administrative Permission*(February 16th, 2011, CSRC Announcement [2011] No. 6)

◆ *Provisions on the Regulatory System Structured by Category of Futures Firm*(April 12th, 2011, CSRC Announcement [2011] No. 9)

◆ *Standards for the Backup Capacity of the Information Systems of Entities Engaging in Securities- and Futures-related Business* (April 14th, 2011, CSRC Announcement [2011] No. 10)

◆ *Rules on Determination of Administrative Liability for Disclosure of Information in Violation of Laws*(April 29th, 2011, CSRC Announcement [2011] No. 11)

◆ *Guidelines for Participation of Qualified Foreign Institutional Investors in Stock Index Futures Trading*(May 4th, 2011, CSRC Announcement [2011] No. 12)

- *Provisions on the Scope of Investment Applicable to the Securities Business Conducted by Securities Firms for Their Own Accounts and on Other Matters in Connection Therewith*(April 29th, 2011, CSRC Announcement [2011] No. 13)

- *Decision on Delegating to the First Batch of 11 Regional Offices of the CSRC the Authority to Review Certain Matters of Entities Engaging in Securities Business Which are Subject to Administrative Permission* (June 29th, 2011, CSRC Announcement [2011] No. 15)

- *Standards for Contents of Report on Audit and Examination of Fund Employees Upon Termination of their Employment*(July 7th, 2011, CSRC Announcement [2011] No. 16)

- *Opinion on Application of Articles 13 and 43 under the Measures for the Administration of Listed Companies' Material Asset Restructuring Opinion No. 12 on Application of Securities- and Futures-related Laws and Regulations*(August 1st, 2011, CSRC Announcement [2011] No. 17)

- *Guidelines Regarding the Fair Trading Systems of Securities Investment Fund Management Firms (as Amended in 2011)*(August 3rd, 2011, CSRC Announcement [2011] No. 18)

- *Decision on Enforcement of Accounts in the Futures Market* (August 25th, 2011, CSRC Announcement [2011] No. 20)

- *Standards for Contents and Forms of Asset Management Contracts for Individual Customers of Fund Management Firms*(August 25th, 2011, CSRC Announcement [2011] No. 21)

- *Standards for Contents and Forms of Asset Management Contracts for Specific Customers of Fund Management Firms (as Amended in 2011)*(August 25th, 2011, CSRC Announcement [2011] No. 22)

- *Decision on Delegating to the Second Batch of 12 Regional Offices of the CSRC the Authority to Review Certain Matters of Entities Engaging in Securities Business Which are Subject to Administrative Permission*(September 2nd, 2011, CSRC Announcement [2011] No. 24)

- *Rules of Practice for the Expert Advisory Committee of the Growth Enterprise Board (Trial Implementation)*(September 19th, 2011, CSRC Announcement [2011] No. 25)

- *Interim Provisions for the Administration of Money Resulting from Sales and Settlement of Securities Investment Funds*(September 23rd, 2011, CSRC Announcement [2011] No. 26)

- *Provisions Implementing the Measures for Pilot Business of Asset Management for Specific Customers of Fund Management Firms*(October 8th, 2011, CSRC Announ-cement [2011] No. 27)

- *Provisions Implementing the Measures for the Administration of Sales of Securities Investment*

Funds(October 12th, 2011, CSRC Announcement [2011] No. 28)

◆ *Announcement on Issues Related to Non-Public Offering of Corporate Bonds by Companies Listed on the Growth Enterprise Board* (October 20th, 2011, CSRC Announcement [2011] No. 29)

◆ *Provisions on the Establishment of Insider Registration and Administration System by Listed Companies*(October 25th, 2011, CSRC Announcement [2011] No. 30)

◆ *Decision on Amending the Measures for the Administration of Pilot Margin Trading and Securities Financing Business of Securities Firms* (October 26th, 2011, CSRC Announcement [2011] No. 31)

◆ *Decision on Amending the Guidelines on the Internal Control of Pilot Margin Trading and Securities Financing Business of Securities Firms* (October 26th, 2011, CSRC Announcement [2011] No. 32)

◆ *Provisions for the Administration of Futures Firms' Branches (Trial Implementation)* (November 3rd, 2011, CSRC Announcement [2011] No. 33)

◆ *Decision on Delegating to the Third Batch of 13 Regional Offices of the CSRC the Authority to Review Certain Matters of Entities Engaging in Securities Business Which are Subject to Administrative Permission*(December 9th, 2011, CSRC Announcement [2011] No. 36)

◆ *Provisions on Implementing the Measures for Pilot Domestic Securities Investment by Renminbi Qualified Foreign Institutional Investors of Fund Management Firms and Securities Firms* (December 16th, 2011, CSRC Announcement [2011] No. 37)

◆ *Baseline Requirements Regarding the Different Levels of Protection of the Information Systems of Entities Engaging in Securities- and Futures-related Business (Trial Implementation) (JR/T 0060 – 2010)* (December 22nd, 2011, CSRC Announcement [2011] No. 38)

◆ *Testing and Assessment Requirements Regarding the Different Levels of Protection of the Information System of Entities Engaging in Securities-and Futures-related Business (Trial Implementation) (JR/T 0067 – 2011)* (December 22nd, 2011, CSRC Announcement [2011] No. 39)

◆ *Rules of Practice for the CSRC's Listed Companies Merger, Acquisition and Restructuring Committee (as Amended in 2011)* (December 28th, 2011, CSRC Announcement [2011] No. 40)

A1.3 Key Events

◆ On January 7th, 2011, the CSRC held a symposium on "Building the Legal System for the Capital Markets". The Chairman of the CSRC, Mr. Shang Fulin, attended the symposium and delivered a speech. He explicitly confirmed the outstanding developments which were made in the building of Chinese legal system governing the capital markets, pointing out that market reform and innovation will make even more significant progress in the next five years in terms of scope, depth, intensity and speed. This growth calls for comprehensive and prompt adjustments to securities issuance and trading rules and concepts and approaches of supervision and regulation, and in particular a reinforced legal system.

◆ On January 15th, 2011, the CSRC's *Separation of Inspection and Hearing in its Enforcement* won the first edition of "the Government Award for Rule of Law".

◆ On January 17th, 2011, the Supreme People's Court issued the *Provisions on Matters Regarding Hearing of Cases Involving Futures Trading Disputes (II)*, providing for the jurisdiction designation in connection with the futures market, and including provisions relating to, subject to the statutory conditions, the freezing and allocation of the margins deposited to secure the performance of contracts or for the purpose of risk control, the marketable securities remitted to margin any contracts as well as the margins for settlement.

◆ On January 20th, 2011, the CSRC held a video conference announcing the establishment of internal control systems within participants in capital markets. This program shall be implemented through a gradual and steady progress. In year 2011, a total of over 280 listed companies have launched an internal control system on a full-term or on a pilot basis.

◆ On March 1st, 2011, in order to strengthen the regulatory functions of the regional offices of the CSRC, to optimize regulatory resource allocation among the entities engaged in securities-related business and to improve review efficiency, the CSRC delegated to regional offices the authority to review five issues of securities firms which are subject to administrative permission, including the modification of material terms of their articles of association.

◆ On March 23rd, 2011, the CSRC issued the *Trial Measures on Futures Investment Advisory Business of Futures Firms*, allowing the futures firms to adopt a diversified business model where, in addition to the basic futures brokerage activities, professional advisory services concerning futures investment are also provided.

◆ In April 2011, the CSRC issued the *Notice on Implementing the Review Guidelines in Connection with the Due Diligence Accountability Procedure in Sponsored Projects*, whereby the accountability procedure for sponsored projects officially commenced.

◆ On April 15th, 2011, the implementation of the *Provisions on the Regulatory System Structured by Category of Futures Firms* as amended was initiated. Taking into account the major concerns such market competitiveness and growth as well as development of institutional investors, these *Provisions* guide futures firms to retain their core function as intermediaries, and encouraged them to expand through M&A and restructuring for the benefit of the real economy.

◆ On April 27th, 2011, the Supreme People's Court, the Supreme People's Procuratorate, the Ministry of Public Security, and the China Securities Regulatory Commission jointly issued the *Opinions on Several Issues Relating to the Dealing with Securities-and Futures-related Violations*, making a breakthrough in the determination of insider trading, centralized jurisdiction over, evidence transfer of and coordinated enforcement and rules of procedure of investigation on cases of violation of securities- and futures-related laws.

◆ On May 4th, 2011, the CSRC issued the *Guidelines for Participation of Qualified Foreign Institutional Investors in Stock Index Futures Trading*, allowing QFIIs to participate in stock index futures trading, subject to appropriate restrictions on transaction types and practices with the aim of ensuring the sound operation of stock index futures.

◆ On July 1st, 2011, the Leading Group on Statistics of the CSRC held a seminar on the topic of preparation to establish the Center of Surveillance of Capital Markets for promoting the development of a system of statistics surveillance of capital markets, a center of statistics data and a platform of data sharing thereunder.

◆ From July 11th to 12th, 2011, the CSRC held a meeting with the U. S. Securities Exchange Commission ("SEC") and the Public Company Accounting Oversight Board ("PCAOB") on cross-border audit regulation cooperation. The CSRC and the delegates from the SEC and the PCAOB made a presentation to each other on the Chinese and U. S. audit regulation systems and procedures respectively, and explored ways of strengthening cooperation and consolidating mutual trust. The CSRC and the U. S. delegation jointly made a press release at this meeting.

◆ On July 13th, 2011, the Supreme People's Court published the *Minutes of the Seminar on Issues Related to the Reviewing of Evidence in Securities Cases Involving Administrative Sanctions*, which provides for evidence-related issues in administrative enforcement and judiciary proceedings in a systematic manner for the first time.

◆ On July 15th, 2011, the CSRC, together with the Ministry of Finance, and the China

Accounting News, held the Chinese Enterprises Internal Controls and Management Conference (2011), at which the participants made an interim review of the implementation of internal controls by listed companies, and exchanged their views on this issue.

◆ In September 2011, the CSRC organized the First Training Session of 2011 for Chairpersons and General Managers of Listed Companies. Chairpersons and General Managers of 172 listed holding companies in private sector attended this training which was designed to provide the knowledge and the insights of laws and regulations applicable to capital markets, clarify the responsibilities and obligations of listed companies and develop risk prevention and control awareness, with a view to raising the level of compliance in listed companies' operations.

◆ On September 1st, 2011, the CSRC issued the *Measures for Pilot Business of Asset Management for Specific Customers of Fund Management Firms* and two sets of *Standards* for contracts with respect thereto. These *Measures* and *Standards* lowered the threshold of asset management business conducted on behalf of customers through separate accounts, increased the pilot effort of such businesses, further optimized rules of such businesses, and provided the conditions for the differentiation strategy of fund management firms.

◆ On October 28th, 2011, China Securities Finance Corporation Limited was established.

◆ On November 1st, 2011, the CSRC and the Delegation of the European Union to China jointly held the China-Europe International Symposium on Regulation and Prevention of Insider Trading in Beijing.

◆ On November 14th, 2011, the State Council of the People's Republic of China issued the *Decision on Examination and Rectification of All Types of Exchange Markets for Effective Prevention of Financial Risks* (GuoFa [2011] No. 38). This marked the official start of the examination and rectification of non-complying trading activities of all types of exchange markets for the purpose of ensuring proper market order.

◆ On November 25th, 2011, the CSRC published the *Provisions on the Establishment of the Insider Registration and Administration System by Listed Companies*, which further strengthened the supervision and regulation of listed companies' insider trading, and put in place a systematic infrastructure to combat *against such violations.*

◆ In December 2011, the CSRC published the *Notice on Adjustment of Pre-disclosure Time* to further promote adequate, complete and accurate disclosure in the supervision and regulation of stock issue.

◆ On December 16th, 2011, the CSRC, the PBC, and the SAFE jointly issued the *Measures for*

Pilot Domestic Securities Investment by Renminbi Qualified Foreign Institutional Investors of Fund Management Firms and Securities Firms. These Provisions allows Hong Kong Subsidiaries of qualified fund management firms and securities firms to engage in securities investments in mainland China on a pilot basis within a Renminbi quota subject to the approval of relevant authorities by using the Renminbi funds they raised in Hong Kong. The first batch of 21 Hong Kong Subsidiaries of fund management firms and securities firms been granted the pilot status, together with a combined investment quota of RMB 20 billion.

Appendix 2 Key Aspects of the Securities Regulatory System

A2. 1 Legal Framework

The rule of law is the foundation for the healthy expansion of the capital markets. In recent years, China has been attaching greater importance to the development of the fundamental rules governing the securities market, especially to the development of a sound underlying statutory framework. Such efforts have made a significant contribution to the healthy and stable growth of the capital markets. The current securities legal framework consists of three levels:

Level 1 Laws. Laws are formulated by the National People's Congress (NPC) or its Standing Committee. Except where otherwise required by the *Constitution of the People's Republic of China*, the securities-related laws constitute the highest legal authority among the securities-related statutes. The three prevailing securities-related laws include the *Securities Law of the People's Republic of China* (hereinafter referred to as the "*Securities Law*"), the *Company Law of the People's Republic of China* (hereinafter referred to as the "*Company Law*") and the *Securities Investment Fund Law of the People's Republic of China* (hereinafter referred to as the "*Securities Investment Fund Law*").

◆ The *Securities Law* is designed to regulate securities issuance and trading, protect investors' lawful rights and interests, maintain economic order and public interests and promote the expansion of the socialist market economy. Provisions are set forth therein regarding issuance, trading and listing of securities① and relevant information disclosure, acquisition of listed companies, prohibited transactions, stock exchanges, securities firms and services providers, securities depository and clearing agencies, securities associations and securities regulatory autherity as well as legal liabilities resulting from any violations of the *Securities Law*.

---

① The *Securities Law* is applicable to the issuing and trading of stocks, corporate bonds and other securities issued in China as recognized by the State Council according to the law as well as the listing and trading of government bonds and securities investment fund units. It is also prescribed in the *Securities Law* that measures for the administration of the issuing and trading of securities derivatives shall be stipulated by the State Council pursuant to the principles of the *Securities Law*.

◆ The *Company Law* was formulated to regulate the organization and activities of companies, safeguard the lawful rights and interests of companies, shareholders and creditors, maintain social and economic order and promote the expansion of the socialist market economy. Provisions are laid down therein regarding the incorporation, merger, spinoff, capital increase and decrease, corporate governance and organizational structure, transfer of shares, share issuance of joint stock limited companies, qualifications and obligations of board directors, supervisors and executives as well as legal liabilities resulting from violations of the *Company Law*. A listed company is a joint stock company with its shares listed and traded on a stock exchange. Investors buying the shares and corporate bonds issued by a listed company should exercise their rights and perform their obligations in accordance with the *Company Law*.

◆ The *Securities Investment Fund Law* was formulated to regulate the activities of securities investment funds, protect the lawful rights and interests of investors and parties concerned and promote the sound development of securities investment funds and the securities market. Provisions are set forth therein regarding the fund managers, fund custodians, and the fundraising, operation of and information disclosure by the funds, the rights of fund unit holders, how such rights shall be exercised as well as the legal liabilities resulting from violations of the *Securities Investment Fund Law*.

Level 2 Administrative Regulations. Administrative regulations are developed by the State Council, China's highest administrative authority, in accordance with the *Constitution* and other relevant laws. Administrative regulations are subordinate to the laws in regards to legal authority. 18 effective securities-related administrative regulations and regulatory documents① are currently in effect. Among these regulations and instruments, the *Regulations for the Administration of Futures Trading* promulgated on March 6th, 2007 is an overall amendment to the *Interim Administrative Regulations for Futures Trading* published on June 2nd, 1999 and is designed to regulate the trading activities in connection with commodity futures and financial futures and to protect the lawful rights and interests of the parties to futures trading and the public interests; the *Regulations for the Supervision and Administration of Securities Firms* and the *Regulations for the Risk Disposition of Securities Firms* issued on April 23rd, 2008 has provided a strong legal protection for the healthy development of the securities industry to the aim of safeguarding the lawful rights and interests of investors and laying down clearly-defined operating requirements and regulatory rules for securities firms.

Level 3 The CSRC Rules and Regulatory Documents. Various rules and regulatory documents

① Regulatory documents refer to documents with general legal force which have been issued by the State Council and its General Office in a form other than State Council's decrees.

were developed by the CSRC in accordance with the laws and administrative regulations. These rules and regulatory documents are subordinate to the laws and the administrative regulations. Currently, there are 76 CSRC rules, including the *Measures for the Administration of the Issuance of Securities by Listed Companies*, the *Measures for the Administration of Initial Public Offering and Listing of Stocks*, the *Measures for the Administration of Information Disclosure by Listed Companies*, the *Measures for the Administration of Listed Companies' Material Asset Restructuring*, the *Provisions on the Procedures for the Securities and Futures Rulemaking*, etc. In total, 479 regulatory documents relating to securities and futures are currently in effect.

The three tiers of securities regulation are interconnected and constitute an integral legal framework, with each lower level of rules serving as necessary supplements to the laws and regulations at a higher level. Altogether, they form a sound and integrated legal system for China's securities and futures market. This system covers securities offering, securities and futures trading, entities engaging in securities- and futures-related businesses and securities and futures service providers, listed companies, information disclosure, institutional investors and the corresponding systems of supervision, administration and legal liabilities.

In addition, the *Real Right Law*, the *Criminal Law*, the *Enterprise Bankruptcy Law*, the *Anti-money Laundering Law*, the *Law on the State-owned Assets of Enterprises* and judicial interpretations and judicial policies such as *Certain Provisions of the Supreme People's Court on Trying Cases on Civil Compensation Arising from Fraudulent Statement in the Securities Market*, the *Circular of the Supreme People's Court on Relevant Issues Concerning the Freezing and Withholding of Securities Trading Settlement Funds* and the *Opinions on Several Issues Relating to the Dealing with Securities- and Futures-related Violations* are closely related to the capital markets. They create a comprehensive external legal environment for the healthy and stable growth and efficient operation of the capital markets. In the course of supervising and administering the securities and futures market, the CSRC also complies with the *Legislation Law*, the *Administrative Permission Law*, the *Administrative Sanction Law*, the *Administrative Compulsion Law*, the *Administrative Review Law*, the *Administrative Proceedings Law* and other relevant laws.

A2.2 Regulatory Rules Relating to Securities Offering and Listing

A2.2.1 Key Regulatory Rules for Domestic Offerings

The financial instruments traded on China's securities market include stocks, bonds, securities investment funds and warrants. In accordance with the *Securities Law*, the *Company Law* and other relevant laws and regulations, initial public offerings, public issuance of corporate bonds, new issues of stock and issuance of convertible bonds by listed companies require review and approval from the CSRC, while the issuance of Treasury bonds, financial bonds and enterprise bonds requires approval from other relevant government authorities. The listing and trading of stocks, convertible bonds, corporate bonds, Treasury bonds and enterprise bonds require the approval and supervision of the exchanges concerned.

A2.2.1.1 Approval System for Domestic Securities Offering

China's capital markets emerged and developed during China's transition from a planned economy to the current market economy. Therefore, the characteristics of the times invariably influenced the then-offering system. Constrained by various factors as well as by the market context, the early stage of the capital markets saw an administrative quota system with strong administrative intervention in terms of securities offering administration. After March 2001, securities offering review and approval system was adopted: the issuer shall apply for an offering and shall be recommended by its sponsor to the CSRC, who will undertake a preliminary compliance review on the application materials, which will then be submitted to the Public Offering Review Committee for review. Any permission for an offering is subject to final approval from the CSRC. The keys of the new review and approval system lie in the regulatory authorities' compliance review, reinforced the intermediaries' responsibilities centered on information disclosure, stricter supervision of market participants and less administrative intervention in the offering.

A2.2.1.2 Sponsor System for Securities Offering and Listing

The CSRC issued the *Trial Measures on the Sponsor System for Issuing and Listing of Securities* (CSRC Decree No. 18) in December 2003, officially establishing the sponsor system. The *Securities Law* amended in October 2005 formally recognized this system. In October 2008, the CSRC further improved the sponsor system with the amended *Measures for the Administration of Sponsorship Relating to Securities Offering and Listing* (hereinafter referred to as the "*Sponsor-ship Measures*") (CSRC Decree No. 58). In May 2009, according to the arrangements made for the development of the GEB, taking into consideration the characteristics of start-up companies and their unique requirements regarding sponsorship and the objectives of giving a stronger role to the function of the sponsorship system along with strengthening market discipline and risk control, the *Sponsorship Measures* was amended (CSRC Decree No. 63) so that the responsibilities of sponsors and their representatives for listings on the GEB were reinforced. The amended *Sponsorship Measures* became valid from June 14th, 2009.

Under the sponsor system, sponsors and their representatives shall recommend and guide securities issuers, carefully examine the reliability, accuracy and completeness of the issuer's offering-related documents, and assist the issuer to establish a stringent information disclosure system. Specifically, the sponsor system stipulates the following: 1) a company has to be recommended by a sponsor for the purpose of issuing shares or convertible bonds; the CSRC and securities exchanges only accept those documents supported by a sponsor's recommendation; 2) sponsors and their representatives shall conduct due diligence over the applicant's filings and information disclosures. Sponsors and their representatives are jointly and severally liable for the reliability, accuracy and completeness of the applicants' filings; 3) sponsors are obliged to advise and guide the issuers they recommend on an on-going basis after the IPO and are liable for any non-compliance of the issuers during the stipulated period of advice and guidance; 4) sponsors shall establish a complete internal management system, an internal control system and a working paper filing system; and 5) the CSRC shall continue to oversee sponsors and their representatives.

The sponsor system focuses on two coexisting requirements for public offering: the issuer must be recommended by a sponsor, and sponsoring tasks must be delegated to qualified sponsor representatives. In this way, the respective duties of the sponsor and the sponsor representatives are clearly identified.

A2.2.1.3 System of Public Offering Review Committee

The arrangement of Public Offering Review Committee ("Review Committee") forms an integral part of the securities offering review and approval system. In accordance with the *Securities Law*, the *Measures on the Public Offering Review Committee of the CSRC* (hereinafter referred to as the "*Review Committee Measures*") (CSRC Decree No. 31) and the related detailed rules, the key roles of the Review Committee are to review the compliance of stock offering applications with applicable conditions in accordance with the provisions of relevant laws, administrative regulations and the CSRC rules; to review documents and opinions issued by securities service providers such as sponsors, accounting firms, law firms and appraisal firms and their staff; to assess the preliminary review reports issued by relevant functional departments of the CSRC; and to provide any comments on stock offering applications. In May 2009, the *Review Committee Measures* was amended (CSRC Decree No. 62) with the view of setting up a separate review committee adapted to the specific needs of the GEB, taking into consideration the substantial differences of the latter from the Main Boards in terms of offering qualifications, information disclosure, and on-going supervision as the majority of the participants to the GEB are companies with innovative capabilities and high growth potential.

The Review Committees consist of professionals from the CSRC and external experts engaged by the CSRC. Some of the experts are full-time members. The Main Board Review Committee is composed of 25 members, of whom five are from the CSRC and 20 from outside. The Review Committee for the GEB has 35 members, of whom five are from the CSRC, and 30 from outside. The Review Committee votes independently on stock offering applications by open ballot and issues review opinions; the CSRC makes the final decision on the approval of stock offering applications while complying with relevant statutory conditions and proceedings.

The Review Committees have two types of meeting procedures: general procedure and special procedure. An applicant for a public offering of stocks or other securities recognized by the CSRC, such as convertible bonds, shall follow the general procedure. According to the general procedure, five days prior to the Committee's meeting, those Committee members who are invited to attend the meeting shall be notified of relevant materials provided by the applicants. The issuer list, Committee meeting date and time and list of Committee members shall be published on the CSRC website. Under the guidelines of the general procedure, each review will be conducted by a total of seven members, and decision-making shall be subject to a minimum of five affirmative votes of the members. The CSRC will publish the voting result on its website. A listed company applying for a nonpublic offering of stocks, corporate bonds or other securities recognized by the CSRC shall follow the special procedure. Under the guidelines of the special procedure, Committee members who are invited to attend the meeting shall be notified of relevant materials provided by the issuer prior to the Committee's meeting. Each review will be conducted by a total of five members and decision-making will be subject to a minimum of three affirmative votes of the members. The CSRC will not publish the issuer list, meeting date and time, list of Committee members invited to attend the meeting and the result of voting on its website.

Under the Review Committee system, the Committee members take the role of expert and their responsibilities of review have been further strengthened. With its transparency being continually improved, the expertise of the members being fully used, and the responsibilities of review emphasized, the Review Committee system has played a positive role in promoting the principles of openness, fairness and equitableness as well as the proper admission of listed companies.

A2.2.1.4 Price Inquiry System

The IPO pricing in China is evolving from an administrative price-setting approach to a market-oriented approach. The price inquiry system for A-share IPO was introduced in January 2005 on a trial basis, consequently establishing a market-oriented pricing mechanism. In September 2006, the CSRC issued the *Measures for the Administration of Securities Issuance and Underwriting* (CSRC Decree No. 37) based on the experiences of the successful pilot scheme to consolidate the IPO price inquiry system. In October, 2010, the CSRC deployed Phase II of the new issue system reform in order to further improve the system of new issue and fully develop market disciplinary mechanism. In 2010, the CSRC amended the *Measures for the Administration of Securities Issuance and Underwriting* (CSRC Decree No. 69) and the amended *Measures for the Administration of Securities Issuance and Underwriting* took effect on November 1st, 2010.

Under the price inquiry system, the IPO price is determined based on the results of a price inquiry conducted by the issuer and the lead underwriter with specialized institutional investors, including qualified fund management firms, securities firms, insurance companies, finance firms, trust firms, QFIIs, as well as institutional investors having a strong price-setting power and a tendency to make long-term investments, which are recommended by the lead underwriter at its discretion. The price inquiry process consists of two phases: in Phase I, the lead underwriter carries out a preliminary inquiry with specialized institutional investors, who provide in turn their feedback regarding the valuation of the stock object of the issuance through the use of a special electronic offer platform. Based on their comments, the issuer and the lead underwriter will decide and publish the IPO price range. In Phase II, the final IPO price is set based on the accumulated bids submitted by specialized institutional investors. Specialized institutional investors subscribe to a certain number of shares at the bid prices quoted within the specified IPO price range and offering size, and remit the subscription money to an account designated by the lead underwriter. The issuer and the lead underwriter determine the final IPO price based on the bids and other relevant factors. Where a bid price is above the actual IPO price, the bidder acquires an allotment of shares at the offering price in accordance with the established share distribution principle, and the rest of the money paid will be refunded. Regarding the stocks which went IPO on the SME Board or the GEB, the issuer and the lead underwriter may decide on the IPO price in accordance with the preliminary price inquiry alone, without the inquiry through accumulated bids.

A2.2.1.5 IPO and Listing on the Main Boards

Article 13 of the *Company Law* as amended in October 2005 stipulates the basic requirements for an IPO on the mainland Chinese market as follows: 1) having a complete and clearly-defined organization; 2) continuous profitability and sound financial condition; 3) no fraudulent claims in its financial statements over the past three years and no other major violations; and 4) meeting any other requirements as prescribed by the securities regulatory authority under the State Council.

The *Measures for the Administration of Initial Public Offering and Listing of Stocks* promulgated in May 2006 by the CSRC as well as the subsequent supporting rules laid down the standards for the conditions, procedures and information disclosure to be followed by companies launching IPO of A-shares. An IPO issuer must meet the following requirements:

- **Issuer qualification:** An issuer is a joint stock company established and existing according to the law, and whose business has been in operation for at least three years unless otherwise approved by the State Council. Its registered capital has been paid up in full. The production and operation of an issuer must comply with the relevant provisions of the laws, administrative regulations and its articles of association, and the State's domestic industry policies. In the past three years, there has been no major change in the issuer's main business, directors of the board, executives, and the actual controller. The issuer's equity structure must be clearly defined.

◆ **Independency:** An issuer is independent from its controlling shareholder, actual controller or any other enterprise under its control in terms of personnel, finance and business. The integrity of its assets is intact.

◆ **Standardized operation:** An issuer has established and improved such organizations or systems as the shareholders' meeting, board of directors, board of supervisors, independent directors, and a secretary for the board of directors according to the law. The relevant organizations and persons are capable of performing their functions and duties according to the law. The directors, supervisors and executives of an issuer shall meet the qualification requirements for holding their positions as such under the relevant laws, administrative regulations and rules. An issuer shall not have any records of material violation over the past 36 months. An issuer's articles of association have clearly defined the authority for approving external guaranties as well as relevant deliberation procedures. An issuer shall have a stringent fund management system.

◆ **Finance and accounting:** An issuer shall have quality assets, a reasonable structure of assets and liabilities, strong profitability and normal cash flows. An issuer shall have an effective internal control in all major aspects, for which an attestation report on internal control shall be produced by a certified accountant without reserve. The issuer shall follow basic accounting standards and an audit report issued by a certified accountant without reserve. In addition, an issuer shall meet the following financial indicator requirements: 1) having positive net profits over the immediately preceding three fiscal years which have exceeded RMB 30 million in aggregate, the net profits being calculated on the basis of the net profits before or after deduction of non-recurring profits and losses, whichever is lower; 2) having over RMB 50 million in aggregate of net cash flows from business operations over the past three fiscal years, or having over RMB 300 million in aggregate of operating income over the immediately preceding three fiscal years; 3) having no less than RMB 30 million of equity capital before the offering; 4) having no more than 20% of the net assets in the form of intangible assets as of the end of the immediately preceding reporting period (after deduction of land use rights, aqua-culture rights and mining rights, etc.); and 5) having no losses that have not been recovered as of the end of the immediately preceding reporting period. An issuer shall pay taxes according to the law, and its business achievements shall not heavily depend on tax preferences. An issuer shall not have the risk of incurring major debts or be involved with any major contingencies such as guaranty, litigation and arbitration that may impact its ongoing business operations. An issuer shall not be in any position where its on-going profitability is affected.

◆ **Utilization of offering proceeds:** Offering proceeds shall be used for clearly-defined purposes relating to the main business of the issuer in principle. The amount of offering proceeds and proceeds investments shall be in line with the current production and operation scale, financial conditions, technology sophistication and management capabilities of the issuer. Any project funded by offering proceeds shall comply with the industry policies of the State and laws and regulations governing the administration of investment, environmental protection, land administration, etc. The boards of directors of the issuer shall comprehensively evaluate the feasibility of the proceeds investment projects, and ensure that such projects have positive market prospects and profitability. Any proceeds investment project shall avoid horizontal competition and shall not have an adverse material impact on the independence of the issuer. The issuer shall ensure that the offering proceeds are segregated from other funds of the issuer and are deposited into a separate account as designated by the board of directors.

A2.2.1.6 IPO and Listing on the GEB

In March 2009, the CSRC promulgated the *Interim Measures for the Administration of Initial Public Offering and Listing on the Growth Enterprise Board* (hereinafter referred to as the "*Interim Measures*"). As an integral part of the multi-tiered capital markets system, the GEB aims for promoting the development of innovative enterprises and other types of companies with high growth potential.

The GEB differs from the Main Boards significantly in stock offering conditions in terms of finance and accounting. In accordance with the *Interim Measures*, a company launching an IPO on the GEB must satisfy the following conditions: 1) being profitable for the past two consecutive years with a net profit of no less than RMB 10 million and the profitability is increasing consistently; or being profitable in the past year with a net profit of no less than RMB 5 million, an annual operating income of no less than RMB 50 million, and a growth of the operating income over the past two years of no less than 30%. The net profits are calculated on the basis of the profits before or after deduction of non-recurrent earnings or losses, whichever is lower; 2) the net assets as of the end of the immediately preceding reporting period were no less than RMB 20 million, and there is no uncovered loss; and 3) the post-IPO equity is no less than RMB 30 million. An issuer shall pay taxes according to the law, and its business achievements shall not heavily depend on tax preferences. An issuer shall not face the risk of incurring major debts or be involved with any major contingencies such as guaranty, litigation and arbitration that may impact its ongoing business operations. An issuer shall be able to consistently generate profits. An issuer shall not incur any of the following situations: 1) the business model and the product or service range have encountered or will encounter significant changes, which will exert a material adverse effect on the issuer's ability to generate on-going profits; 2) the position of the issuer in the industry or the operation environment of the issuer's industry has encountered or will encounter significant changes, which will exert a material adverse effect on the issuer's ability to generate ongoing profit; 3) the issuer suffers risks of significant adverse change in regards to access to or the utilization of important assets and technologies such as trademarks, patents, proprietary technologies and franchises; 4) the issuer's turnover or net profit over the past year was heavily reliant on affiliated parties or customers with significant uncertainties; 5) net profit of the issuer over the previous annual period predominantly comes from investment returns which are off consolidated financial statements; and 6) other circumstances that may cause a significant adverse effect on the issuer's ongoing profitability.

In March 2010, the CSRC issued the *Guidelines on Further Improving Activities of Recommending Stock Offering on the Growth Enterprise Board*, stating that sponsors should recommend, in order of priority, enterprises from new industries in line with national strategic direction, especially those operating in the fields of new energies and materials, information, biology and new pharmaceuticals, energy saving and environmental protection, aerospace, marine, advanced manufacturing and high-tech services, as well as enterprises having innovative capabilities or high potential for growth from other areas. In the case of recommending enterprises from the following industries, sponsors should carefully verify and indicate that the enterprises are eligible for listing on the GEB and describe the demonstration process and conclusions in the sponsor's report and recommendation letter. In particular, the sponsor should prove that the prospective issuer has prominent autonomous innovative capabilities in terms of technologies and business models and that their technologies or business models can facilitate the industry's structural adjustment and technological upgrading: 1) textiles and clothing; 2) public utilities like electric power, gas and water; 3) development and operation of real estates and civil engineering and construction; 4) transportation; 5) liquors, food and bever-ages; 6) finance; 7) general services; 8) industries with redundant production capacities and projects that are expressly restricted by national policies.

The CSRC shall arrange experts to evaluate whether the sponsor's demonstrations are justified and will determine whether the application should be accepted or rejected based on their findings. The evaluation results and number of acceptances/rejections will be used to measure the practicing competences and level of diligence of sponsors and their representatives.

A2.2.1.7 Subsequent Offerings by Listed Companies

Subsequent offering by listed companies generally refers to fund raising activities of domestically-listed companies on the domestic securities market subsequent to their IPOs. Currently, listed companies may conduct subsequent offerings through follow-on offerings, rights issue, private placements and issuance of convertible bonds, convertible corporate bonds with detachable warrants and corporate bonds. Furthermore, domestically-incorporated joint stock companies that issue foreign currency denominated shares on the overseas markets may offer corporate bonds in domestic securities markets. The shareholders of such companies may apply for the issuance of convertible bonds. The CSRC has standardized the offering conditions and procedures and information disclosure requirements for subse-quent offering activities by promulgating the *Measures for the Administration of the Issuance of Securities by Listed Companies* (CSRC Decree No. 30), the *Measures on Pilot Corporate Bonds Offering* (CSRC Decree No. 49), the *Trial Provisions on the Offering of Exchangeable Bonds by Shareholders of Listed Companies* (CSRC Announcement [2008] No. 41) and the related supporting rules.

Listed companies can implement the subsequent offering plans only when they satisfy certain requirements on earnings, net assets and other indicators:

- **Follow-on offering.** Listed companies seeking to issue shares to the public ("Follow-on Offering") should satisfy the following requirements: 1) the weighted average return on net assets for the past three fiscal years shall be no less than 6%, the net profits being calculated on the basis of the net profits before or after deduction of non-recurring profits and losses, whichever is lower; 2) with the exception of finance companies, the listed company shall have no tradable financial assets, financial assets readily for sale, outstanding loans to an external borrower or financial investments such as investment portfolio management in large amounts; 3) the offering price shall be no less than the average stock price of the previous 20 trading days or the average price of the trading day immediately preceding publication of the prospectus.

- **Rights issue.** Listed companies seeking to place shares to original shareholders should satisfy the following requirements: 1) the number of shares to be placed shall not exceed 30% of the total issued equity capital before placement; 2) the controlling shareholder should publicly commit to the number of shares to which it will subscribe to prior to the shareholders' meeting; 3) consignment sale shall be used as required by the *Securities Law*; 4) if the controlling shareholder fails to perform its commitment to subscribe to the shares placed to it, or if the number of shares subscribed to by the original shareholders does not reach 70% of the number of shares claimed to be placed to it upon expiration of the term of consignment sale, the issuer shall refund the subscription money plus interests as calculated based on the bank deposit rate applicable to the same tenor to the shareholders who have subscribed to the shares placed to them.

- **Private placement.** Listed companies can carry out non-public offering to specific investors. A listed company which intends to undertake private placement should meet the following requirements: 1) the issuing price shall be no less than 90% of the average price of the 20 trading days preceding the pricing reference date; 2) shares issued shall have a locked-up period of 12 months commencing from the closing date of placement; for shares subscribed by controlling shareholders, actual controllers and the enterprises controlled by them, the lock-up period is 36 months; 3) any placement which will result in a change in the control of the listed company will follow any other applicable requirements set forth by the CSRC. The number of investors of private placement shall not exceed 10 persons. In the event that the investors are overseas strategic investors, the placement shall be subject to prior approval by the relevant authority under the State Council.

◆ **Convertible Bonds (CBs).** Listed companies seeking to publicly offer CBs must satisfy the following requirements: 1) the weighted average return on net assets for the past three fiscal years shall be no less than 6%, the net profits being calculated on the basis of the net profits before or after deduction of non-recurring profits and losses, whichever is lower; 2) after completion of the issuance, the total value of the outstanding bonds shall not exceed 40% of the issuer's net assets as of the end of the previous reporting period; 3) the average annual distributable profit for the past three fiscal years shall be no less than the amount of the annual interest that will accrue on the corporate bonds to be issued. CBs must be issued with a maturity of no less than one year but not exceeding six years.

◆ **Warrant Bonds (WBs):** WBs are convertible bonds with warrants which can be traded separately from the debt security. Listed companies seeking to offer WBs should satisfy the following requirements in addition to the abovementioned conditions for issuing CBs: 1) audited net assets as of the end of the previous reporting period are no less than RMB 1.5 billion; 2) average annual distributable profit realized for the past three fiscal years shall be no less than the amount of annual interest that will accrue on the corporate bonds to be issued; 3) either the average net cash flow generated by operating activities for the past three fiscal years shall be no less than the amount of annual interest that will accrue on the bonds to be issued, or the weighted average net return on asset for the past three fiscal years shall be no less than 6%, the net profits being calculated on the basis of the lower of the net profits before or after deduction of non-recurring profits and losses; and 4) after completion of the issuance, the total value of the outstanding bonds will not exceed 40% of the issuer's net assets as of the end of the previous reporting period; and the expected total proceeds after exercise of all the attached warrants shall not exceed the value of the bonds to be offered. WBs must be issued with a maturity of no less than one year.

◆ **Corporate Bonds:** Companies listed on the SSE or the SZSE or domestically-incorporated joint stock companies that issue foreign currency denominated shares on the overseas markets, i. e. A-share, H-share and B-share companies, are all entitled to apply for offering of corporate bonds. Listed companies seeking to publicly offer corporate bonds must satisfy the following requirements: 1) the average annual distributable profit for the past three fiscal years shall be no less than the amount of the annual interest that will accrue on the corporate bonds to be issued; 2) the total value of the outstanding corporate bonds of the company after the issuance shall not exceed 40% of the net asset value as of the end of the immediately preceding reporting period. The total value of the outstanding corporate bonds of any issuer that is a finance company shall be calculated in accordance with relevant provisions as stipulated specifically for finance companies; and 3) the bond shall enjoy a good bond credit rating consistent with the credit rating result published by a credit rating agency. Corporate bonds must be issued with a maturity of no less than one year yet without a maximum term.

◆ **Exchangeable Bonds (EBs):** EBs refers to the corporate bonds issued by a shareholder of a listed company which can be exchanged for the shares of the listed company held by such shareholder under agreed conditions and within a specific term.

In a public offering of CBs, WBs, corporate bonds and EBs by the shareholders of a listed company, the interest rate is to be determined by the issuer upon consultations with the lead underwriter in compliance with the related provisions of the State. Meanwhile, a credit rating must be established by a qualified credit rating agency accredited by the CSRC at the time of the bond issuance. The selected credit rating agency should publish a follow-up rating report at least on an annual basis during the tenor of the bonds.

A2.2.1.8 Non-public Offering of Corporate Bonds by Companies Listed on the GEB

The *Measures on Pilot Corporate Bonds Offering* (CSRC Decree No. 49) must be complied with when any company listed on the GEB applies for non-public offering of corporate bonds. Qualified companies may submit application documents to the CSRC pursuant to the applicable procedure. The transfer of such bonds by listed companies on the GEB shall comply with relevant business rules of the SZSE.

A2.2.2 Overseas Offering and Listing

Article 238 of the *Securities Law* stipulates that domestic enterprises seeking to directly or indirectly offer or list their securities on an overseas market must obtain approval from the securities regulatory authority under the State Council. Specifically, two kinds of overseas offerings by domestic companies are possible:

◆ **Joint stock companies incorporated in mainland China issuing foreign currency denominated shares for listing on an overseas market.** Stock offerings by such companies are subject to approval by the CSRC. The related rules and regulations include the *Special Provisions of the State Council on Joint Stock Limited Companies Seeking Issuing Shares and Listing Overseas* (State Council Decree No. 160), the *Mandatory Provisions to be Incorporated into the Articles of Association of PRC Companies Seeking Listing Overseas*, the *Several Opinions on Further Enhancing the Information Disclosure by Overseas Listed Companies*, the *Circular on the Issues Concerning Companies Applying for Overseas Listing*, the *Guidelines for the Approval of and Regulation on Enterprises in Mainland China Applying for Listing on the Hong Kong Growth*

Enterprise Market, and the *Notice on the Centralized Depository and Custody Services of Overseas Listed Companies' Shares Which are Not Listed on Overseas Markets*, etc.

◆ **Overseas listing of joint stock companies controlled by Chinese shareholders who have been incorporated outside Mainland China (red-chip companies).** Overseas listing of such companies requires, on a case-by-case basis, either pre-listing approval of the CSRC or post-listing filing with the CSRC. The related rules and regulations include the *Circular of the State Council on Further Strengthening the Administration of Overseas Stock Offering and Listing* and the *Regulations for Acquisition of Domestic Enterprises by Foreign Investors*, etc.

In regards to the companies applying for an overseas IPO, the CSRC shall ask for comments from the competent investment authority or any other relevant authorities. If the relevant authorities raise no objection, the CSRC will undertake a review of the application documents according to the law.

A2.3 Securities Trading and Clearing and Market Oversight

A2.3.1 Securities Trading

Securities trading in China is organized based on a membership structure and conducted through a centralized transaction system. The SSE and the SZSE provide centralized trading venues and facilities, and investors participate in securities trading through member brokers of an exchange. Member brokers accept and execute the buying or selling orders of the customers in person or by means of telephone, self-operated terminals or the Internet.

◆ **Types of order.** The members of an exchange buy or sell securities through market or limit orders on behalf of the investors. A limit order refers to an order placed with a member broker to buy or sell the securities at the price set by the customer or at a better price. A market order refers to an order placed with instruction on the amount of the security to be traded and not on the trading price, requesting a member broker to buy or sell the securities at the current market price.

◆ **Trading time.** The trading days of the SSE and the SZSE are Monday to Friday (except statutory holidays). Trading time is 9:30 to 11:30 and 13:00 to 15:00 (for block trades, trading time is extended to 15:30). Each trading day opens at 9:15 for call auction, which lasts until 9:25. Call auction refers to a bidding methodology whereby all the buying and selling orders accepted during a fixed period of time are matched simultaneously to arrive at a unique price for a stock. Continuous auction refers to a bidding methodology whereby buying and selling orders are continuously matched on an order-by-order basis.

◆ **Trading rules.** Transactions are matched according to the principles of price and time precedence. The principle of price priority means a buying order at a higher price takes precedence over orders at lower prices. Accordingly, a selling order at a lower price takes precedence over selling orders at higher prices. The principle of time priority means that to buy or sell orders at a given price, an earlier-placed order takes precedence over an order placed later in time. After the selling and buying offers are matched by the exchange server, transactions are concluded. The transaction results are based on the clearing data issued by the depository and clearing agency designated by the securities exchanges.

◆ **Price limits system.** The SSE and the SZSE commenced to implement a 10% price range limit on stock and fund trading, and a 5% price range limit on ST and *ST stocks as of December 16th, 1996. No price range limit is imposed on the first trading day for newly-issued stocks and close-ended funds on the SSE. The price range limits are aimed at preventing sharp volatility in share prices, keeping securities market stable and protecting the interests of small and medium-sized investors.

Glossary 3

ST and *ST: Where financial and other abnormalities may lead to the delisting of a company, making it difficult for investors to evaluate the company's prospects or may have negative impact on investor interests, the securities exchange will assign a special treatment to such stocks (abbreviated as ST), including the issuance of a warning of delisting and any other special arrangements. The word of "*ST" or "ST" is placed before the ticker to differentiate these stocks from others.

◆ **Information publication.** On each trading day, the stock exchanges publish the trading information including real-time stock quotes, securities indices data, publicly available information concerning securities transactions and other trading information as applicable. During the opening call auction session, real-time quotations include the following information: stock code, ticker, previous closing price, opening reference price, matched volume and unmatched volume. During the continuous auction process, real-time quotations include the following information: stock code, ticker, previous closing price, latest executed price, the day's high, the day's low, the day's accumulated trading volume and trading value, the five real-time highest bids and their sizes, the five real-time lowest offers and their sizes and so on.

A2.3.2 Securities Depository and Clearing System

In the securities market, depository and clearing services are performed in a centralized manner according to the law by the securities depository and clearing agency. All securities depository and clearing businesses are undertaken by the China Securities Depository & Clearing Corporation Limited ("SD&C"). The SD&C provides registration, custody, clearing and settlement services for the securities listed on the securities exchanges in China. To date, China has established a complete risk control system concerning depository and clearing services to effectively prevent systemic risks. The securities depository and clearing system has been operating smoothly in a rapid growing securities market and has been handling large amounts of securities registrations and clearing.

◆ **Real name system for securities accounts.** Investors should apply to the securities depository and clearing agency or any agents authorized by the latter to handle account opening matters. Investors should ensure that the information provided for their application is reliable, accurate and complete. Investors are not permitted to allow others to use their securities accounts. At present, investors who are entitled to opening securities account include Chinese citizens, Chinese legal persons, Chinese partnerships, and other investors provided for in the laws, administrative regulations and the CSRC rules.

◆ **Principle of delivery versus payment (DVP).** Delivery versus payment refers to a delivery process between securities depository and clearing agency and clearing participants in which securities will be delivered simultaneously with the payment of money, and vice versa. Where multilateral netting is adopted, the clearing house acting as the central counterparty for clearing participants in accordance with the relevant business rules should handle settlements pursuant to the delivery versus payment principle, and adopt supporting measures on short selling restriction, full-amount margin, placement of the funds remitted by the customers for transactions settlement under the custody of a third party, and settlement reserve funds, etc. in order to prevent settlement risks.

◆ **Netting principle.** Currently, the vast majority of securities transactions on the securities exchanges in China are cleared by multilateral netting. The securities clearing and depository agencies seeking to adopt this approach shall act as the central counterparties (CCPs) of the clearing participants following the principle of delivery versus payment, and shall handle the clearing and settlement on a participant-by-participant basis. Multilateral netting is adopted for most of the transactions on stock exchanges, which means that the depository and clearing agency makes settlement on a participant-by-participant basis and calculate net amounts of receivables and payables through netting.

◆ **Clearing participant system.** To participate in the centralized clearing and settlement of securities, a securities firm shall apply to the securities depository and clearing agency for the qualification of clearing participant, and conclude a clearing agreement with such agency to specify the rights and obligations of both parties. A securities firm not qualified as a clearing participant shall conclude a clearing and settlement agency agreement with a clearing participant, who shall undertake the centralized clearing and settlement of securities and money on its behalf. The securities depository and clearing agency can effectively control settlement risks and maintain the security of the clearing system by implementing an admission system for clearing participants and imposing requirements concerning risk control and financial indicators on these participants.

◆ **Two-tier clearing system.** A two-tier clearing system is adopted in China, where the securities depository and clearing agency handle all the clearing and settlement related to securities transactions with clearing participants, which, in turn, handle clearing and settlement with their customers.

A2.3.3 Market Monitoring System

The CSRC, the CSRC regional offices and the stock exchanges hold joint responsibility for the monitoring of securities market in China, focusing on cracking down on insider trading, market manipulation and other violations.

With a real-time monitoring system in place, the SSE and the SZSE are responsible for frontline monitoring of the securities market, in order to promptly detect, investigate into and impose sanctions on irregular transactions and report any major offenses to the CSRC for investigation and sanction. The CSRC is responsible for guiding the disciplinary work of the exchanges, detecting signs of irregularity in its day-to-day monitoring and taking actions to investigate alleged insider trading and market manipulation or other violations and to impose sanctions accordingly. The relevant CSRC departments shall analyze and study the reports submitted by the exchanges in combination with other information. In the event of allegation of insider trading or market manipulation or any other violation, the CSRC's investigation department shall be asked to conduct further investigation.

A2.4 Regulation on Listed Companies

A2.4.1 Information Disclosure by Listed Companies

The information disclosure system, also known as the public announcement or disclosure system, requires listed companies and their disclosure obligators to disclose information concerning changes in their financial and operating conditions to the public pursuant to the law so that the investors may have an adequate knowledge of their situations. This includes requirements for both pre-IPO disclosure and post-IPO continuous information disclosure. A complete and multi-level information disclosure system has been put into practice in China based on the *Securities Law*, the *Company*

Law, the *Measures for the Administration of Information Disclosure by Listed Companies* and relevant supplementary regulatory documents. Drawing reference from international best practices, the disclosure standards in Chinafrom the basic rules and operating procedures to the contents, forms and means of disclosure have reached the levels of sophistication of the mature markets overseas.

Contents of information disclosure required on listed companies can be divided into three types: prospectus (offering information), periodical reports and *ad hoc* reports.

A2.4.1.1 Prospectus

Companies shall publish a prospectus at the time of IPO and for subsequent offerings. To ensure that investors acquire a comprehensive knowledge of an issuer through its prospectus, the CSRC has developed guidelines on the contents and forms of the prospectus for IPOs and subsequent offerings.

A2.4.1.2 Periodical Reports

Periodical reports to be provided by listed companies consist of the annual report, semi-annual report and quarterly report:

- **Annual report.** Listed companies shall disclose the annual report within four months of the end of each fiscal year. The annual report must contain the following as a minimum: company profile, financial statements and description of operating performance, information on changes in equity capital, information on shareholders, directors, supervisors, executives and employees, description of corporate governance structure, results of shareholders' meeting, report of the board of directors, report of the board of supervisors and information concerning major issues of the company. The financial statements included in the annual report should be audited by an accounting firm with a securities- and futures-related business auditing qualifica-tion.

- **Semi-annual report.** Listed companies shall disclose semi-annual reports within two months of the end of the first half of each fiscal year. Such interim reports should contain the following information as a minimum: company profile, information on changes in equity capital and shareholdings of major shareholders, information on directors, supervisors and executives, the management's discussion and analysis, information concerning major issues of the company and financial statements.

- **Quarterly report.** Listed companies shall disclose quarterly reports within one month of the end of the first and third quarters of each fiscal year. Quarterly reports disclose key financial data from the company and contain the management's discussion and analysis. The semi-annual reports and quarterly reports are not required to be audited by an accounting firm with a securities- and futures-related business auditing qualification.

A2.4.1.3 *Ad Hoc* Report

Ad hoc reports shall be promptly disclosed upon occurrence of a significant event which may have a substantial impact on a firm's securities and/or derivatives prices. The causes, current status and potential impact of such an event should be specified in the reports. A significant event corresponds to a substantial change in the operational strategy that causes material change in business scope, a decision regarding a major investment or major property acquisition, execution of important contracts, significant losses incurred, change in directors or change of more than one-third of supervisors or managers, substantial change in shareholdings or control rights of those shareholders who hold over 5% of the total shares or of the actual controllers, decisions on capital decrease, merger, splitting, dissolution or filing for bankruptcy, and any investigation by the relevant authorities into suspected criminal offenses.

A2.4.2 Corporate Governance of Public Companies

The CSRC has issued a series of laws and regula-tions and has adopted a number of measures to promote better corporate governance and more transparency within listed companies. As a framework of corporate governance is being formed, the concept of corporate governance is now widely recognized in China and the governance structures and level of compliance of listed companies have significantly improved.

The CSRC's regulatory requirements regarding listed companies' corporate governance are primarily reflected in the *Code of Corporate Governance for Listed Companies* (hereinafter referred to as "the *Code*") issued in January 2002. The *Code* specified the fundamental principles of corporate governance, methods to protect investors' interests, as well as the code of conduct and professional ethics for directors, supervisors and executives of listed companies. The *Code* requires that listed companies treat all shareholders in a fair manner, protect the interests of small and medium-sized investors with proxy voting and cumulative voting arrangements, remain independent from their parent companies and conduct related transactions fairly and transparently. The *Code* advocates shareholders' participation in the governance of the listed companies, in particular the involvement of institutional investors.

A2.4.2.1 Independent Directors

In accordance with the *Code* and the *Guidance for Introducing the Independent Directors System in Listed Companies*[1] (promulgated on and implemented as of August 16th, 2001), companies listed in China shall establish the system of independent directors. Independent directors are to account for at

---

[1] Please refer to www.csrc.gov.cn/n575458/n776436/n804965/n3300690/n3300837/n3330750/3330844.html for the full text of the *Code of Corporate Governance for Listed Companies* and www.csrc.gov.cn/n575458/n575742/n2529771/256242.html for the full text of the *Guidance for Introducing the Independent Directors System in Listed Companies*.

least 1/3 of the members of a company's board of directors and should include at least one accounting professional. Where the board is equipped with compensation, audit, nomination and other committees, meetings of such committees shall be convened by an independent director and independent directors shall constitute a majority of such committee members. Independent directors shall provide independent opinions on substantial issues such as the nomination, appointment or removal of directors, appointment or removal of executives, compensation of directors and executives, material related transactions (with a value higher than RMB 3 million or 5% of the latest audited net asset value of the company) and other issues that may harm the interests of small and medium-sized shareholders in the opinion of the independent directors.

A2.4.2.2 Internal Control

In order to further develop the capabilities of listed companies to prevent and defend against risks, enhance the operational and management efficiencies and prevent frauds in listed companies as well as the long-term, sustainable development of Chinese capital markets, the CSRC, the Ministry of Finance and another three authorities at the ministry level jointly issued the *Basic Standards on Corporate Internal Control* and supporting guidelines. These *Standards* and guidelines will first apply to companies which were concurrently listed in China and overseas as from January 1st, 2011, and the application will be extended to companies listed on the Main Boards as from January 1st, 2012, and to companies listed on the SME Board and the GEB at later times. The CSRC has been actively promoting the overall implementation of the *Standards* among listed companies and has made the internal control of listed companies part of the CSRC's day-to-day supervision in order to exercise effective external regulation over the establishment and operation of corporate control systems, and to strengthen the effectiveness of the implementation of internal control systems. All these endeavors aim to further improve the quality of information disclosure by listed companies.

A2.4.2.3 Equity Incentive Scheme

In order to further facilitate listed companies in establishing and improving incentive and discipline mechanism, the CSRC promulgated the *Measures for the Administration of the Equity Incentives of Listed Companies (Trial Implementation)* (Effective as from January 1st, 2006). Pursuant to such *Measures*, the primary equity incentives in listed companies are restricted stocks and stock options; independent directors shall not be included in equity incentive schemes; the combined total amount of underlying shares of all the effective equity incentive schemes of a listed company must not exceed 10% of the company's total equity capital; independent directors shall provide independent opinions concerning equity incentive schemes, including whether the scheme is beneficial to the sustainable development of the company, and whether the scheme is evidently detrimental to the interest of the company and all shareholders; after an incentive scheme has been discussed and approved by the board of directors, the listed company shall submit relevant materials to the CSRC for filing and send a copy to the relevant securities exchange and the regional office of the CSRC. If the CSRC raises no objections, the listed company can then deliver a notice for the shareholders' meeting to deliberate and implement the incentive scheme.

A2.4.3 Mergers, Acquisitions and Restructuring

A2.4.3.1 Rules for Acquisition of Listed Companies

Acquisition of listed companies generally refers to the acquisition or consolidation of control of a listed company, which includes direct acquirement of shares of the listed company by an investor to become a majority shareholder, and direct or indirect acquisition of control in spite of the non-shareholder status of the acquirer. The main regulations governing acquisition of listed companies issued so far by the CSRC in accordance with the current *Company Law* are the *Measures for the Administration of Acquisition of Listed Companies* and the rules thereunder.

◆ ***Measures for the Administration of acquisition of listed companies* and relevant rules.** In September 2002, the CSRC issued the *Measures for the Administration of Acquisition of Listed Companies* (hereinafter referred to as the "*Acquisition Measures*") and the *Measures for the Administration of Information Disclosure on Change in the Shareholding of Listed Companies*. Although overall the acquisition of listed companies and change in their equity capital have been effectively administered after those measures became effective, deliberate attempts to circumvent regulation by transferring control rights (such as by signing an equity escrow agreement that transfers voting rights in advance) were observed. The CSRC reacted to such irregularities promptly by issuing the *Notice on Issues Related to Transfer of Actual Control Rights of Listed Companies* in July 2004 to rectify the weaknesses identified in its regulation. The amendments to the *Company Law* and the *Securities Law* in 2005 made explicit adjustment to the arrangements for the acquisition of listed companies. Responding to the new changes emerging in the market further to the non-tradable share reform, the CSRC promulgated amendments to the *Acquisition Measures* and relevant rules on July 31st, 2006, which came into effect on September 1st, 2006. The amended *Acquisition Measures* clearly reflects the legal authorities' willingness to encourage acquisition by listed companies. Under such amended *Acquisition Measures*, the tender offer can be made with respect to part of the shares of the target company rather than the entirety thereof. Acquirers are allowed to pay an acquisition by securities instead of cash, so that the acquisition cost can be lowered and acquisition of listed companies facilitated. Moreover, financial advisors are given full play in *ex-ante* control and *ex-post* on-going advice to and guidance of the acquirers; the review and approval procedure of the CSRC is simplified and the efficiency of market is improved. As a result, two fundamental changes have occurred in the CSRC's regulation on the acquisition of listed companies. Firstly, the all-round tender offer system under the direct regulation of the CSRC has been replaced by a partial tender offer system overseen by financial advisors. Secondly, reliance on the CSRC's *ex-ante* regulation has evolved to a combination of pre- and post-acquisition regulation with the latter being emphasized. After the last quarter of 2007, for the purpose of maintaining market stability and further guiding and regulating the acts of controlling shareholders of listed companies in connection with their stake increase, the CSRC published the *Decision on the Amendment of Article 63 of the Measures for the Administration of Acquisition of Listed Companies* on August 27th, 2008. According to the *Decision*, prior approval is replaced by *ex-post* filing with the CSRC for the increase of a shareholder's equity share by no more than 2% through transactions on the secondary market concluded within a period of one year from when its equity in a listed company reached 30% or more of the total issued shares of the listed company. This gives more flexibility to a majority shareholder seeking to increase its stake in a listed company.

◆ **Special provisions for state-owned shares assignment and acquisition by foreign investors.** Distinguished by the nature of the acquirer and the target shares, a listed company can be acquired by a foreign or domestic investor, and the target company may be owned by the State or private sector. The CSRC has issued specific rules or regulatory documents in time and made clear the relevant regulatory systems applicable to such acquisitions. In October 2001, the CSRC, together with the former Ministry of Foreign Trade and Economic Cooperation (MOFTEC), issued the *Opinions on Issues Related to Foreign Investment in Listed Companies*. As acquisitions by foreign investors is increasingly in tempo, for the purpose of supporting the country's opening up and other related industry policies and better administering the acquisition by foreign investors, the CSRC promulgated the *Notice on Issues Related to the Transfer of State-owned and Legalperson Shares to Foreign Investors* together with the Ministry of Finance and the former State Economic and Trade Commission in November 2002, the *Measures for the Administration of Strategic Investment by Foreign Investors in Listed Companies* in December 2005 together with the Ministry of Commerce (MOC), State Administration of Taxation (SAT), State Administration of Industry and Commerce (SAIC) and SAFE, and the *Provisions on Merger with and Acquisition of Domestic Enterprises by Foreign Investors* in August 2006 together with the MOC, State-owned Assets Supervision and Administration Commission (SASAC), SAT and SAIC. In accordance with the above-mentioned provisions, any foreign investor must obtain approval from the MOC before effectuating strategic investment in or acquisition of a listed company; if the acquisition of a listed company involves a matter which is subject to administrative permission, filings shall be made to the CSRC for review and approval according to the law. On the other hand, in order to standardize activities related to the transfer of shares of a listed company to and from a state-owned entity after the non-tradable share reform, the CSRC and the SASAC jointly issued the *Interim Measures for the Administration of State-owned Shareholders' Transfer of Shares of Listed Companies*, and the *Interim Measures for* *the Administration of Identification Mark of State-owned Shareholders in Listed Companies* in June 2007. Under the above measures, transfer of shares through the trading system of a stock exchange is subject to relevant timing and quantitative restrictions; transfer of shares by mutual agreement must undergo through legal procedures of information disclosure and public solicitation of transferee; and applications must be filed with the state-owned asset authority for approval.

A2.4.3.2 Material Asset Restructuring by Listed Companies

In April 2008, in accordance with the *Securities Law* and the *Company Law*, the CSRC promulgated the *Measures for the Administration of Material Asset Restructuring by Listed Companies* ("*Restructuring Measures* "). Together with the *Acquisition Measures*, they constitute the basic regulatory framework for M&A and restructuring of Chinese listed companies. Major points of the *Restructuring Measures* involve:

◆ Optimizing the financial computation methodologies relating to material asset restructuring. The *Restructuring Measures* provides that a transaction of a value higher than 50% of a listed company's net asset value and exceeding RMB 50 million is deemed to be a material asset restructuring;

◆ Detailing the forms of asset transactions which constitute material asset restructurings, including but not limited to acquisition and sale of assets. A transaction involving assets of a controlled subsidiary of a listed company falls within the scope of regulation;

◆ Standardizing the listed companies' practice of paying assets bought from specific sellers by newly issued shares, so as to better regulate and encourage market innovations;

◆ Defining a more active role to be played by the regulatory authorities according to the prudential supervision principle. With regard to those transactions which do not constitute material asset restructurings but involve substantial problems which may harm the lawful interests of the target listed company or its investors or which is viewed as an attempt to evade regulation, the CSRC is entitled to require the prospective acquirer to make supplementary disclosure or to suspend the transaction.

The CSRC issued the *Decision on Amending the Provisions on Material Asset Restructuring and the Related Financing of Listed Companies* on August 1st 2011, clearly stipulating the scope, conditions and methods of supervision over reverse mergers, thus improving the rules and regulations governing stock issuance and asset acquisition. Meanwhile, the *Decision* stated that without any change in control rights, the listed companies may issue stocks to and acquire assets from a non-related party, thus enjoying more convenience in horizontal and vertical M&As.

A2.4.3.3 Administration of Financial Advisory System

To regulate the activities of financial advisors in M&A and restructuring of listed companies and protect the lawful rights and interests of investors, on July 4th, 2008, the CSRC released the *Measures for the Administration of Financial Advisory Services in Connection with Merger, Acquisition and Restructuring of Listed Companies* (CSRC Decree No. 54, hereinafter the "*Measures for Financial Advisory Services*"), providing for the conditions that securities firms, securities investment advisory firms, and any other financial advisories must fulfill in order to be engaged in financial advisory services for M&A and restructuring of listed companies. In addition, the roles and working procedures of financial advisors and of their principals, the regulatory measures and sanctions on malpractices or violations of financial advisors and their principals in providing advisory services are also stipulated.

The *Measures for Financial Advisory Services* specify the responsibilities entailed in the financial advisory role, requiring financial advisors to perform six basic duties: providing due diligence, professional services, guidance on compliance in regards of listing, professional opinions, coordination and continuous supervision. The *Measures for Financial Advisory Services* also identifies working procedures and requirements for internal control. The provisions relating to the due diligence system, review by internal audit service, internal report and inspection and full record-keeping of the working files are designed to ensure that financial advisors and their principals are able to effectively perform their duties. The internal audit service must be independent of the business departments of the financial advisor with the aim of maintaining independence and countervailing powers between them and for the purpose of risk control as well.

A2.5 Supervision and Regulation of Securities Firms

A2.5.1 Business Licensing

In accordance with Article 125 of the *Securities Law*, securities firms may engage in part or all of the following securities business activities upon the CSRC approval: 1) securities brokerage; 2) securities investment advisory business; 3) financial advisory service concerning securities trading and investment activities; 4) securities underwriting and sponsoring; 5) securities trading for own accounts; 6) securities asset management; and 7) other securities business activities such as business on shares denominated in foreign currencies, margin trading and securities financing as well as management of overseas securities investment under a QDII scheme. Securities firms seeking to engage in any of the above-mentioned business activities must apply for the CSRC approval in accordance with relevant provisions of the *Securities Law*, the *Regulations for the Supervision and Administration of Securities Firms*, the *Interim Provisions on the Examination and*

Approval of Business Scope of Securities Firms, etc. . Furthermore, Article 47 of the *Regulations for the Supervision and Administration of Securities Firms* provides that securities firms intending to make pooled investment with the assets of multiple customers or to invest customers' assets in specific products shall apply for the CSRC approval.

A2. 5. 2 Differentiated Regulation

On the basis of the experience of the pilot project of regulation structured by class of securities firms in the past two years, the CSRC issued the *Provisions on Differentiated Regulation on Securities Firms* (hereinafter referred to as the "*Provisions* ") in May 2009 and revised several clauses of the *Provisions* in 2010. Based on risk management capabilities of securities firms and in light of their competitiveness and ongoing compliance status, the *Provisions* evaluates and classifies securities firms into five classes and 11 grades: A (AAA, AA, A), B (BBB, BB, B), C (CCC, CC, C), D, and E.

The CSRC adopts differentiated regulatory policies for different classes of securities firms in order to encourage the development of high-quality firms. First, the classification will become a precondition for approving the firm's applications for public offerings or opening new business branches and a factor for the regulator to consider when launching and sequencing pilot projects of new businesses and products. Secondly, securities firms of different classes make different contributions to the Securities Investor Protection Fund at different assessment rates and are subject to different risk control requirements. Thirdly, regulation resource allocation and on-site/off-site inspection frequencies applied to securities firms vary according to their respective classifications.

Such a system of differentiated regulation has generated initial results and is now generally accepted and approved of by the industry. First, it institutionalizes the requirement that risks borne by securities firms shall be controlled uner a level proportionate to their net capital, and thus sets quantitative standards and tools for dynamic monitoring, early warning and control of risks. Secondly, the system renders the regulation work more targeted, tailored and pro-active, making it possible to sharpen focuses and optimize regulatory resource allocation. Thirdly, it incentivizes securities firms to condition their day-to-day financial management, risk control and compliance to their business opportunities, assessments and regulatory restrictions. Fourthly, it encourages securities firms to break down regulatory indicators into improvement targets for all aspects of company operations, and thus translates external requirements into specific measures for tighter risk control and better governance. Finally, the system enables gradual development of innovative businesses and products under the principle of openness and fairness toward clear and reasonable targets, and facilitates the monitoring of risks that involve innovation.

A2.5.3 Compliance Management

In July 2008, the CSRC promulgated the *Trial Provisions for the Compliance Management of Securities Firms*, requiring securities firms to develop a comprehensive internal system of compliance management, to set up the post of Chief Compliance Officer and the Department of Compliance, to enhance control measures taken before, during and after the operational and management activities so as, to effectively prevent, promptly detect and rectify any violations and improve the internal governance system. The CSRC sees the effectiveness of compliance management as a critical measurement of a securities firm's performance, and determines and imposes sanctions on offenses accordingly in order to motivate securities firms to self-discipline.

The system of compliance management is an important means to improve securities firms' internal control enable interactions between internal discipline and external regulation. It is conducive to transforming the regulatory model from one dominated by administrative regulation to one that combines administrative regulation, industry self-regulation and securities firms' self-discipline and nurturing securities firms' capabilities of self-management and compliant development.

A2.5.4 Net-Capitalbased Risk Monitoring and Early Warning

In July 2006, the CSRC issued the *Measures for Administration of Risk Control Indicators of Securities Firms*, establishing a comprehensive risk control and supervisory system based on net capital. The system established mechanisms linking a securities firm's business scope to its net capital adequacy, the business size to its risk capital reserves, and its risk capital reserves with its net capital.

In June 2008, the CSRC promulgated the *Decision on Amending the Measures for Administration of Risk Control Indicators of Securities Firms*, in which the computation method of net capital was adjusted by fully deducting long-term assets. The capital adequacy of securities firms was thus further raised. Meanwhile, the proportion of risk capital reserves for some business activities was increased by enlarging the scope of eligible assets so as to adapt to the market developments and current changes in the industry. At the same time, securities firms were required to develop a sound dynamic mechanism to monitor risk control indicators and a stress testing mechanism, in order to further improve their capabilities of risk surveillance, assessment and early warning. The amended *Measures for the Administration of Risk Control Indicators of Securities Firms* led to better risk prevention of securities firms, encourage business innovation under the precondition that risks are measurable, controllable and tolerable and promote the healthy growth of the securities industry.

A2.5.5 Third-party Custody System for Customers' Settlement Funds

Third-party custody of customers' settlement funds is a new system designed and implemented in accordance with the requirements of the *Securities law* and the *Regulations for the Supervision and Administration of Securities Firms*, under which "customers' settlement funds shall be deposited in a commercial bank and be managed through accounts opened separately in the name of each customer". The new system is intended to safeguard customer assets, facilitate transaction settlement, prevent risk contagion and encourage business innovation of securities firms.

The CSRC first initiated a pilot program for the third-party custody system with selected securities firms in early 2004 during a campaign to restructure the securities industry. Having drawn experiences from the pilot program, the CSRC made improvements to the system in early 2006 and expanded it to cover the entire industry in July of the same year. Under the custody of a third party, as engaged by the customers to quote bids and offers and handle clearing and settlement, the securities firms shall open separate accounts to deposit settlement funds from the customers with a number of commercial banks. The latter shall, based on records of funds deposit and withdrawal as well as transaction and settlement data provided by securities firms, record funds variations of each customer, keep detailed books, check the general and subsidiary ledgers and conduct funds transfers in a segregated manner to prevent misappropriation. As of the end of April 2008, the custody practice had been adopted by all Chinese securities firms, which strengthened the protection of customers' settlement funds.

A2.5.6 Information Reporting and Disclosure

Requirements regarding information reporting and disclosure by securities firms are as follows:

Information reporting. **Laws and regulations provide that securities firms should submit annual reports to the CSRC within four months of the end of each fiscal year, and monthly reports within seven working days of the end of each month. *Ad hoc* reports shall be submitted to the CSRC upon the actual or possible occurrence of significant events affecting the operation, management, financial condition, performance in connection with risk control indicators, or safety of customers' assets. The reports shall specify the cause, status quo and potential consequences of such events, and measures to be taken as well.**

- **Information disclosure system.** Securities firms are required to disclose and update their general and financial information on the website of the Securities Association of China (SAC), investor relations signboard at the branches of securities firms as well as their own websites. General information refers to basic information about the firm, business branches, permitted new products and the executives. Securities firms shall continuously update such information. Moreover, securities firms shall disclose financial information on their own websites, the website of the SAC and through other relevant channels. Such disclosure shall include audit reports for the preceding fiscal year and audited financial statements as well as the attached notes.

◆ **Supervision of audited annual reports.** Supervision of the audited annual report is a key component of the regulator's off-site inspection and routine regulation of securities firms The CSRC requires securities firms to provide audit evidences and relevant materials to the engaged accounting firms and promptly correct problems revealed in the auditing process.

A2. 6 Supervision and Regulation on Securities Investment Funds

The CSRC's regulatory approach to the fund management industry, including securities investment fund products, companies, employees, the discretionary fund management business, and QFIIs, is reflected in Figure A1 — Fund Supervisory Structure Chart. The current legal framework consists of three layers. The first layer is the law, represented by the *Securities Investment Fund Law*. The second is the ten sets of applicable regulations, including the *Measures for the Administration of Information Disclosure by Securities Investment Funds*, the *Measures for the Administration of Sales of Securities Investment Funds*, etc.. The third layer is composed of regulatory documents, including the code of corporate governance of fund management firms and guidelines on internal control.

By applying the aforementioned regulatory framework, the CSRC has built a healthy, orderly and competitive environment and an effective checks-and-balances mechanism. Appropriate requirements have been laid out for companies as well as their employees and products. Designed to protect the lawful rights and interests of fund investors, prevent systemic risks and increase market transparency, the framework strengthens monitoring and cracks down on violations on an ongoing basis.

A2. 6. 1 Supervision and Regulation on Related Institutions

Related institutions include fund management firms, fund custodian banks and fund distribution agents.

A2. 6. 1. 1 Fund Management Firms

The *Securities Investment Fund Law* provides that funds must be managed by fund management firms. The incorporation, change in and dissolution of fund management firms require the approval from the CSRC. In accordance with applicable rules and principle of prudential oversight, the CSRC oversees the firms' compliance and operating activities including but not limited to the following:

In terms of information disclosure: 1) Periodic reports: A fund management firm shall submit an annual report and annual evaluation report to the CSRC and the competent the CSRC regional office

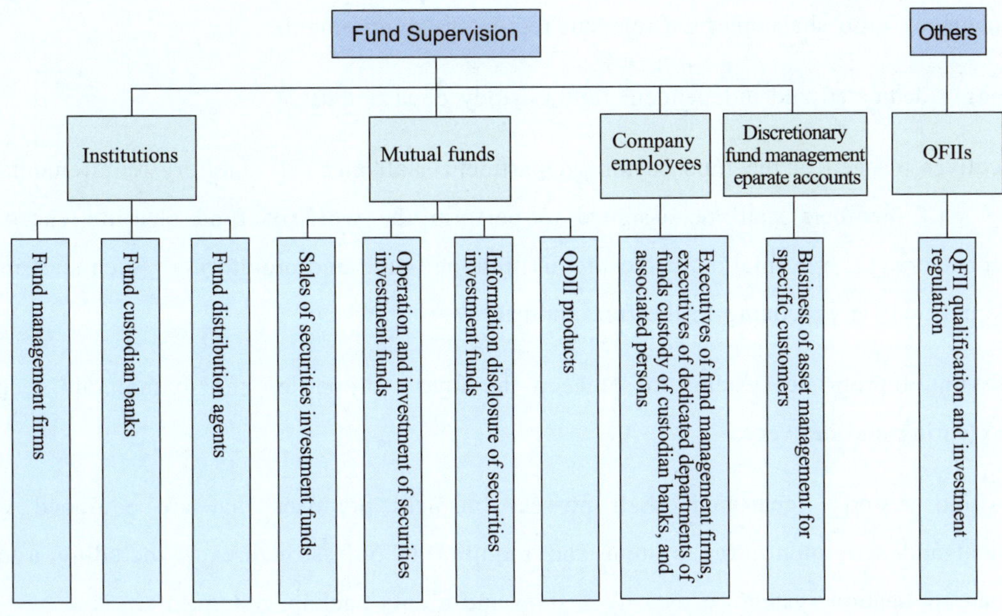

Figure A**1** Fund Supervisory Structure Chart

Source: CSRC.

within three months of the end of each year. The quarterly auditing report must be submitted within 15 days of the end of each quarter. The annual supervisory auditing report must be submitted within 30 days of the end of each year. 2) *Ad hoc* reports: An *Ad hoc* report shall be shall be filed with the CSRC and the appropriate the CSRC regional office within five days of occurrence of any of the events specified in Article 58 of the *Measures for the Administration of Securities Investment Funds*.

◆ In terms of corporate governance: First, fund management firms shall be equipped with a sound independent director system. The board of directors shall have at least three independent directors, accounting for no less than 1/3 of the directors. Secondly, each firm shall create a post of Chief Compliance Officer (CCO), who is hired by and report to the board of directors. CCOs are responsible for supervising and exa-mining compliance of fund management firms. Thirdly, fund management firms must set up appropriate internal control systems to maintain the lawful operations of the firm and ensure sound and effective internal control .

A2.6.1.2 Fund Custodian Banks

The *Securities Investment Fund Law* provides that fund custody functions be assumed by commercial banks, subject to approval from the CSRC and China Banking Regulatory Commission (CBRC) and fund custodianship qualification as set forth under the applicable law. The CSRC and the CBRC jointly supervise the fund custody operations of commercial banks according to law. Any commercial bank applying for fund custodian qualification must satisfy the following criteria:

The year-end net assets must reach RMB 2 billion for each of the past three fiscal years and the capital adequacy ratio shall meet the relevant regulatory requirements;

◆ Having a dedicated and independent fund custody department;

◆ Executives to head of the fund custody department shall meet all statutory requirements and at least five staff members shall be assigned to perform the work of fund clearing, accounting, investment oversight, information disclosure and internal audit and monitoring. Such staff members must be qualified for practicing in the fund industry;

◆ Possessing appropriate systems to safekeep the fund's properties and to maintain secure and efficient clearing and delivery;

◆ The fund custody department shall possess business premises that are equipped with an independent and safe monitoring system and required IT infrastructures , including a network system, an application system, a security system and a data backup system;

◆ Having a proper internal auditing and monitoring system and risk control system;

◆ Having no record of serious violation in the preceding 36 months; and

◆ Meeting other conditions provided by laws, administrative regulations and requirements of the CSRC and the CBRC upon the approval of the State Council.

A2.6.1.3 Fund Distribution Agents

While selling fund products is within the business scope of fund management firms, the firm may delegate fund product distribution to qualified entities Commercial banks, securities firms, securities investment advisory firms, specialized fund sales agencies and other institutions as permitted by the CSRC rules may apply to the CSRC for fund selling agency qualification. Applicants shall meet the following requirements:

Possessing a sound governance structure, internal control and risk management system, which are effectively implemented;

◆ Exhibiting a healthy financial status as well as stable and standardized operation;

◆ Possessing business premises, security-related and other facilities suitable for fund selling business;

◆ Possessing secure and efficient technical facilities suitable for funds issuance, subscription and redemption in accordance with relevant requirements of the CSRC. The technical facili-ties' network connection with fund managers and the China Securities Depository and Clearing Corporation Limited (SD& C) must have passed tests and the results thereof meet applicable standards;

◆ Having developed a sound funds clearing process, under which funds management meets the CSRC's requirements;

◆ Possessing assessment methodology for risk tolerance of fund investors and the risk grading of fund products;

◆ Having developed sound business procedures, code of conduct of sales personnel, emergency procedures and other fund sales business management rules as required by the CSRC on the internal control of funds sales agents;

◆ Being equipped with required internal control systems for anti-money laundering; and

◆ Any other requirements set out by the CSRC.

A2.6.2 Securities Investment Fund Products

A2.6.2.1 Operation of Securities Investment Funds

Fund management firms seeking to establish securities investment funds must apply for the CSRC's approval. When utilizing fund assets in securities investment, fund management firms shall refrain from any of the following practices:

The market value of shares held of any individual company exceeds 10% of the fund's net asset value (NAV);

◆ Different funds managed by one fund management firm hold more than 10% of the outstanding securities of a company;

◆ When using its assets to subscribe to new shares, the size of the bid quoted by the fund exceeds its total assets, or the number of shares subscribed exceeds the total number of shares offered;

◆ Terms on the scope of investment, investment strategy and ratios provided in the fund contract are violated; and

◆ Any other situations prohibited by the CSRC.

Securities investment funds structured exactly in proportion with relevant indices are exempt from the ratio limits stated in the first two paragraphs above.

A2.6.2.2 Information Disclosure by Securities Investment Funds

Fund information disclosure is a responsibility of fund management firms, fund custodians, fund unit holders in charge of convening the general meeting of all fund unit holders, and any other natural or legal persons and entities as set forth by laws, administrative regulations and the CSRC rules. The responsible entities and persons shall disclose required information, including the prospectus, contract and periodical reports such as annual, interim and quarterly reports within the required timeframe on such media as the designated national newspapers and websites of the fund management firms and the fund custodians, and ensure investors' proper access to the information at such time and in such manner as agreed upon in the fund contract. the CSRC and its regional offices shall monitor the firms' disclosure.

A2.6.3 Qualified Foreign Institutional Investors (QFIIs)

Supervision and regulation of QFIIs is based on the *Measures for the Administration of Domestic Securities Investment by Qualified Foreign Institutional Investors* (CSRC Decree No. 36). China started the QFII program in December 2002. In accordance with relevant regulations, QFIIs may invest in A-shares, bonds, securities investment funds and warrants listed on China's stock exchanges, and any other financial instruments permitted by the CSRC. To secure a QFII license, an applicant should fulfill the following requirements:

Having sound financial condition, good credit standing and a size of assets required by the CSRC;

- Its employees have the qualifications required by the home jurisdiction where they are registered;

- Having sound corporate governance and internal control systems; no major sanction imposed on it by the regulatory authority of the jurisdiction where it is registered during the preceding 36 months; and

- Coming from a jurisdiction where the competent regulator has signed an MoU on Regulatory Cooperation and has maintained effective cooperation with the CSRC.

A2.6.4 Renminbi Qualified Foreign Institutional Investors (RQFIIs)

The regulation of RQFIIs is based on the *Measures for Pilot Domestic Securities Investment by Renminbi Qualified Foreign Institutional Investors of Fund Management Firms and Securities Firms*. China launched the pilot RQFII program in December 2011. Pursuant to relevant rules, RQFIIs, within the investment quota, are allowed to invest in stocks, bonds, warrants, securities investment funds listed and traded on securities exchanges, instruments available on the inter-bank bond market and any other financial instruments permitted by the CSRC and PBoC. An applicant for a RQFII license must meet the following requirements:

Licensed by Hong Kong's securities regulatory authority to engage in asset management, having been conducting asset management business, and having sound financial condition and good credit standing;

◆ Exhibiting effective corporate governance and internal control, with all employees meeting relevant criteria applicable in the Hong Kong SAR;

◆ Both the applicant and its domestic parent company have good compliance record, without being imposed any major sanctions by the regulatory authority of the jurisdiction where it is registered in the preceding 36 months;

◆ Being owned by a domestic parent company which is licensed to engage in securities asset management; and

◆ Any other requirements set by the CSRC under the principle of prudential regulation.

A2.6.5 Qualified Domestic Institutional Investors (QDIIs)

Supervision and regulation of QDIIs is based on the *Trial Measures for the Administration of Overseas Securities Investment by Qualified Domestic Institutional Investors* (CSRC Decree No. 46). China began to implement the QDII scheme on July 5th 2007. QDIIs can use all or part of the funds raised in China to invest in overseas securities in the form of portfolios. An applicant for a QDII license must satisfy the following conditions:

A sound financial condition and good credit standing. The size of assets under management (AuM) and its operating record shall fully conform to the requirements of the CSRC. For a fund management firm, its net assets shall be no less than RMB 200 million; it has been doing securities investment fund management business for over two years; assets under management as of the end of the preceding quarter shall be no less than RMB 20 billion or foreign currency equivalent. For a securities firm, the risk control indicators must meet the requirements; net capital must be no less than RMB 800 million, and the ratio of net capital to net assets must be no less than 70%; the firm has engaged in the business of pooled asset management plan for over one year; assets under management as of the end of the preceding quarter are no less than RMB 2 billion or foreign currency equivalent;

◆ Its employees have overseas investment management experience as required;

◆ Having sophisticated corporate governance and internal control systems and lawful operations; and

◆ No major sanctions were imposed by regulators in the preceding 36 months and no major issues are under investigation by any judicial authorities or regulators.

A2. 7 Supervision and Regulation on Futures Market and Industry

A2. 7. 1 Futures Trading

Futures trading rules mainly involve the margin practice, daily mark-to-market system, price limits, position limitations and large position holder reporting.

Margins. Margins are funds paid by futures traders, which equal to a certain percentage of the value of the purchased futures contracts and are used to guarantee the execution of the futures contracts. Margins are paid initially by customers to futures firms who then post them with futures exchanges. In a futures exchange with a two-tier clearing system, non-clearing members pay futures margins to clearing members. Futures trading can proceed only when margins are paid up to and maintained at the required level. The system plays an important role in ensuring the concerned parties perform their respective obligations, mitigating default risks and safeguarding smooth market operation.

◆ **Daily mark-to-market system.** Upon the close of a given trading day, the futures exchange shall clear and settle all member's contracts' profit and loss, futures margins, fees and taxes, by crediting or debiting such member's settlement reserve account with the net amount of receivables or payables. Upon completion of the settlement at the futures exchange, the clearing members then clear transactions with investors according to the same principles. The futures exchanges adopting a two-tier clearing system clear transactions with clearing members only. The latter will, in turn, clear transactions for non-clearing members. If any member or investor fails to replenish margins at a margin call, the futures exchange or the member, where applicable, will prevent the member or investor from opening new positions or force the close-out of positions before market opens.

◆ **Price limits.** Futures contract trading price fluctuation is limited to a prescribed range. Quotes beyond the range are deemed invalid. The mechanism limits losses of futures exchanges and their members to a certain range, facilitating the implementation of the futures margin system.

◆ **Position limitations.** To prevent market manipulation and concentration of market risks, futures exchanges limit the size of positions which could be held by individual members and investors. Positions exceeding the limits cannot be established or will be forced to be closed out. The limits can be adjusted on a case-by-case basis. For instance, position limits can be determined on the credit standing and margin levels of members and customers or residual maturity. Futures trading in China adopt a investor identifier system, with each investor designated a unique identifier code. Positions held under each code shall not exceed a certain limit. In the event that an investor operates several accounts at different member futures firms, the investor's positions are aggregated for the purpose of position limitation.

◆ **Large position holder reporting.** Under the system of large position reporting, a member or investor shall report its positions to the futures exchange on which it is trading when its positions reach the prescribed limit. The report shall provide information such as account description, trading activities, funding sources and trading motivation. The practice of large position holder reporting enables the futures exchange to effectively monitor the concentration of positions in the market, so as to avoid price manipulation and to control market risks.

◆ **Risk reserves.** The risk reserves are aimed at maintaining the normal operation of the futures market by providing financial protection and compensating for losses incurred by unforeseeable risks. Futures exchanges, futures firms, clearing members that are not futures firms shall withdraw, manage, and use their risk reserves in accordance with the provisions of the CSRC and the Ministry of Finance.

◆ **Clearing margins.** Futures exchanges that implement a two-tier clearing system must have in place a clearing margin system which is composed of initial clearing margins and variation clearing margins. Such margins are paid by clearing members out of their own funds to the futures exchange. They are therefore owned by members and are used to address risks of default by clearing members. As a mutual guaranty fund, the clearing margin system can enhance the futures exchange's ability to defend against risks.

◆ **Suitability system for stock index futures investors.** The CSRC introduced the investor suitability system into the Chinese stock index futures market, drawing upon international experiences and taking into account the peculiarities of the emerging and transforming capital markets of China. The key rationale behind the system is as follows: appropriate procedures and requirements are to be applied at the stage of account opening for the purpose of assessing the investor's knowledge on stock index futures, level of risk acceptance and tolerance, educating investors on investment risks in order to avoid ill-informed investments, protecting investor's lawful rights and interests and eventually safeguarding the soundness of the stock index futures market. The suitability system sets threshold for the investor, especially retail investors. Futures firms are required to establish a customer management and service system based on "know your customers" and differentiated management approach, to assess comprehensively the suitability of an investor on the basis of his/her age, educational background, investment experience, financial conditions and credibility records. The relevant regulatory requirements have been clarified to facilitate the implementation of the suitability system.

◆ **Secure custody of futures margin.** In order to improve the protection of client funds at futures firms, the CSRC issued the *Procedures for Segregated Management and Operating of Client Funds at Futures Firms* in 2004, requiring that the full amounts of client funds received by a futures firm shall be deposited with a commercial bank qualified for futures clearing and settlement and shall not be misappropriated. A futures firm must set up separate accounts to clearly segregate proprietary funds from client funds, and client funds could only be transferred between designated accounts. After the segregation, futures firms' management of client funds was improved, but problems concerning the safekeeping were not fully solved. Therefore, the CSRC decided to develop an effective mechanism through external oversight. In 2006, the CSRC established China Futures Margin Monitoring Center Company Co., Ltd. (CFMMC) and delegated the responsibility of monitor client funds at futures firms and verifying data submitted by futures firms, exchanges and banks. CFMMC would give early warnings if it discovers any shortfalls in client funds or proprietary funds of futures firms, negative balance of client funds for two consecutive trading days, inconsistency between transactions records and positions or discrepancy in client fund movement, and will report to the responsible the CSRC regional offices. The latter then undertake inspections in a prompt manner to eliminate any potential risks. At the same time, investors can check their account statements by logging into CFMMC's website so that problems could be detected in a timely manner. The investors' interests would be thus safeguarded. A high level of success has been achieved since the introduction of the client fund monitoring mechanism.

A2.7.2 Supervision and Regulation on Futures Firms

A2.7.2.1 Business Licensure

To operate in China, a futures firm needs to obtain a license issued by the CSRC in accordance with the *Regulations for the Administration of Futures Trading* and other related regulations. Licenses are issued according to the type of products (commodity or financial futures) to be traded by the futures firm. A futures firm can apply for licenses to operate domestic futures brokerage, overseas futures brokerage as well as futures investment advisory businesses.

A2.7.2.2 Corporate Governance

Based on requirements of the *Company Law* and taking into account the business characteristics of futures firms and risk profiles of futures business, the *Regulations for the Administration of Futures Trading*, the *Measures for the Administration of Futures Firms* and the *Provisions for the Administration of Chief Risk Officers of Futures Firms (Trial Implementation)* have been issued, laying out complete and systematic provisions for corporate governance of futures firms.

Futures firms shall develop and improve their corporate governance under the principles of clear duties, reinforced checks-and-balances mechanism as well as strengthened risk management. Specific requirements include the following:

◆ A futures firm shall establish a board of directors, a board of supervisors or appoint supervisors, put in place an appropriate organizational structure, ensure a higher level of control over key posts and activities and maintain clear separation of front-office, middle-office and back-office operations.

◆ A futures firm shall be strictly independent from its controlling shareholders in terms of business, personnel, assets, finance and premises, and shall have independent operation and accoun-ting.

◆ A futures firm shall centralize the work of clearing, risk management, funds allocation and transfer, financial management and accounting for all branches.

◆ A futures firm shall appoint a Chief Risk Officer to oversee its compliance with the relevant rules and regulations and monitor risk management. The Chief Risk Officer is obliged to report any alleged violations or acts implying a high level of risk (including alleged embezzlement or misappropriation of client funds) immediately to the relevant the CSRC regional office and the firm's board of directors.

◆ Any futures firm accredited as a clearing participant at an exchange that adopts a two-tier clearing system or any independent futures firm needs to have independent directors on their board.

A2.7.2.3 Protection of Customer Assets

In order to protect investors' assets, Chapter 5 of the *Measures for the Administration of Futures Firms* sets out the following four major provisions, drawing upon the experiences of segregated management and monitoring of the safekeeping of the futures margin: Firstly, investors possess and maintain the legal ownership of any fund deposited to a futures margin account. Any entity or individual is prohibited from appropriating futures margins and margins may be transferred by futures firms only when legally required to; futures margins are to be managed independently from the assets of the futures firm, and funds deposited in a futures margin account may not be illegally appropriated, frozen, withheld or otherwise disposed of by enforcement; should a futures firm go into bankruptcy or be liquidated, customer margin funds remain separate from the properties to be disposed of for purpose of bankruptcy or liquidation. Secondly, the obligation of futures firms to correctly file for record and disclose futures margin accounts is defined; depositing customer margin funds in any account other than those designated is strictly prohibited; and futures firms should report the security status of futures margin funds for monitoring in a prompt and timely manner. Thirdly, a realname system is implemented for customers engaged in futures trading; customers are required to file their margin account for record and must transfer margin funds by electronic means.

Fourthly, a futures firm shall use proprietary funds to deposit its contribution to the clearing margin fund and minimum clearing reserves; moreover, a futures firm is obliged to make up for any shortfall of margins as a result of any customer's default.

In order to protect the investors' margins and set up a system to prevent misappropriation by futures firms, the CSRC, in accordance with the principle of safety and efficiency, established the safe-keeping system of of the futures margins, under which CFMMC shall use technological systems to match the margin data provided by the three parties involved, namely futures exchanges, clearing banks and futures firms, and shall provide customers with direct access to the margin data.

A Futures Investor Protection Fund has been established in China. In accordance with the *Interim Measures for the Administration of the Futures Investor Protection Fund*, the Fund is designed to compensate certain proportions of the losses of investors in situations where margins shortfall occurs due to inadequate risk control or serious violations committed by futures firms.

A2.7.2.4 Risk-based Regulatory Indicators

Futures firms have to ensure on-going compliance with the requirements on risk-based regulatory indicators as futures brokerage activities tend to be exposed to risks involving funds remitted by customers. In accordance with the *Interim Measures for the Administration of Risk-based Regulatory Indicators for Futures Firms* released by the CSRC on April 19th, 2007, futures firms are required to continuously abide by the following risk indicators:

Net capital shall be no less than RMB 15 million;

◆ Net capital shall be no less than 6% of the customer's total interests;

◆ Average net capital per branch (total net capital divided by the number of branches) shall be no less than RMB 3 million;

◆ Ratio of net capital to net assets shall be no less than 40%;

◆ Ratio of current assets to current liabilities shall be no less than 100%;

◆ Ratio of debts to net assets shall be no more than 150%;

◆ Clearing reserve is not lower than the required minimum level.

Futures firms which delegate intermediary services to other brokers shall maintain a net capital of no less than RMB 30 million. Those firms providing transaction clearing service shall maintain a net capital of no less than RMB 45 million. The net capital of a futures firm providing general clearing service shall not be lower than the following criteria: 1) RMB 90 million; 2) 6% of the sum of all of its customers' interests and the interests of the non-clearing members on behalf of whom it acts as the clearing agent or the interests of the customers of its non-clearing members.

A2. 8 Regulation on Accounting and Financial Information Disclosure

A2. 8. 1 Convergence of the *Chinese Accounting Standards for Business Enterprises* with International Financial Reporting Standards

The Ministry of Finance issued the new *Chinese Accounting Standards for Business Enterprises* (ASBE) in February 2006. The new ASBE is comprised of one basic standard, 38 specific standards as well as related application guidance, interpretation bulletins, explanations and opinions issued by the panel of experts on implementation issues. The revised ASBE has achieved substantial convergence with the International Financial Reporting Standards (IFRS). Following a joint communiqué on the convergence of accounting standards signed by and between the China Accounting Standards Committee (CASC) and the International Accounting Standards Board (IASB) in 2006, the CASC signed with the Hong Kong Institute of Certified Public Accountants (HKICPA) in December 2007 a joint communiqué on the equivalence of accounting standards between Hong Kong and the Chinese mainland. In April 2010, the Ministry of Finance issued the *Roadmap on the Ongoing and Comprehensive Convergence of the Chinese Accounting Standards for Business Enterprises with International Financial Reporting Standards*. These actions exemplify the substantial progress China has made towards accounting standards equivalence. The equivalence between the ASBE and accounting standards in other countries or regions is also under way. Upon completion of the equivalence of the ASBE with standards adopted by the jurisdictions where Chinese companies are listed will enable the acceptance of Chinese companies' financial statements prepared as according to ASBE by overseas capital markets, and thus effectively promoting cross-border economic activities and facilitating international regulatory cooperation.

In terms of regulation on the implementation of the accounting standards, the CSRC established a comprehensive and dynamic regulation system incorporating the CSRC functional departments, other authorities, the CSRC regional offices and stock exchanges——to strengthen the supervision on the implementation of accounting standards in a complete and thorough manner. Since the introduction of the new ASBE, the CSRC has been encouraging listed companies to improve their internal control and strengthen self-discipline. the CSRC has standardized accounting regulatory criteria by issuing regulatory letters and distributing *FAQ on the Regulation of Listed Companies' Implementation of Accounting Standards*. Meanwhile, the CSRC continues to maintain close communication and coordination with the accounting-standard-setting bodies to ensure effective implementation of accounting standards and a better quality of accounting information disclosed in the capital markets.

A2. 8. 2 Standards for Financial Information Disclosure by Listed Companies

Listed companies shall disclose their financial information in periodical reports in accordance with requirements formulated by the CSRC. Under the current disclosure system, financial information disclosure standards consist of general provisions for financial reporting, computation and disclosure of return on equity (ROE) and earnings per share (EPS), non-standard unqualified audit opinions and treatment of relevant matters, as well as correction and disclosure of financial information. In addition, clarifications are made on non-recurring profits and losses, executives' incentives fund, recovery of accumulated losses, accounting estimate differences, etc. through explanatory announcements.

A2. 8. 3 System for Corporate Internal Control

In order to standardize the operation and management of listed companies, enhance the authenticity, reliability and quality of financial information disclosure, the Ministry of Finance (MOF), the CSRC, the National Audit Office (NAO), China Banking Regulatory Commission (CBRC) and China Insurance Regulatory Commission (CIRC) (hereinafter referred to as the "Five Authorities") jointly issued the *Basic Rules on Corporate Internal Control* ("*Basic Rules*") on May 22nd 2008, which includes general principles for establishing and improving internal control as well as general requirements on internal environment, risk assessment, control activities, information and communications and internal supervision necessary for a complete framework of internal control system.

In addition to the publication of the *Basic Rules on Corporate Internal Control* in 2008, on April 26th 2010, the Five Authorities issued supporting guidelines on corporate internal control ("*Supporting Guidelines*"), including 18 sets of implementation guidelines, one set of assessment guidelines and one set of audit guidelines. These guidelines provide enterprises with practical guidance on the development of a corporate internal control system. The *Supporting Guidelines* were first implemented in companies that are dual-listed in the Chinese mainland and other jurisdictions as from January 1st 2011. The implementation was expanded to companies listed on the Main Board of the SSE or the SZSE as from January 1st 2012, and will become applicable to companies listed on the SME Board and the GEB at a future date. According to the above-mentioned rules on corporate internal control, enterprises subject to such rules shall establish and improve their internal control system under the framework of the *Basic Rules*. Moreover, the board of directors or a similar organ within the enterprise shall disclose a self-evaluation report on the establishment and operation of its internal control system. External auditor attestation of the effectiveness of the internal control on financial reporting is necessary.

A2.8.4 Chief Accountant Joint Meeting System

The CSRC set up the Chief Accountant Joint Meeting System in 2007. The meeting is convened by the CSRC's Chief Accountant and brings together representatives from 12 departments of the CSRC, including the Department of Public Offering Supervision and the Department of Listed Company Supervision, as well as from the SSE and the SZSE. The meeting provides a platform to facilitate communication and coordination within the regulatory system and improve the quality of financial information disclosure in the capital markets.

A2.8.5 Panel of Accounting Experts of the Securities Regulatory System

In 2005, panels of accounting experts (hereafter referred as the "Accounting Panels") were set up respectively at the CSRC regional offices, securities exchanges, futures exchanges as well as at China Securities Depository and Clearing Company Limited (SD&C). In 2008, the framework of the Accounting Panels was further modified. The CSRC's Department of Accounting is responsible for setting accounting standards for the securities regulatory system and providing relevant technical guidance and coordination. Professional bodies with no licensing power, the Accounting Panels are responsible for professional accounting regulation on the securities market. Its main tasks are as follows: communicating critical issues and problems detected in the day-to-day supervision, setting unified standards for problem resolution; organizing regular securities accounting workshops to discuss critical issues and problems in the implementation of accounting standards; organizing professional accounting training within the securities regulatory system to enhance the expertise of securities regulators. Since their founding, the Accounting Panels have been contributing to the development of common professional accounting regulatory standards, coordination of accounting regulation and improvement of professional competence of regulators' staff members. All of these contributions have been conducive to stronger accounting regulation, better quality of accounting information as well as a more stable and healthier development of the capital markets.

A2.8.6 Regulation of Accounting Information in Annual Report of Listed Companies

The CSRC has always attached great importance to the regulation on accounting information in the annual report of listed companies. Drawing from previous experience, the CSRC has established an effective model of *ex ante*, real-time and *ex post* supervision. Prior to the disclosure, the CSRC, built on previous annual reports, changes in the economic environment within the year as well as implementation of accounting standards, identifies key transactions or items to be attended in the preparation and disclosure of the annual financial report. During the disclosure period, the CSRC conducts strict supervision and guidance and dedicates staff to overseeing the disclosure, so as to tackle problems detected regarding accounting treatment and financial information disclosure in a prompt and timely manner. After the disclosure, all these problems will be summarized and analyzed, providing input for the regulatory report on the implementation of ASBE by listed companies, which is to be published on major securities press. Moreover, the CSRC will impose appropriate regulatory actions on listed companies with obvious problems in accounting treatment and financial information disclosure.

A2.9 Supervision and Regulation on Auditing and Asset Appraisal

A2.9.1 Convergence of Chinese Auditing Standards with International Auditing Standards

By the end of 2005, China Auditing Standards Board (CASB) signed a joint statement with the International Auditing and Assurance Standards Board (hereinafter referred to as "IAASB"), which commended the initiatives taken and significant progress achieved by China in facilitating the convergence of national standards with international standards. In early 2006, MOF promulgated the *Fundamental Standards of Attestation Business of Certified Public Accountants* in China. The document incorporates the fundamental rules and core processes of international auditing standards, and conforms to the international standards in important aspects such as objectives and principles of auditing, risk evaluation and response, auditing proof access and analysis, auditing conclusion forming and reporting, and CPAs' professional obligations. At the end of 2007, CASB issued, with the Hong Kong Institute of Certified Public Accountants (HKICPA), a joint statement, acknowledging the equivalence of the auditing standards of the Chinese mainland and with that of Hong Kong. On November 3rd 2009, the International Federation of Accountants (IFAC) stated in its *International Standards on Auditing (ISA) Adoption Chart* that China has fundamentally adopted the ISAs and the necessary adjustments made thereto are consistent with the policies published by IAASB.

Further to the completion of the clarity program in connection with the ISAs, the Chinese Institute of Certified Public Accountants (CICPA) officially released the amended *Chinese Auditing Standards* in November 2010, thus ensuring substantial convergence of the Chinese standards with the clarified ISAs. The new standards are scheduled to be applied to all accounting firms as from January 1st 2012.

A2.9.2 Regulation on Auditing and Appraisal Firms

In 2009, the CSRC revised the *Regulatory Accountability System in Connection with Securities-and Futures-related Businesses of Accounting Firms and Asset Appraisal Firms*, further improving the unique model of auditing supervision, i. e. the Jurisdiction-based Regulatory Accountability System.

Within the framework of the Jurisdiction-based Regulatory Accountability System, the CSRC's Department of Accounting is responsible for organizing teams of inspectors for regular and special-purpose inspections and on-going monitoring of accounting firms and asset appraisal firms qualified for securities- and futures-related businesses (hereinafter referred to as the Firms). In connection with internal governance, business quality control system and quality of the practice, the regular general inspection focuses on the following key fundamental issues: 1) legitimacy and effectiveness of internal governance; 2) integrity and effectiveness of business quality control systems; and 3) quality of practice in specific projects. Special purpose inspection may be conducted in response to specific needs concerning the above-mentioned issues. By the end of 2010, the Department of Accounting had carried out on-site inspections of all the accounting firms engaging in securities- and futures-related businesses.

The CSRC's regional offices are responsible for examining the quality of practice in specific projects by focusing on whether the Firms have implemented the necessary auditing (appraisal) processes, obtained adequate and appropriate evidence of auditing (appraisal), and formed proper auditing opinions (appraisal conclusion) in accordance with the *Code of Practice for China's Certified Public Accountants* and the *Code of Asset Appraisal*. Inspections may be expanded to cover other aspects of the Firms. For example, inspections could cover the Firms' internal governance and business quality control where necessary.

In November 2010, the CSRC delegated the duties of inspecting the Firms to the Shanghai and Shenzhen Securities Supervision Offices. At the early stage of such inspection work, the Securities Supervision Offices are primarily responsible for on-site inspection of the Firms, pilot projects on cross-board regulatory cooperation and case analyses as instructed by the Department of Accounting.

A2.9.3 Regulatory Information System

The CSRC has built up an information system dedicated to the regulation of the Firms in order to enhance the transparency of regulation and maintain continuous and real-time information flows from the Firms. Information gathered under this system can be divided into two categories——information on staff and business of the Firms; and information on inspection carried out by regulatory authorities, regulatory actions, administrative sanctions and market bars taken against the Firms.

A2. 9. 4 Cross-border Regulatory Cooperation

On December 7th 2010, the CSRC and the Review and Recommendation Committee for Mainland Accounting Firms Engaging in Audit of H-share Companies under the Ministry of Finance held a meeting in Shenzhen together with Hong Kong Financial Services and Treasury Bureau (FSTB), Hong Kong Securities and Futures Commission (SFC), Hong Kong Exchanges and Clearing Limited (HKEx), Hong Kong Financial Reporting Council and Hong Kong Institute of Certified Public Accountants (HKICPA). It was agreed on during the meeting that mainland companies to be listed in Hong Kong or Hong Kong companies to be listed in the mainland may choose to prepare their financial statements according to local accounting standards and have them audited by local accounting firms in accordance with local auditing standards. As a consequence, the mainland's large-scale accounting firms are now allowed to adopt mainland auditing standards in the audit of mainland companies listed in Hong Kong (H-share companies) as from the fiscal year ending on December 15th 2010 or later; the "dual-auditing" approach applied to H-share companies is abolished. This event is a milestone toward intensified exchange and cooperation between mainland and Hong Kong accounting professionals.

On the basis of mutual respect of each other's sovereignty and legal systems, equality and mutual trust, the CSRC and the Ministry of Finance and other relevant authorities have been actively conducting cross-border regulatory cooperation negotiations with the U. S. Public Company Accounting Oversight Board (PCAOB) and the accounting regulation authorities of the European Union and other countries or regions with a view to enhancing cooperation on regulation. On January 19th 2011, the European Union recognized the equivalence of the audit oversight systems in 10 third countries, including China. The third countries and EU member states can now mutually rely on each others' inspections of audit firms.

A2. 10 Enforcement System

In 2011, the Enforcement Bureau (Office of Chief Enforcement Officer), Enforcement Contingent and the CSRC's regional offices continued to work together in enforcement actions. The Administrative Sanction Committee is responsible for hearings. They effectively safeguard the steady and healthy operation of the capital markets. Enforcement procedures are shown in Figure A2.

A2.10.1 Case Investigation

The power to file and investigate a case lies with the enforcement departments of the CSRC. The Chief Enforcement Officer is responsible for centralized coordination and guidance of enforcement actions across the CSRC and the regional offices. The Enforcement Bureau (Office of Chief Enforcement Officer) is in charge of developing rules and regulations for the enforcement of securities and futures statutes; organizing informal investigations; filing or withdrawing cases; investigating and processing major cases; coordinating, directing and guiding the investigation into cases and related work; reviewing investigation reports; centralizing communications on case developments; coordinating the handling of cross-border actions; combating against money laundering in the industry; processing compulsory procedures such as border control, seizure and freezing; organizing and coordinating implementation of administrative sanctions; arranging enforcement training, performance evaluation and rewards; as well as producing statistics related to cases filed. The Enforcement Contingent is responsible for major cross-region actions and emergency, sensitive and complex cases; investigation, internal hearing and referral of cases; training of officials of the Contingent; and research relating to cases under processing. The CSRC's regional offices are in charge of filing cases and investigation on violations by market participants within their respective jurisdiction, processing cases assigned by the Enforcement Bureau, collaborating in investigation and anti-money laundering actions, and implementing the enforcement of administrative sanctions.

A2.10.2 Hearings

The CSRC's Administrative Sanction Committee is responsible for hearing cases referred to it on securities-related violations, and for supervising and guiding those administrative sanctions which are imposed by the CSRC regional offices under a pilot scheme. Major duties of the Committee include drafting rules and implementation provisions for hearing cases involving administrative sanctions; hearing and proposing sanctions in respect of administrative sanction cases; investigation-related research, supervision and guidance on administrative sanctions across the CSRC and the CSRC's regional offices; enforcement coordination for major administrative sanctions; and carrying out international exchange and cooperation concerning administrative sanctions. The Committee Office is in charge of day-to-day operation of the Committee. Members of the CSRC's Administrative Sanction Committee are mainly responsible for case hearing. The Committee has both full-time members and external professional judges.

According to the *Notice on Distributing the Provisions on an Administrative Sanction Pilot Program by the CSRC's Regional Offices*, a pilot scheme concerning administration sanctions was launched in the CSRC's Shanghai, Guangdong and Shenzhen bureaus on October 26th 2010. These three bureaus were delegated power to hear cases filed with them and impose administrative sanctions, except for complex cases, actions to be referred to courts for judicial trial and cases which may otherwise substantially affect the interests of the parties involved.

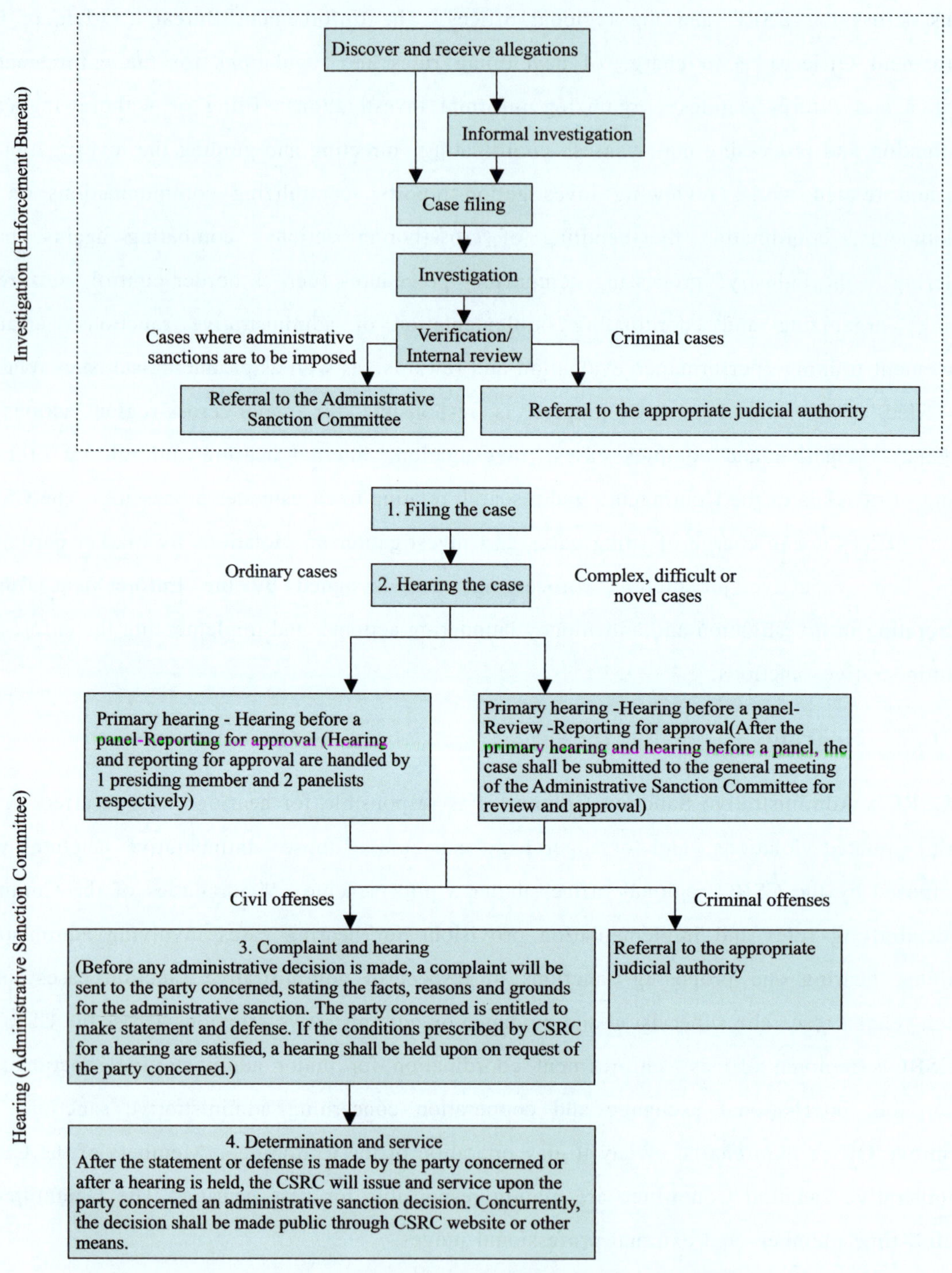

Figure A2 Procedures for Enforcement

Appendix 3 Introduction to Self-regulatory Organizations

A3. 1 Shanghai Stock Exchange

The Shanghai Stock Exchange (hereafter referred to as the "SSE") was founded on November 26th, 1990. As of the end of 2011, the SSE had a total of 931 listed companies, 1, 691 listed stocks with RMB 14, 837, 622 million of combined market capitalization, RMB 45, 465, 156 million of securities turnover, of which RMB 23, 756, 045 million is in stock turnover and RMB 21, 071, 487 million is in bonds turnover and RMB 548, 975 million of capital raised, of which RMB 319, 969 million is by stocks and RMB 229, 380 million is by bonds. At present, the SSE has 109 securities firm members and 3 overseas special members.

The SSE comprises 22 functional departments, including General Office, Department of Personnel (Organization), CPC & Disciplinary Office, Trading Administration Department, Department of Offering and Listing, Company Administration Department, Membership Department, Bonds Department, International Development Department, Funds Department, Market Oversight Department, Legal Affairs Department, Investor Education Department, Systems Operation Department, Technical Development Department, Technical Planning and Service Department, Information Center, Beijing Center, Financial Department, Auditing Department, Administrative Service Center (Security Department) and Infrastructures Task Group, and two subsidiaries, i. e. Shanghai Securities Telecommunication Co., Ltd. and SSE Info Net Co., Ltd, as well as one affiliated organization—SSE R&D Center.

Securities listed on the SSE are traded through an electronic bidding system, which, through the server, functions by public auction and automatic order matching according to the principle of "price priority and time priority". The daily processing capacity of this trading system is as follows: 180 million orders and 180 million transactions for A-Shares, 4 million orders and 11. 25 million transactions for B-Shares, 90, 000 orders per second for continuous bidding. The SSE's trading system also handles quotes and orders placed upon mutual agreement for block trade and fixed income products.

A3. 2 Shenzhen Stock Exchange

Founded on December 1st, 1990, the Shenzhen Stock Exchange (hereafter referred to as the "SZSE") is committed to building a multi-layer capital market system in China, in order to facilitate the economic development and transformation as well as the implementation of China's independent innovation strategy.

By the end of 2011, the SZSE had a total of 1,938 listed securities with a market capitalization totaling RMB 12 trillion, 1,411 listed companies with a combined market capitalization of RMB 6.6 trillion. The aggregate market capitalization for the 472 companies as A-shares on the Main Board, 646 companies on the SME Board and 281 companies on the GEB are RMB 3.1 trillion, RMB 2.7 trillion and RMB 700 billion respectively. In addition, 12 listed companies issued B-shares only and 149 listed companies are under the Stock Transfer Agent System (STAS), of which 97 are non-listed companies from Zhongguancun Science Park. The SZSE has developed 151 funds (including 59 CEFs, 78 LOFs and 14 ETFs), 334 bonds (including 106 corporate bonds, 222 Treasury bonds and 6 convertible bonds) and 1 ABS.

A3. 3 Shanghai Futures Exchange

Shanghai Futures Exchange (hereinafter referred to as the "SHFE") was founded in December 1999, previously known as Shanghai Metal Exchange, Shanghai Cereals and Oils Exchange and Shanghai Commodity Exchange. Currently the SHFE has 9 underlying commodities for the futures contracts traded thereupon: gold, copper, aluminum, zinc, lead, steel rebar, steel wire rod, fuel oil and natural rubber.

Currently the SHFE has 208 members (including 162 futures brokers, accounting for 77.9% of its membership) and 42 contracted designated delivery warehouses. The SHFE operates nearly 661 remote trading terminals across the country. In 2011, the SHFE's total turnover reached RMB 43.45 trillion (one leg, the same below), with a year-on-year decrease of 29.62%; its total trading volume stood at 308 million lots, with a year-on-year decrease of 50.44%. Despite the annual decrease in trading volume, there are obvious signs of recovery which were observed from August, with a significant increase in market share.

A3.4 Dalian Commodity Exchange

Dalian Commodity Exchange (hereinafter referred to as the "DCE") was founded on February 28th, 1993. Since its establishment, thanks to its standardized operation and steady development, the DCE has become one of the major futures trading centers in China. Currently, the DCE lists 9 futures products, including soybean No. 1, soybean No. 2, corn, soybean meal, soybean oil, RBD palm oil, LLDPE, PVC and coke.

As of the end of 2011, the DCE had 185 members and 1,387,000 investor accounts approximately. In 2011, the DCE's trading volume reached 289 million lots (one leg), down 28.31% compared to the previous year, and its turnover amounted to RMB 16.88 trillion (one leg), down 19.07% compared with the previous year.

A3.5 Zhengzhou Commodity Exchange

Zhengzhou Commodity Exchange (hereinafter referred to as the "ZCE"), the first pilot futures market created with the approval by the State Council and one of the four commodity futures exchanges in China, was established on October 12th, 1990. The eight underlying commodities for the futures contracts traded on the ZCE include wheat, strong gluten wheat, cotton, sugar, pure terephthalic acid (PTA), rapeseed oil, early indica rice and methanol.

By the end of 2011, the ZCE had 213 members, 131 designated delivery warehouses and 1,390,000 investor accounts approximately. In 2011, the annual cumulative trading volume at the ZCE reached 400 million futures contracts, and its trading value exceeded RMB 32 trillion. According to the statistics of FIA, the trading volume of ZCE from January through October 2011 ranked as No. 11 among 81 derivatives exchanges from around the world.

A3.6 China Financial Futures Exchange

Incorporated on September 8th, 2006 jointly by Shanghai Futures Exchange, Zhengzhou Commodity Exchange, Dalian Commodity Exchange, Shanghai Stock Exchange and Shenzhen Stock Exchange, China Financial Futures Exchange (hereinafter referred to as the "CFFEX") is the only demutualized exchange in China engaged in the trading of financial futures and options.

China's first financial futures product——the Shanghai-Shenzhen 300 Index Futures——was listed for trading on the CFFEX on April 16th, 2010. Since its listing, the index futures have experienced overall steady, rational, standardized and sophisticated operation. Meanwhile, the strict market regulation and orderly trading have enabled the market to play its due role, realizing the expected objectives of steady launching and secure operation. As of the end of 2011, the CFFEX had 146 members, including 15 general clearing members, 61 transaction-based clearing members and 70 trading members. In 2011, the trading volume of Shanghai-Shenzhen 300 Index Futures in the CFFEX reached 50,410,000 contracts and a value of RMB 43.77 trillion.

A3.7 China Securities Depository and Clearing Corporation Limited

China Securities Depository and Clearing Corporation Limited (hereafter referred to as the "SD&C") was founded on March 30th, 2001. The mission of this nonprofit corporation is to maintain the securities depository, clearing and settlement system. This system is the main constituent of the securities market infrastructures as well as the core element of the back-office designed to support and ensure the stable operation of the securities market. Pursuant to the relevant provisions of the *Securities Law* and the *Administrative Measures for Securities Depository and Clearing Services*, the SD&C performs its duties in the establishment and administration of securities accounts, centralized securities registration and custody according to the law, and provides various clearing services on a participant-by-participant basis, including multilateral netting and gross settlement.

As of the end of 2011, the SD&C managed approximately 165,469,000 investor accounts and 3,304 registered securities for custody with a combined market capitalization totaling RMB 22.53 trillion, while the daily average number of transfers processed by the SD&C amounted to 19,548,100 transactions, and the average amount of money settled per day totaled RMB 1,081.626 billion.

A3.8 China Securities Investor Protection Fund Corporation Limited

The *Measures for the Administration of the Securities Investor Protection Fund* (hereinafter referred to as the "*Measures of Administration*") were promulgated in June 2005 jointly by the CSRC, the Ministry of Finance and People's Bank of China upon the approval of the State Council. In this approval, authorization was granted for the establishment of the wholly State-owned China

Securities Investor Protection Fund Corporation Limited (hereinafter referred to as "CSIPF") and the articles of association were approved thereby. On August 30th, 2005, the CSIPF was registered with the State Administration for Industry and Commerce. The State Council contributed RMB 6.3 billion to CSIPF's registered capital, which was fully paid in by an appropriation allocated by the Ministry of Finance. The CSIPF is under the CSRC's administration.

The main duties of the CSIPF include: raising funds for, managing and operating the Securities Investor Protection Fund; monitoring the risks in connection with securities firms and participating in the disposal of such risks; assuming repayment to creditors of securities firms in accordance with the State's relevant policies and regulations, in the event of revocation of securities firms' licenses, winding-up or bankruptcy, or the CSRC's compulsory regulatory measures such as administrative receivership and trusteeship, etc.; arranging or participating in liquidation of securities firms the licenses of which are revoked, which wind up operation or go bankrupt; managing and disposing of assets transferred to it as repayment to safeguard the rights and interests of the Fund; giving regulatory and disposal proposals to the CSRC when detecting significant risks in the operation or management of securities firms which are likely to damage the interests of investors as well as the safety of the securities market; collaborating with the relevant authorities in setting up a corrective mechanism to curb potential operating risks of securities firms.

With the aim of facilitating the regulation on the capital markets, the CSIPF has been exploring new measures and approaches in protecting the lawful rights of investors, in particular small and medium investors, enhancing investor education and service while promoting the development of long-term investor protection system in the securities market. While completing risk disposal in securities firms and managing the operation of protection funds, the CSIPF has been expanding and dedicated to establishing securities transaction clearing fund monitoring system and electronic information disclosure system in order to strengthen surveillance over risks in the securities market. At the same time, the CSIPF has established a comprehensive, comprehensive investor service system equipped with functions of investor education, investor calls, investor investigation, investor protection network, investor protection evaluation and securities market public opinion monitoring, fostering the development of legal system and international exchange and cooperation regarding investor protection, improving capabilities, level and effects of investor protection, in order to contribute to the healthy and steady development of China's capital markets.

A3.9 China Futures Margin Monitoring Center Co., Ltd.

China Futures Margin Monitoring Center Co., Ltd. (hereafter referred to as "CFMMC") was established upon the CSRC resolution and the State Council approval. It was established as a non-profit legal person, and was registered with the State Administration for Industry and Commerce on March 16th, 2006. Shanghai Futures Exchange, Zhengzhou Commodity Exchange, Dalian Commodity Exchange and China Financial Futures Exchange are its shareholders. The CFMMC's headquarters was opened in Shanghai in January 2009. The competent authority of the CFMMC is the CSRC, which provides guidance, supervision and administration towards the operation of CFMMC. The main functions of the CFMMC are as follows:

- Developing a sound monitoring and early warning mechanism for futures margins in order to promptly detect any risks and report to regulatory authorities;
- Providing futures investors with transaction clearing and settlement information and other services;
- Managing the futures investor safeguard funds and participating in the disposal of risks in connection with futures firms;
- Ensuring the development of the surveillance and monitoring system of the futures market, and conducting surveillance and monitoring over and research and analysis relating to the futures market operation;
- Managing the account opening for all investors across the futures market;
- Providing regulatory authorities and futures exchanges with information service; and
- Other functions as stipulated by the CSRC.

A3. 10 China Securities Finance Corporation Limited

Founded on October 28th 2011 upon the decision of the State Council and the approval of the CSRC, China Securities Finance Corporation Limited (hereafter referred to as the "CSF") is a securities finance institution jointly established by Shanghai Stock Exchange, Shenzhen Stock Exchange and China Securities Depository and Clearing Corporation Limited.

With a total of RMB 7. 5 billion of registered capital, CSF is a non-profit entity with various administrative sectors including Department of General Administration, Trading Department, Clearing Department, Department of Market Surveillance and Department of Information Technology. Its main obligations include: providing refinancing services of funds and securities to the margin trading and securities financing of securities firms, monitoring the operation of and analyzing margin trading and securities financing of securities firms in the market and adopting a market-based approach in risk prevention and control.

A3. 11 Securities Association of China

The Securities Association of China (hereinafter referred to as the "SAC") was founded on August 28th, 1991, as a national self-regulatory organization for securities industry and a non-profit corporation. The SAC operates under the guidance and supervision of the CSRC and the Ministry of Civil Affairs of China.

The highest authority of the SAC is the general meeting of members. The board of governors is its executive body. The board of directors is composed of member governors and non-member governors. When the board is not in session, the standing committee of the board will be responsible for day-to-day management. The chairman of the SAC is responsible for its overall activities. The Chairman's Office Meeting which consists of the chairman, vice chairmen, secretary-general and deputy secretary-general is in charge of the daily operation.

The main duties of the SAC are: 1) to assist securities regulatory bodies in educating members on securities laws and regulations and organizing compliance of the laws and regulations by members; 2) to safeguard members' lawful rights and interests according to the law and communicate members' suggestions and demands to securities regulatory bodies; 3) to collect and sort out securities information and provide information service to its members; 4) to develop rules to be complied with by its members, organize business trainings for the members' professionals and organize business communications among members; 5) to mediate disputes between members or between members and their customers regarding securities business; 6) to coordinate members' research efforts on subject matters related to the development and operation of the securities industry; 7) to supervise and inspect members' behaviors and impose sanctions on violations of laws or regulations or the SAC's Articles of Association; 8) other duties as authorized by the securities regulatory authority under the State Council and other administration duties relating to self-discipline, service and communication.

In order to fulfill its functions, the SAC has established 14 specialized committees, providing a platform of exchange, discussion and operation for members to participate in the works of the SAC.

As of the end of 2011, the SAC had 240 members in total, including 109 securities firms, 84 securities investment advisory firms, 1 financial asset management firm, 6 credit rating agencies, 40 special members (36 local securities associations, two stock exchanges, one securities depository and clearing corporation, and an investor protection fund corporation).

A3.12 China Futures Association

China Futures Association (hereinafter referred to as the "CFA") was established on December 29th, 2000 as a national self-regulatory organization for the futures industry in the form of a non-profit corporation in accordance with the *Regulations for the Registration and Administration of Associations* and the *Regulations for the Administration of Futures Trading*. The CFA is subject to the guidance and supervision of the CSRC and the Ministry of Civil Affairs of China, the competent authority for the registration and administration of associations in China.

The highest authority of the CFA is the general meeting of members. The board of directors is the standing executive body when the general meeting is not in session and shall be accountable to the general meeting. There are five committees, which include the committees of discipline, complaint, information technology, research and development, and futures analysts under the board of governors. The CFA has one chairman, several full-time deputy chairmen, several part-time deputy chairmen and one secretary-general. The chairman of the CFA is responsible for its overall activities. The CFA has seven departments, namely the General Office, Member Service Department, Training Department (Office of Investor Education), R&D Department, Compliance and Investigation Department, Examination and Certification Department, and Information Technology Department.

The mission of the CFA is: to conduct self-regulation over the futures industry under the centralized supervision and administration by the central government; to provide a bridge between the government and the futures industry by providing services to members and by protecting the lawful rights and interests of the members; to promote transparency, fairness and equitableness of the futures market; to maintain fair competition order in the futures industry and protect the interests of investors; and to promote the orderly, healthy and steady development of China's futures market.

As of the end of 2011, the CFA consisted of 200 members, including 163 futures firm members, four special members (futures exchanges), and 33 local futures associations as liaison members.

Tables

Table 1 Key Statistics of China's Securities Market (2000 ~ 2011)

Metrics	2000	2001	2002	2003	2004	2005	2006	2007	2008	2009	2010	2011
No. of companies listed in China (A and B share)	1,088	1,160	1,224	1,287	1,377	1,381	1,434	1,550	1,625	1,718	2,063	2,342
No. of foreign - invested listed companies listed in China (B share)	114	112	111	111	110	109	109	109	109	108	108	108
No. of overseas listed companies	52	60	75	93	111	122	143	148	153	159	165	171
Total of outstanding shares (100 million shares)	3,791.71	5,218.01	5,875.45	6,428.46	7,149.43	7,629.51	14,926.35	22,416.85	24,522.85	26,162.85	33,184.35	36,095.52
Including: free float (100 mln)	1,354.26	1,813.17	2,036.90	2,269.92	2,577.18	2,914.77	3,444.50	10,331.52	12,578.91	19,759.53	25,642.03	28,850.26
Total Mkt. cap. (RMB 100 mln)	48,090.94	43,522.20	38,329.12	42,457.72	37,055.57	32,430.28	89,403.89	327,140.89	121,366.44	243,939.12	265,422.59	214,758.10
Including: free float Mkt. Cap. (RMB 100 mln)	16,087.52	14,463.17	12,484.55	13,178.52	11,688.64	10,630.53	25,003.64	93,064.35	45,213.9	151,258.65	193,110.41	164,921.30
Turnover for stock (RMB 100 mln)	60,826.65	38,305.18	27,990.46	32,115.27	42,333.95	31,663.16	90,468.92	460,556.22	267,112.64	535,986.74	545,633.54	421,646.74
Shanghai Stock Composite Index (closing price)	2,073.48	1,645.97	1,357.65	1,497.04	1,266.50	1,161.06	2,675.47	5,261.56	1,820.81	3,277.14	2,808.08	2,199.42
Shenzhen Stock Composite Index (closing price)	635.73	475.94	388.76	378.62	315.81	278.74	550.59	1 447.02	553.30	1,201.34	1,290.87	866.65
No. of securities accounts (10,000)	6,154.53	6,965.90	7,202.16	7,344.41	7,215.74	7,336.07	7,849.27	13,887.02	15,198.01	17,149.67	18,858.28	20,259.39
Turnover for bonds (RMB 100 mln)	19,119.16	20,417.76	33,249.53	62,136.36	50,323.50	28,367.85	18,279.32	20,667.21	28,884.94	40,635.06	76,011.5	216,349.51
No. of securities investment funds	34	51	71	95	161	218	307	346	439	557	704	915
Securities investment funds size (100 mln units)	560.00	811.26	1,330.36	1,632.76	3,308.79	4,714.92	6,220.69	22,339.84	25,741.25	24,535.89	25,200.75	26,510.37
Turnover for securities investment funds (RMB 100 mln)	2,465.79	2,561.88	1,166.58	682.65	728.58	773.13	1,879.05	8,620.10	5,831.06	10,249.58	8,996.43	6,365.80
Total futures trading volume (10,000 lots)	5,461.07	12,046.35	13,943.37	27,992.43	30,569.76	32,287.41	44,947.41	72,800	136,396	215,743	313,368.83	210,817.73
Turnover for futures (RMB 100 mln)	16,082.29	30,144.98	39,490.28	108,396.59	146,935.32	134,462.71	210,046.32	410,000.00	719,173.35	1,305,107.20	3,080,592.41	2,750,268.50

Notes: 1. Source: CSRC, various stock exchanges and futures exchanges in China, SAC, CFA.

2. Data relating to stock listed above include both A share and B share.

Table 2 List of Foreign – invested Securities Companies

No.	Name	Foreign Partners
1	China International Capital Corporation Ltd.	Government of Singapore Investment Corporation Pte Ltd. TPG Aisa V Delaware L. P. KKR Institutions Investments L. P. The Great Eastern Life Assurance Company Limited Mingly Corporation
2	BOCI International (China) Limited	BOC International Holdings.
3	Everbright Securities Co. , Ltd.	China Everbright Ltd.
4	Fortune CLSA Securities Limited	CLSA ECM Ltd.
5	Daiwa SMBC – SSC Securities Co. , Ltd.	Daiwa Securities
6	Goldman Sachs Gao Hua Securities Company Limited	Goldman Sachs Asia Limited
7	UBS Securities Co. , Ltd.	UBS AG IFC
8	Credit Suisse Founder Securities Limited	Credit Suisse
9	Zhong De Securities Co. , Ltd.	Deutsche Bank
10	Hua Ying Securities Co. , Ltd.	The Royal Bank of Scotland Group PLC
11	Morgan Stanley Huaxin Securities Company Limited	Morgan Stanley Asia Limited
12	JP Morgan First Capital Securities Co. , Ltd.	J. P. Morgan Broking (Hong Kong) Limited
13	Citi Orient Securities Co. , Ltd.	Citigroup Global Markets Asia

Note: Upon CSRC's approval, BNP Paribas, as the foreign shareholder of Changjiang BNP Paribas Peregrine Securities Co. , Ltd. , assigned its entire 33% stake to Changjiang Securities on 8 Dec. 2006. Changjiang BNP Paribas Peregrine Securities Co. , Ltd. has thus become a wholly – owned subsidiary of Changjiang Securities Co. , Ltd.

Table 3 List of Foreign – invested Fund Management Companies

No.	Name	Foreign Partners
1	Guotai Asset Management Co. , Ltd.	Assicurazioni Generali S. P. A
2	China Asset Management Co. , Ltd.	Power Corporation of Canada
3	Penghua Fund Management Co. , Ltd.	Eurizon Capital SGR S. p. A.
4	Harvest Fund Management Co. , Ltd.	Deutsche Assets Management
5	Changsheng Fund Management Co. , Ltd.	DBS BANK LTD.
6	Fullgoal Fund Management Co. , Ltd.	BMO
7	Rongtong Fund Management Co. , Ltd.	Nikko Asset Management Co. , Ltd.
8	UBS SDIC Fund Management Co. , Ltd.	UBS
9	Manulife TEDA Fund Management Co. , Ltd.	Manulife Asset Management(Hongkong) Limited
10	Golden Eagle Assets Management Co. , Ltd.	BEA Union Investment Management Ltd.
11	China Merchants Fund Management Co. , Ltd.	ING
12	Fortune SG Fund Management Co. , Ltd.	Lyxor Asset Management S. A.
13	Morgan Stanley Huaxin Fund Management Co. , Ltd.	Morgan Stanley International Holdings Inc.
14	Guotai Junan Allianz Fund Management Co. , Ltd.	Allianz

Continued

No.	Name	Foreign Partners
15	HFT Investment Management Co. , Ltd.	BVPP IP BE Holding
16	Invesco Great Wall Fund Management Co. , Ltd.	Invesco Asset Management
17	AEGON – Industrial Fund Management Co. , Ltd.	AEGON International N. V.
18	SWS MU Fund Management Co. , Ltd.	Mitsubishi UFJ Trust and Banking
19	Zhonghai Fund Management Co. , Ltd.	Lacompagnie Financiere Edmond De Rothschild Banque
20	China International Fund Management Co. , Ltd.	J. P. Morgan Asset Management (U. K.) Ltd.
21	Everbright Pramerica Fund Management Co. , Ltd.	Pramerical Investment Management
22	BOC International Investment Managers	Blackrock Investment Management (UK) Ltd.
23	Franklin Templeton Sealand Fund Management Co. , Ltd	Templeton International Inc
24	Huatai – pinebridge Fund Management Co. , Ltd.	PineBridge Investments LLC
25	ICBC Credit Suisse Asset Management Co. , Ltd.	Credit Suisse
26	Bank of Communications Schroder Fund Management Co. , Ltd.	Schroder Investment Management Ltd.
27	CITIC – Prudential Fund Management Co. , Ltd.	Prudential Group
28	CCB Principal Asset Management Co. , Ltd.	Principal Financial Services, Inc.
29	HSBC Jintrust Fund Management Co. , Ltd.	HSBC Investments (UK) Limited
30	First State CINDA Fund Management Co. , Ltd.	Colonial First State Group Ltd.
31	LORD ABBETT CHINA Fund Management Co. , Ltd.	Lord Abbett & Co. LLC
32	Lombarda China Fund Management Co. , Ltd.	Unione di Banche Italiane S. c. p. a
33	KBC – GOLDSTATE Fund Management Co. , Ltd.	KBC Asset Management Group
34	AXA SPDB Investment Managers Co. , Ltd.	AXA Investment Managers
35	ABC – CA Fund Management Co. , Ltd.	Credit Agricole Asset Management
36	Minsheng Jiayin Fund Management Co. , Ltd.	Royal Bank of Canada
37	BNY Mellon Western Fund Management Co. , Ltd.	BNY Mellon Asset Management International Limited
38	Ping An UOB FMC	UOB Asset Management Ltd.
39	Founder Fubon Fund Management Co. , Ltd.	Fubon Asset Management Co. , Ltd.

Table 4 List of Foreign – invested Futures Companies

	Domestic Futures Companies	Foreign Partners
1	Galaxy Futures Co. , Ltd.	RBS Asia Futures Limited
2	CITIC Newedge Futures Co. , Ltd.	Newedge Broker Hong Kong Ltd.
3	J. P. Morgan Futures Co. , Ltd.	J. P. Morgan Broking (Hong Kong) Limited

Table 5 List of QFIIs

No.	Name of QFII	Approval Date	Registration Place
1	UBS AG	23 May 2003	Switzerland
2	Nomura Securities Co. , Ltd.	23 May 2003	Japan
3	Citigroup Global Markets Ltd.	5 Jun 2003	United Kingdom
4	Morgan Stanley & Co. International Ltd.	5 Jun 2003	United Kingdom

Continued

No.	Name of QFII	Approval Date	Registration Place
5	Goldman, Sachs & Co.	4 Jul 2003	United States
6	Deutsche Bank AG	4 Aug 2003	Germany
7	Hong Kong and Shanghai Banking Corp. Ltd.	4 Aug 2003	Hong Kong
8	ING Bank N. V.	10 Sep 2003	Netherlands
9	JP Morgan Chase Bank	30 Sep 2003	United States
10	Credit Suisse (Hong Kong) Ltd.	24 Oct 2003	Hong Kong
11	Nikko Asset Management Co., Ltd.	11 Dec 2003	Japan
12	Standard Chartered Bank (Hong Kong) Ltd.	11 Dec 2003	Hong Kong
13	Merrill Lynch International	30 Apr 2004	United Kingdom
14	Hang Seng Bank Limited	10 May 2004	Hong Kong
15	Daiwa Securities Capital Markets Co., Ltd.	10 May 2004	Japan
16	Lehman Brothers International (Europe)	6 Jul 2004	United Kingdom
17	Bill & Melinda Gates Foundation	19 Jul 2004	United States
18	INVESCO Asset Management Ltd.	4 Aug 2004	United Kingdom
19	ABN AMRO Bank N. V.	2 Sep 2004	Netherlands
20	Société Générale	2 Sep 2004	France
21	Barclays Bank PLC	15 Sep 2004	United Kingdom
22	Commerzbank AG	27 Sep 2004	Germany
23	Fortis Bank SA/NV	29 Sep 2004	Belgium
24	BNP Paribas	29 Sep 2004	France
25	Power Corporation of Canada	15 Oct 2004	Canada
26	CALYON S. A.	15 Oct 2004	France
27	Goldman Sachs Asset Management International	9 May 2005	United Kingdom
28	Government of Singapore Investment Corporation	25 Oct 2005	Singapore
29	Martin Currie Investment Management Ltd.	25 Oct 2005	United Kingdom
30	PineBridge Investment LLC	14 Nov 2005	United States
31	Temasek Fullerton Alpha Pte Ltd.	15 Nov 2005	Singapore
32	JF Asset Management Ltd.	28 Dec 2005	Hong Kong
33	The Dai - ichi Mutual Life Insurance Company	28 Dec 2005	Japan
34	DBS Bank Ltd.	13 Feb 2006	Singapore
35	AMP Capital Investors Ltd.	10 Apr 2006	Australia
36	The Bank of Nova Scotia	10 Apr 2006	Canada
37	KBC Financial Products UK Ltd.	10 Apr 2006	United Kingdom
38	Lacompagnie Financiere Edmond De Rothschild Banque	10 Apr 2006	France
39	Yale University	14 Apr 2006	United States
40	Prudential Asset Management (Hong Kong) Ltd.	7 Jul 2006	Hong Kong
41	Morgan Stanley Investment Management Inc.	7 Jul 2006	United States
42	Stanford University	5 Aug 2006	United States

Continued

No.	Name of QFII	Approval Date	Registration Place
43	GE Asset Management Incorporated	5 Aug 2006	United States
44	United Overseas Bank Ltd.	5 Aug 2006	Singapore
45	Schroder Investment Management Ltd.	29 Aug 2006	United Kingdom
46	HSBC Global Asset Management (Hong Kong) Ltd.	5 Sep 2006	Hong Kong
47	Mizuho Securities Co. , Ltd.	5 Sep 2006	Japan
48	UBS Global Asset Management (Singapore) Ltd.	25 Sep 2006	Singapore
49	Sumitomo Mitsui Asset Management Co. , Ltd.	25 Sep 2006	Japan
50	Norges Bank	24 Oct 2006	Norway
51	Pictet Asset Management Limited	25 Oct 2006	United Kingdom
52	The Trustees of Columbia University in the City of New York	12 Mar 2008	United States
53	Prudential Asset Management Co. , Ltd.	5 Apr 2008	Korea
54	Rebeco Institutional Asset Management B. V.	5 May 2008	Netherlands
55	State Street Global Advisors Asia Ltd.	16 May 2008	Hong Kong
56	Platinum Investment Company Limited	2 Jun 2008	Australia
57	KBC Asset Management N. V.	2 Jun 2008	Belgium
58	Mirae Asset Global Investments Co. , Ltd.	25 Jul 2008	Korea
59	ACE INA International Holdings Ltd.	5 Aug 2008	United States
60	Caisse de dépôt et placement du Québec	22 Aug 2008	Canada
61	President and Fellows of Harvard College	22 Aug 2008	United States
62	Samsung Investment Trust Management Co. , Ltd.	25 Aug 2008	Korea
63	Alliance Bernstein Limited	28 Aug 2008	United Kingdom
64	Oversea – Chinese Banking Corporation Limited	28 Aug 2008	Singapore
65	First State Investment Management (UK) Limited	11 Sep 2008	United Kingdom
66	DAIWA Asset Management Co.	11 Sep 2008	Japan
67	Shell Asset Management Company B. V	12 Sep 2008	Netherlands
68	T. Rowe Price International, Inc.	12 Sep 2008	United States
69	Credit Suisse AG	14 Oct 2008	Switzerland
70	UOB Asset Management Ltd.	28 Nov 2008	Singapore
71	ABU Dhabi Investment Authority	3 Dec 2008	United Arab Emirates
72	Allianz Global Investors Luxembourg S. A.	16 Dec 2008	Luxembourg
73	Capital International, Inc.	18 Dec 2008	United States
74	Mitsubishi UFJ Morgan Stanley Securities Co. , Ltd.	29 Dec 2008	Japan
75	Hanwha Investment Trust Management Co. , Ltd.	5 Feb 2009	Korea
76	Emerging Markets Management, L. L. C.	10 Feb 2009	United States
77	DWS Investment S. A.	24 Feb 2009	Luxembourg
78	The Korea Development Bank	23 Apr 2009	Korea
79	Woori Bank Co. , Ltd.	4 May 2009	Korea
80	Bank Negara Malaysia	19 May 2009	Malaysia

Continued

No.	Name of QFII	Approval Date	Registration Place
81	Lloyd George Management (Hong Kong) Limited	27 May 2009	Hong Kong
82	Templeton Investment Counsel, LLC	5 Jun 2009	United States
83	BEA Union Investment Management Limited	Jun 18 2009	Hong Kong
84	The Sumitomo Trust & Banking Co., Ltd.	26 Jun 2009	Japan
85	Korea Investment Trust Management Co., Ltd.	21 Jul 2009	Korea
86	Baring Asset Management Limited	6 Aug 2009	United Kingdom
87	Ashmore Investment Management Limited	14 Sep 2009	United Kingdom
88	BNY Mellon Asset Management International Limited	6 Nov 2009	United Kingdom
89	Manulife Asset Management (Hong Kong) Limited	20 Nov 2009	Hong Kong
90	Nomura Asset Management Co., LTD	23 Nov 2009	Japan
91	Tongyang Asset Management Corp.	11 Dec 2009	Korea
92	Royal Bank of Canada	23 Dec 2009	Canada
93	Aviva Investors Global Services Limited	28 Dec 2009	United Kingdom
94	Ivy Investment Management Company	8 Feb 2010	United States
95	DIAM Co., Ltd.	20 Apr 2010	Japan
96	OFI Asset Management	21 May 2010	France
97	Aberdeen Asset Management Asia Limited	6 Jul 2010	Singapore
98	KB Asset Management Co., Ltd.	9 Aug 2010	Korea
99	Fidelity Investment Management (Hong Kong) Limited	1 Sep 2010	Hong Kong
100	Legg Mason Investment (Europe) Limited	8 Oct 2010	United Kingdom
101	Hong Kong Monetary Authority	27 Oct 2010	Hong Kong
102	Fubon Securities Investment Trust Co., Ltd.	29 Oct 2010	Taiwan
103	Capital Securities Investment Trust Co., Ltd.	29 Oct 2010	Taiwan
104	BMO Investment Inc.	6 Dce 2010	Canada
105	Bank Julius Bear & Co., Ltd.	14 Dec 2010	Switzerland
106	KTB Asset Management Co., Ltd.	28 Dec 2010	Korea
107	Lyxor Asset Management	16 Feb 2011	France
108	Polaris International Securities Investment Co. Ltd.	4 Mar 2011	Taiwan
109	Assicurazioni Generali S. p. A.	18 Mar 2011	Italy
110	Banco Bilbao Vizcaya Argentaria, S. A.	6 May 2011	Spain
111	Cathay Securities Investment Trust Co. Ltd.	9 Jun 2011	Taiwan
112	Fuh Hwa Securities Investment Trust Co. Ltd.	9 Jun 2011	Taiwan
113	Comgest S. A.	24 Jun 2011	France
114	Amundi Hong Kong Limited	14 Jul 2011	Hong Kong
115	BlackRock Institutional Trust Company, N. A.	14 Jul 2011	United States
116	Grantham, Mayo, Van Otterloo & Co. LLC	9 Aug 2011	United States
117	Monetary Authority of Singapore	8 Oct 2011	Singapore
118	China Life Insurance Co., Ltd. (Taiwan)	26 Oct 2011	Taiwan

Continued

No.	Name of QFII	Approval Date	Registration Place
119	Shin Kong Life Insurance Co. , Ltd.	26 Oct 2011	Taiwan
120	The Trustees of Princeton University	25 Nov 2011	United States
121	Shinko Asset Management Co. , Ltd.	25 Nov 2011	Japan
122	Canada Pension Plan Investment Board	9 Dec 2011	Canada
123	Van Eck Associates Corporation	9 Dec 2011	United States
124	Hansberger Global Investors, Inc.	13 Dec 2011	United States
125	EARNEST Partners LLC	13 Dec 2011	United States
126	Bank of Thailand	16 Dec 2011	Thailand
127	Kuwait Investment Authority	21 Dec 2011	Kuwait
128	Northern Trust Global Investments Limited	21 Dec 2011	United Kingdom
129	Taiwan Life Insurance Co. , Ltd.	21 Dec 2011	Taiwan
130	The Bank of Korea	21 Dec 2011	Korea
131	Ontario Teachers' Pension Plan Board	22 Dec 2011	Canada
132	Korea Investment Corporation	28 Dec 2011	Korea
133	Russell Investments Ireland Limited	28 Dec 2011	Ireland
134	Metzler Asset Management GmbH	31 Dec 2011	Germany
135	HI Asset Management Co. , Limited	31 Dec 2011	Korea

Table 6 List of QFIIs Custodian Banks

No.	List of QFII Custodian Banks
1	HSBC Bank (China) Company Limited
2	CitiBank (China) Co. , Ltd.
3	Standard Chartered Bank (China) limited
4	Industrial & Commercial Bank of China
5	Bank of China
6	Agricultural Bank of China
7	Bank of Communications
8	China Construction Bank
9	China Everbright Bank
10	China Merchants Bank
11	Deutsche Bank (China) Company Limited
12	DBS Bank Ltd.
13	China CITIC Bank
14	Shanghai Pudong Development Bank Co. , Ltd.
15	China Minsheng Banking Corp. Ltd.

Table 7 List of Overseas Securities Institutions with Representative Offices in China

No.	Name	Jurisdiction
1	The Nomura Securities Co. Ltd. Shanghai Representative Office	Shanghai
2	BNP Paribas Peregrine Limited Shanghai Representative Office	Shanghai
3	Merrill Lynch Int'l Inc. Shanghai Representative Office	Shanghai
4	CLSA Ltd. Shanghai Rep. Office	Shanghai
5	Sun Hung Kai Investment Services Ltd. Shanghai Representative Office	Shanghai
6	Morgan Stanley Dean Witter Asia Ltd. Shanghai Representative Office	Shanghai
7	Goldman Sachs (China) L. L. C. Shanghai Representative Office	Shanghai
8	Barclays Capital Securities Limited Shanghai Representative Office	Shanghai
9	RBS Asia Limited., Shanghai Representative Office	Shanghai
10	Woori Investment & Securities Co., Ltd Shanghai Rep. Office	Shanghai
11	RBS Asia Ltd. Shanghai Representative Office	Shanghai
12	CSC Int'l Holding Ltd. Shanghai Representative Office	Shanghai
13	Yuanta Core Pacific Securities (Hong Kong) Company Ltd. Shanghai Representative Office	Shanghai
14	Hyundai Securities Co. Ltd. Shanghai Representative Office	Shanghai
15	Masterlink Securities (HK) Ltd. Shanghai Representative Office	Shanghai
16	JS Cresvale Securities Int'l Ltd. Shanghai Representative Office	Shanghai
17	Sinopac Securities (Asia) Ltd. Shanghai Representative Office	Shanghai
18	DBS Vickers (Hong Kong) Limited Shanghai Representative Office	Shanghai
19	DBS Asia Capital Ltd Shanghai Representative Office	Shanghai
20	Mega Capital (Asia) Ltd. Shanghai Representative Office	Shanghai
21	Citigroup Global Markets Asia Ltd. Shanghai Representative Office	Shanghai
22	KGI Asia Ltd. Shanghai Representative Office	Shanghai
23	N M Rothschild China Holding AG Shanghai Representative Office	Shanghai
24	Haitong International Securities Group Limited Shanghai Representative Office	Shanghai
25	President Securities (Hong Kong) Ltd. Shanghai Representative Office	Shanghai
26	Samsung Securities Co. Ltd. Shanghai Representative Office	Shanghai
27	Grand Cathay Securities (Hong Kong) Ltd. Shanghai Representative Office	Shanghai
28	The Hongkong and Shanghai Banking Corporation (Securities Business) Shanghai Representative Office	Shanghai
29	Hanwha Securities Co., Ltd. Shanghai Representative Office	Shanghai
30	Naito Securities Co., Ltd. Shanghai Representative Office	Shanghai
31	J. P. Morgan Securities (Asia Pacific) Ltd. Shanghai Representative Office	Shanghai
32	Asian Capital (Corporate Finance) Ltd. Shanghai Representative Office	Shanghai
33	SG Securities (HK) Ltd. Shanghai Representative Office	Shanghai
34	Polaris Securities (HK) Ltd. Shanghai Representative Office	Shanghai
35	Credit Swiss (Hong Kong) Ltd. Shanghai Representative Office	Shanghai
36	Mizuho Securities Co., Ltd. Shanghai Representative Office	Shanghai

Continued

No.	Name	Jurisdiction
37	Deutsche Bank AG (Securities Business) Shanghai Representative Office	Shanghai
38	Fubon Securities Co., Ltd. Shanghai Representative Office	Shanghai
39	Standard Chartered Securities (HK) Ltd. Shanghai Representative Office	Shanghai
40	Jefferies & Company, Inc. Shanghai Representative Office	Shanghai
41	Piper Jarrray & Co. Shanghai Representative Office	Shanghai
42	Okasan Securities Co., Ltd. Shanghai Representative Office	Shanghai
43	William Blair & Company Shanghai Representative Office	Shanghai
44	ROTH Capital Partners, LLC Shanghai Representative Office	Shanghai
45	Macquarie Securities (Australia) Limited Shanghai Representative Office	Shanghai
46	Chief Securities Ltd. Shanghai Representative Office	Shanghai
47	Toyo Securities Co., Ltd. Shanghai Representative Office	Shanghai
48	Dashin Securities Co., Ltd. Shanghai Representative Office	Shanghai
49	Evolution Watterson Securities Limited Shanghai Representative Office	Shanghai
50	Goodmorning Shinhan Securities Co., Ltd. Shanghai Representative Office	Shanghai
51	Aizawa Securities Co., Ltd. Shanghai Representative Office	Shanghai
52	SK Securities Co., Ltd. Shanghai Representative Office	Shanghai
53	CIMB - GK Securities(HK) Limited Shanghai Representative Office	Shanghai
54	Interactive Brokers LLC Shanghai Representative Office	Shanghai
55	Hua Nan Securities Co., Ltd. Shanghai Representative Office	Shanghai
56	Vining - Sparks IBG, L. P. Shanghai Representative Office	Shanghai
57	MF Global Singapore Pte. Limited (Securities Business) Shanghai Representative Office	Shanghai
58	Daewoo Securities Co., Ltd. Shanghai Representative Office	Shanghai
59	Hong Kong Partners Capital Securities Limited Shanghai Representative Office	Shanghai
60	Hong Kong First Worldsec Securities Limited Shanghai Representative Office	Shanghai
61	Daiwa Asset Management (H. K.) Limited Shanghai Representative Office	Shanghai
62	Sumitomo Mitsui Asset Management Company Limited Shanghai Representative Office	Shanghai
63	Martin Currie Investment Management Ltd. Shanghai Representative Office	Shanghai
64	Schroder Investment Management Limited Shanghai Representative Office	Shanghai
65	Aviva Investors Global Services Limited Shanghai Representative Office	Shanghai
66	Robeco Institutional Asset Management B. V. Shanghai Representative Office	Shanghai
67	Mirae Asset Global Investments Co., Ltd. Shanghai Representative Office	Shanghai
68	Tokio Marine Asset Management International Pte. Ltd. Shanghai Representative Office	Shanghai
69	Aberdeen Asset Management Asia Limited Shanghai Representative Office	Shanghai
70	KTB Asset Management Co., Ltd Shanghai Representative Office	Shanghai
71	Daiwa SB Investments Ltd. Shanghai Representative Office	Shanghai
72	State Street Global Advisors Asia Ltd. Shanghai Representative Office	Shanghai
73	Allianz Global Investors Luxembourg S. A. Shanghai Representative Office	Shanghai
74	Lion Global Investors Limited Shanghai Representative Office	Shanghai
75	FIL Investment Management (Hong Kong) Limited Shanghai Representative Office	Shanghai
76	BNP Paribas Investment Partners Asia Limited Shanghai Representative Office	Shanghai

Continued

No.	Name	Jurisdiction
77	Korea Investment Trust Management Co., Ltd. Shanghai Representative Office	Shanghai
78	Hi Asset Management Co., Ltd. Shanghai Representative Office	Shanghai
79	Taiwan Fuh Hwa Securities Investment Trust Co., Ltd. Shanghai Representative Office	Shanghai
80	Taiwan Polaris International Securities Investment Trust Co., Ltd. Shanghai Representative Office	Shanghai
81	Nomura Asset Management Hong Kong Limited Shanghai Representative Office	Shanghai
82	The Nomura Securities Co. Ltd. Beijing Representative Office	Beijing
83	Daiwa Securities Capital Markets Co., Ltd. Beijing Representative Office	Beijing
84	Mitsubishi UFJ Securities Co., Ltd. Beijing Representative Office	Beijing
85	Credit Swiss (Hong Kong) Ltd. Beijing Representative Office	Beijing
86	Goldman Sachs (China) L. L. C. Beijing Representative Office	Beijing
87	Merrill Lynch Int'l Inc. Beijing Representative Office	Beijing
88	Citigroup Global Markets China Ltd. Beijing Representative Office	Beijing
89	Morgan Stanley Dean Witter Asia Ltd. Beijing Representative Office	Beijing
90	RBS Asia Ltd. Beijing Representative Office	Beijing
91	Polaris Securities (HK) Ltd. Beijing Representative Office	Beijing
92	CLSA Ltd. Beijing Representative Office	Beijing
93	RBS Asia Ltd Beijing Representative Office	Beijing
94	BNP Paribas Peregrine Limited Beijing Representative Office	Beijing
95	Kingsway Financial Services Group Ltd. Beijing Representative Office	Beijing
96	Standard Chartered Securities (HK) Ltd. Beijing Representative Office	Beijing
97	N M Rothschild China Holding AG Beijing Representative Office	Beijing
98	Taiwan Int'l Securities (B. V. I) Corp. Beijing Representative Office	Beijing
99	Core Pacific - Yamaichi International (H. K.) Limited Beijing Representative Office	Beijing
100	The Hongkong and Shanghai Banking Corporation (Securities Business) Beijing Representative Office	Beijing
101	Mega Capital (Asia) Ltd. Beijing Representative Office	Beijing
102	Guoco Capital Limited Beijing Representative Office	Beijing
103	Somerley Limited Beijing Representative Office	Beijing
104	J. P. Morgan Securities (Asia Pacific) Ltd., Beijing Representative Office	Beijing
105	Yuanta Securities Co., Ltd. Beijing Representative Office	Beijing
106	Deutsche Bank AG (Securities Business) Beijing Representative Office	Beijing
107	Mizuho Securities Co., Ltd. Beijing Representative Office	Beijing
108	DBS Asia Capital Ltd Beijing Representative Office	Beijing
109	First Shanghai Investments Ltd. Beijing Representative Office	Beijing
110	BOC International Holdings Limited Beijing Representative Office	Beijing
111	BMO Nesbitt Burns Inc. Beijing Representative Office	Beijing
112	Natexis Banques Populairs Beijing Representative Office	Beijing

Continued

No.	Name	Jurisdiction
113	The Chuo Mitsui Trust and Banking Company, Limited (Securities Business) Beijing Representative Office	Beijing
114	Mirae Asset Securities Co., Ltd. Beijing Representative Office	Beijing
115	RBC Investment Services (Asia) Limited (Securities Business) Beijing Representative Office	Beijing
116	BOCOM International Holdings Company Limited(Securities Business) Beijing Representative Office	Beijing
117	Woori Investment & Securities Co., Ltd. Beijing Representative Office	Beijing
118	City Credit Investment Bank Limited (Securities Business) Beijing Representative Office	Beijing
119	Daewoo Securities Co., Ltd. Beijing Representative Office	Beijing
120	HMC Investment Securities Co., Ltd Beijing Representative Office	Beijing
121	Brown Brother Harriman(Hong Kong) Ltd. Beijing Representative Office	Beijing
122	CIBC World Market Inc. (Securities Business) Beijing Representative Office	Beijing
123	Pacific Crest Securities LLC Beijing Representative Office	Beijing
124	Monex, Inc. Beijing Representative Office	Beijing
125	Fubon Securities Co., Ltd. Beijing Representative Office	Beijing
126	Korea Hana Daetoo Securities Co., Ltd. Beijing Representative Office	Beijing
127	Hong Kong Chief Securities Limited Beijing Representative Office	Beijing
128	Schroders plc Beijing Representative Office	Beijing
129	AGF Management Limited Beijing Representative Office	Beijing
130	Pioneer Investment Management USA Inc. Beijing Representative Office	Beijing
131	Templeton Investment Counsel, LLC Beijing Representative Office	Beijing
132	Principal Global Investors LLC. Beijing Representative Office	Beijing
133	Standard Life Investments Limited Beijing Representative Office	Beijing
134	BNP Paribas Asset Management Beijing Representative Office	Beijing
135	BNY Mellon Asset Management International Limited Beijing Representative Office	Beijing
136	Amundi Beijing Representative Office	Beijing
137	INVESCO Asset Management Ltd. Beijing Representative Office	Beijing
138	UBS Global Asset Management (Hong Kong) Ltd. Beijing Representative Office	Beijing
139	JF Asset Management Limited Beijing Representative Office	Beijing
140	Wellington Management Company, LLP. Beijing Representative Office	Beijing
141	Fullerton Fund Management Company Ltd. Beijing Representative Office	Beijing
142	ING Investment Management Asia Pacific (HK) Ltd. Beijing Representative Office	Beijing
143	FIL Investment Management (Hong Kong) Limited Beijing Representative Office	Beijing
144	BlackRock Asset Management North Asia Limited Beijing Representative Office	Beijing
145	Natixis Global Asset Management Beijing Representative Office	Beijing
146	Australia Russell Investment Group Pty Ltd. Beijing Representative Office	Beijing
147	Singapore Morgan Stanley Investment Management Company Beijing Representative Office	Beijing
148	United States Bridgewater Associates, LP Beijing Representative Office	Beijing
149	AXA Investment Manager Paris(France) Beijing Representative Office	Beijing
150	Sun Hung Kai Investment Services Ltd. Shenzhen Representative Office	Shenzhen

Continued

No.	Name	Jurisdiction
151	RBS Asia Ltd. Shenzhen Representative Office	Shenzhen
152	CLSA Ltd. Shenzhen Representative Office	Shenzhen
153	Mega Capital (Asia) Ltd. Shenzhen Representative Office	Shenzhen
154	KGI Asia Ltd. Shenzhen Representative Office	Shenzhen
155	Masterlink Securities (HK) Ltd. Shenzhen Representative Office	Shenzhen
156	Taiwan Int'l Securities (B. V. I) Corp. Beijing Representative Office	Shenzhen
157	Chief Securities Ltd. Shenzhen Representative Office	Shenzhen
158	Fulbright Securities Limited Shenzhen Representative Office	Shenzhen
159	Polaris Securities (Hong Kong) Limited Shenzhen Representative Office	Shenzhen
160	Hang Seng Investment Management Limited Shenzhen Representative Office	Shenzhen
161	Polaris Securities (Hong Kong) Limited Guangzhou Representative Office	Guangdong
162	Sun Hung Kai Investment Services Ltd. Guangzhou Representative Office	Guangdong
163	President Securties Corp Xiamen Representative Office	Xiamen
164	Fubon Securities Co., Ltd. Xiamen Representative Office	Xiamen
165	Masterlink Securities (HK) Ltd. Xiamen Representative Office	Xiamen
166	Sun Hung Kai Investment Services Ltd. Nanjing Representative Office	Jiangsu
167	Quam Securities Company Ltd. Shenyang Representative Office	Liaoning
168	Get Nice Securities Limited Ningbo Representative Office	Ningbo

Table 8 List of Overseas Exchanges with Representative Offices in China

No.	Name of Overseas Exchanges	No.	Name of Overseas Exchanges
1	HK Exchanges & Clearing Limited	6	Singapore Exchange Ltd.
2	New York Stock Exchange LLC	7	London Stock Exchange plc.
3	NASDAQ Stock Market Inc.	8	Germany Deutsche Börse AG
4	Tokyo Stock Exchange, Inc.	9	TSX Inc.
5	Korea Exchange, Inc.		

Table 9 List of Domestic Securities Companies with Branches in Hong Kong

No.	Name	No.	Name
1	GF Securities Co., Ltd.	11	Guosen Securities Co., Ltd.
2	Guotai Junan Securities Co., Ltd.	12	Guodu Securities Co., Ltd.
3	GuoYuan Securities Co., Ltd.	13	Essence Securities Co., Ltd.
4	Haitong Securities Co., Ltd.	14	Orient Securities Co., Ltd.
5	Huatai Securities Co., Ltd.	15	China Jianyin Investment Securities
6	China Merchants Securities Co., Ltd.	16	Changjiang Securities Co., Ltd.
7	China International Capital Corp. Ltd.	17	Everbright Securities Co., Ltd.
8	CITIC Securities Co., Ltd.	18	China Galaxy Securities Co., Ltd.
9	Shenyin Wanguo Securities Co., Ltd.	19	Industrial Securities Co., Ltd.
10	Ping An Securities Limited	20	Caitong Securities Limited Liability Company

Table 10 List of Domestic Fund Management Companies with Branches in Hong Kong

No.	Name	No.	Name
1	China Southern Fund Management Co. , Ltd.	9	Hua An Fund Management Co. , Ltd.
2	E Fund Management Co. , Ltd.	10	Guangfa Fund Management Co. , Ltd.
3	Harvest Fund Management Co. , Ltd.	11	China International Fund Management Co. , Ltd.
4	China Asset Management Co. , Ltd.	12	UBS SDIC Fund Management Co. , Ltd.
5	China Universal Asset Management Co. , Ltd.	13	Lion Fund Management Co. , Ltd.
6	Dacheng Fund Management Co. , Ltd.	14	ICBC Credit Suisse Asset Management Co. , Ltd.
7	Bosera Asset Management Co. , Ltd.	15	Fortune SG Fund Management Co. , Ltd.
8	Haifutong Fund Management Co. , Ltd.		

Table 11 List of Domestic Futures Companies with Branches in Hong Kong

No.	Name	No.	Name
1	Green Futures Co. , Ltd.	4	China International Futures Co. , Ltd.
2	Yongan Futures Co. , Ltd.	5	Jinrui Futures Co. , Ltd.
3	GF Futures Co. , Ltd.	6	Nanhua Futures Trading Co. , Ltd.

Table 12 List of Bilateral MOUs on Regulatory Cooperation between CSRC and its Counterparts

No.	Date	Foreign Regulators	MOU Titles	Place
1	19 Jun 1993	Hong Kong Securities and Futures Commission	Memorandum of Regulatory Cooperation	Beijing
2	28 Apr 1994	U. S. Securities and Exchange Comm-ission	MOU Regarding Cooperation, Consultation and the Provision of Technical Assistance	Beijing
3	4 July 1995	Hong Kong Securities and Futures Commission	Memorandum of Regulatory Cooperation Concerning Futures	Beijing
4	30 Nov 1995	Monetary Authority of Singapore	MOU on Cooperation and Exchange of Information on Regulation of Securities and Futures Activities	Singapore
5	23 May 1996	Australian Securities Commission	MOU Regarding Securities and Futures Regulatory Cooperation	Canberra
6	7 Oct 1996	UK HM Treasury, Securities and Investments Board	MOU Regarding Securities and Futures Regulatory Cooperation	Beijing
7	18 Mar 1997	Ministry of Finance, Japan	Memorandum of Understanding	Tokyo
8	18 Apr 1997	Securities Commission of Malaysia	MOU Regarding Securities and Futures Regulatory Cooperation	Beijing
9	13 Nov 1997	Comissao de Valores Mobiliarios, Brazil	Memorandum of Understanding	Beijing
10	22 Dec 1997	Securities and Stock Market State Commission, Ukraine	MOU Regarding Securities Regulatory Cooperation	Beijing

Continued

No.	Date	Foreign Regulators	MOU Titles	Place
11	4 Mar 1998	Commission des opérations debourse, France	MOU Regarding Securities and Futures Regulatory Cooperation	Beijing
12	18 May 1998	Commissariat aux Bourses, Luxemburg	MOU Regarding Securities and Futures Regulatory Cooperation	Beijing
13	8 Oct 1998	Bundesaufsichtsamt fürden Wertpapiemandel, Germany	MOU Regarding Securities Regulatory Cooperation	Frankfurt
14	3 Nov 1999	Commissione Nazionale per Ie Societa e la Borsa, Italy	MOU Regarding Securities and Futures Regulatory Cooperation	Rome
15	22 Jun 2000	Capital Market Authority of Egypt	MOU Regarding Securities Regulatory Cooperation	By courier
16	19 Jun 2001	Financial Supervisory Commission, Korea	Arrangement Regarding Securities and Futures Regulatory Cooperation	Beijing
17	18 Jan 2002	U. S. Commodity Futures Trading Commission	Futures regulatory cooperation MOU	Washington D. C.
18	27 Jun 2002	Romania National Securities Commission	MOU Regarding Securities and Futures Regulatory Cooperation	Beijing
19	29 Oct 2002	Financial Services Board , South Africa	MOU Regarding Securities and Futures Regulatory Cooperation	Pretoria
20	1 Nov 2002	Netherlands Authority for the Financial Markets	MOU Regarding Securities and Futures Regulatory Cooperation	By courier
21	26 Nov 2002	Belgium Banking and Finance Com mission	MOU Regarding Securities and Futures Regulatory Cooperation	Beijing
22	21 Mar 2003	The Participating Members of Canadian Securities Administrators	MOU Regarding Securities and Futures Regulatory Cooperation	By courier
23	22 May 2003	Swiss Federal Banking Commission	MOU Regarding Securities and Futures Regulatory Cooperation	By courier
24	9 Dec 2003	Indonesian Capital Market Supervisory Agency (BAPEPAM)	MOU In Relation to Mutual Assistance and Exchange of Information	Jakarta
25	20 Feb 2004	New Zealand Securities Commission	MOU Regarding Securities and Futures Regulatory Cooperation	Wellington
26	14 Oct 2004	Indonesian Commodity Futures Trading	Futures regulatory cooperation MOU	Beijing
27	26 Oct 2004	Portugal Securities Market Commission (CMVM)	MOU Regarding Securities and Futures Regulatory Cooperation	Montreal
28	14 Jun 2005	Nigeria Securities and Exchange Commission	MOU Regarding Securities and Futures Regulatory Cooperation	Beijing
29	27 Jun 2005	State Securities Commission of Vietnam	MOU Regarding Securities and Futures Regulatory Cooperation	Beijing
30	15 Sep 2006	Securities & Exchange Board of India	MOU Regarding Securities and Futures Regulatory Cooperation	Beijing
31	20 Sep 2006	Comisión Nacional de Valores of Argentina (CNV)	MOU Regarding Securities and Futures Regulatory Cooperation	Shanghai
32	20 Sep 2006	Jordan Securities Commission	MOU Regarding Securities and Futures Regulatory Cooperation	Shanghai

Continued

No.	Date	Foreign Regulators	MOU Titles	Place
33	26 Sep 2006	Financial Supervisory Authority of Norway (Kredittilsynet)	MOU Regarding Securities and Futures Regulatory Cooperation	Oslo
34	10 Nov 2006	Capital Markets Board of Turkey(SPK)	MOU Regarding Securities and Futures Regulatory Cooperation	Istanbul
35	21 Nov 2006	Forward Markets Commission of India	MOU Regarding Commodity Futures Regulatory Cooperation	New Delhi
36	6 Dce 2006	Emirate Securities and Commodities Authority	MOU Regarding Securities and Futures Regulatory Cooperation	By courier
37	12 Apr 2007	Securities Exchange Commission, Thailand	MOU Regarding Securities and Futures Regulatory Cooperation	Bombay
38	15 Jan 2008	Financial Market Authority (FMA), Liechtenstein	MOU Regarding Securities and Futures Regulatory Cooperation	Beijing
39	24 Jan 2008	Financial Regulatory Commission of Mongolia	MOU Regarding Securities Regulatory Cooperation	Beijing
40	8 Aug 2008	Russian Federal Financial Markets Service (FFMS)	MOU Regarding Securities and Futures Regulatory Cooperation	Beijing
41	27 Sep 2008	Dubai Financial Services Authority	MOU Regarding Securities and Futures Regulatory Cooperation	Dubai
42	23 Oct 2008	Irish Financial Services Regulatory Authority (IFSRA)	MOU Regarding Securities and Futures Regulatory Cooperation	Beijing
43	30 Oct 2008	Austrian Financial Market Authority (FMA)	MOU Regarding Securities and Futures Regulatory Cooperation	By courier
44	6 Oct 2009	Spanish National Securities Market Commission	MOU Regarding Securities and Futures Regulatory Cooperation	Basel
45	16 Nov 2009	Financial Supervisory Commission of Chinese Taipei	MOU Regarding Cross – Strait Regulatory Cooperation on Securities and Futures	By courier
46	26 Jan 2010	Malta Financial Services	MOU Regarding Securities and Futures Regulatory Cooperation	Valletta
47	5 May 2010	Kuwait Stock Exchange	MOU Regarding Securities and Futures Regulatory Cooperation	Kuwait City
48	17 Dec 2010	Securities and Exchange Commission of Pakistan	MOU Regarding Securities and Futures Regulatory Cooperation	Islamabad
49	29 Mar 2011	Israel Securities Authority	MOU Regarding Securities and Futures Regulatory Cooperation	Beijing
50	7 April 2011	Qatar Financial Markets Authority	MOU Regarding Securities and Futures Regulatory Cooperation	Beijing
51	19 Sep 2011	Securities and Exchange Commission of Lao PDR	MOU Regarding Securities and Futures Regulatory Cooperation	Beijing

Contacts

China Securities Regulatory Commission

Main Line: +86 - 10 - 88061000

Chairman hotline: +86 - 10 - 66210182

Complaints hotline: +86 - 10 - 88060124

Fax: +86 - 10 - 66210119

Email: csrcbgt@ csrc. gov. cn

Website: www. csrc. gov. cn

Address: Tower A, Focus Place, No. 19 Jin Rong Street, Xicheng District, Beijing 100033, China

Shanghai Stock Exchange

Tel: +86 - 21 - 68808888

Fax: +86 - 21 - 68804868

Email: webmaster@ secure. sse. com. cn

Website: www. sse. com. cn

Address: Shanghai Stock Exchange Building, No. 528 South Pudong Road Shanghai , 200120, China

Shenzhen Stock Exchange

Tel: +86 - 755 - 82083333

Fax: +86 - 755 - 82083947

Email: cis@ szse. cn

Website: www. szse. cn

Address: No. 5045 Shennan East Road, Shenzhen 518010, Guangdong Province, China

Shanghai Futures Exchange

Tel: +86 - 21 - 68400000

Fax: +86 - 21 - 68401198

Email: info@ shfe. com. cn

Website: www. shfe. com. cn

Address: No. 500 Pudian Road, Pudong, Shanghai 200122, China

Dalian Commodity Exchange

Tel: +86 - 411 - 84808888

Fax: +86 - 411 - 84808588

Email: dce@ dce. com. cn

Website: www. dce. com. cn

Address: No. 129 Huizhan Road, Dalian, Liaoning Province 116023, China

Zhengzhou Commodity Exchange

Tel: +86 - 371 - 65610069

Fax: +86 - 371 - 65613068

Email: zhaorong@ czce. com. cn

Website: www. czce. com. cn

Address: No. 69 Weilai Road, Zhengzhou, Henan Province 450008, China

China Financial Futures Exchange

Tel: +86-21-50160666

Fax: +86-21-50160618

Email: rd@ cffex. com. cn

Website: www. cffex. com. cn

Address: 6/F LJZ Plaza, No. 1600 Century Avenue, Pudong, Shanghai 200122, China

China Securities Investor Protection Fund Corp. Ltd.

Tel: +86-10-66580788

Fax: +86-10-66580616

Website: www. sipf. com. cn

Email: tzzbhw@ sipf. com. cn

Address: 22/F, Tower B, Xinsheng Plaza, No. 5 Jin Rong Street, Xicheng District, Beijing 100033, China

China Securities Finance Corp. Ltd.

Tel: +86-10-63211666

Fax: +86-10-63211601

Email: report2@ csf. com. cn

Website: www. csf. com. cn

Address: Pacific Insurance Building, No. 28 Fengsheng Hutong, Xicheng District, Beijing 100032, China

China Futures Association

Tel: +86-10-88087239

Fax: +86-10-88087060

Email: cfa@ cfachina. org

Website: www. cfachina. org

Address: 8/F, Tower C, Tongtai Plaza, No. 33 Jin Rong Street, Xicheng District, Beijing 100140, China

China Securities Depository and Clearing Co., Ltd.

Tel: +86-10-58598888

Fax: +86-10-62210938

Email: zbshi@ chinaclear. com. cn

Website: www. chinaclear. . com. cn

Address: 22-23/F, Investment Plaza No. 27 Jin Rong Street, Xicheng District, Beijing 100140, China

China Futures Margin Monitoring Center Co., Ltd.

Tel: +86-10-66555088

Fax: +86-10-66555038

Website: www. cfmmc. com

Email: cfmmc@ cfmmc. com

Address: 17/F, Tower B, Xinsheng Plaza, No. 5 Jin Rong Street, Xicheng Distrct, Beijing 100033, China

Securities Association of China

Tel: +86-10-66575897

Fax: +86-10-66575991

Email: ird@ sac. net. cn

Website: www. sac. net. cn

Address: 2/F, Tower B, Focus Place, No. 19 Jin Rong Street, Xicheng District, Beijing 100033, China

Acknowledgement

We are indebted to the CSRC senior management for the attention and guidance we received as well as the input and generous support from departments and organizations, both within and outside the CSRC in the preparation of this report. We deeply appreciate the hard work of the various departments and all members of the editing group of this annual report who made its timely production possible as well as the valuable comments and suggestions proposed by the steering group. Our heartfelt gratitude also goes to China Financial & Economic Publishing House for their effort in editing, publishing and distributing the report.

As the compiler, translator and proofreader of this report, we are fully aware there may be errors or inaccuracies. If you have any queries, comments or suggestions regarding the contents, please send an email to the CSRC Dcpartment of International Affairs at intl@ csrc. gov. cn. We will respond as soon as possible.

For their contribution to the production of this report, it is our pleasure to thank:

Steering Group of CSRC Annual Report 2011:

Group Leader TONG Daochi

ZHAO Zhengping	LIU Chunxu	ZHANG Sining
FENG Henian	XIE Geng	OUYANG Changqiong
YANG Hua	WANG Lin	SONG Anping
JI Xiangyu	ZHANG Shenfeng	HUANG Wei
JIAO Jinhong	JIA Wenqin	GAO Weibing
ZHAI Qiuping	XIE Shikun	HAN Ping
LU Jiahong		

Editing Group of CSRC Annual Report 2011:

DING Tao	WANG Yue	WANG Yao
MAO Jun	DENG Huanle	ZUO Ding
ZUO Yue	TIAN Bin	LIU Peng
LI Song	LI Di	LI Xiao
YANG Yixin	YANG Shengping	YANG Bei
XIAO Jianxue	WU Guofang	ZHANG Yazhuan
ZHANG Da	ZHANG Tingbo	ZHANG Xiaochuan
CHEN Huawen	CHEN Kaiyuan	FAN Yating
LUO Juan	ZHU Yu	YUE Xinyu
ZHOU Xiaozhou	ZHOU Hongda	ZHOU Xuan
PANG Kuixia	ZHENG Kai	ZHAO Ran
ZHAO Huiwen	HU Jingsheng	HU Yimin
ZHU Huan	GU Dingyuan	NI Gaiqin
SUI Qiang	JING Yan	JIAO Caixia
LIU Shisheng		

Department of International Affairs, CSRC